utb 3994

W0086612

Eine Arbeitsgemeinschaft der Verlage

W. Bertelsmann Verlag · Bielefeld
Böhlau Verlag · Wien · Köln · Weimar
Verlag Barbara Budrich · Opladen · Toronto
facultas · Wien
Wilhelm Fink · Paderborn
A. Francke Verlag · Tübingen
Haupt Verlag · Bern
Verlag Julius Klinkhardt · Bad Heilbrunn
Mohr Siebeck · Tübingen
Ernst Reinhardt Verlag · München
Ferdinand Schöningh · Paderborn
Eugen Ulmer Verlag · Stuttgart
UVK Verlagsgesellschaft · Konstanz, mit UVK/Lucius · München
Vandenhoeck & Ruprecht · Göttingen
Waxmann · Münster · New York

Marcel Erlinghagen · Karsten Hank

Neue Sozialstrukturanalyse

Ein Kompass für Studienanfänger

2., aktualisierte Auflage

Wilhelm Fink

Marcel Erlinghagen: geboren 1971; 1992-99 Studium der Sozialwissenschaft in Bochum;
2004 Promotion (Universität Duisburg-Essen); 2009 Habilitation (Universität Bochum); seit
2011 Professor für Soziologie mit dem Schwerpunkt „Empirische Sozialstrukturanalyse" an
der Universität Duisburg-Essen; seit 2011 zugleich Research Fellow am Deutschen Institut
für Wirtschaftsforschung (DIW) Berlin.
marcel.erlinghagen@uni-due.de

Karsten Hank: geboren 1971; 1992-98 Studium der Sozialwissenschaft in Bochum; 2002
Promotion (Universität Rostock); 2006 Habilitation (Universität Mannheim); seit 2010
Professor für Soziologie an der Universität zu Köln; seit 2010 zugleich Research Fellow am
Deutschen Institut für Wirtschaftsforschung (DIW) Berlin.
hank@wiso.uni-koeln.de

Online-Angebote oder elektronische Ausgaben sind erhältlich unter **www.utb-shop.de**

Bibliografische Information der Deutschen Nationalbibliothek

Die Deutsche Nationalbibliothek verzeichnet diese Publikation in der Deutschen National-
bibliografie; detaillierte bibliografische Daten sind im Internet über
http://dnb.d-nb.de abrufbar.

2., aktualisierte Auflage 2018
© 2013 Wilhelm Fink Verlag, ein Imprint der Brill-Gruppe (Koninklijke Brill NV,
Leiden, Niederlande; Brill USA Inc., Boston MA, USA; Brill Asia Pte Ltd,
Singapore; Brill Deutschland GmbH, Paderborn, Deutschland)

Internet: www.fink.de

Das Werk, einschließlich aller seiner Teile, ist urheberrechtlich geschützt. Jede Verwertung
außerhalb der engen Grenzen des Urheberrechtsgesetzes ist ohne Zustimmung des Ver-
lages unzulässig und strafbar. Das gilt insbesondere für Vervielfältigungen, Mikroverfil-
mungen und die Einspeicherung und Verarbeitung in elektronischen Systemen.

Herstellung: Brill Deutschland GmbH, Paderborn
Einbandgestaltung: Atelier Reichert, Stuttgart

UTB-Band-Nr.: 3994
ISBN 978-3-8252-4980-9

Inhalt

Vorwort

Recherchiert man im Internet nach Lehrbüchern zur „Sozialstrukturanalyse" stößt man schnell auf eine so große Fülle einschlägiger und
aktueller Publikationen, dass sich die Autoren des vorliegenden Ban-
des zu Recht danach fragen lassen müssen, warum sie der Auffassung
seien, einen weiteren Beitrag zu dieser Literatur leisten zu müssen
– und was daran denn gar „neu" sei. Die Antwort wollen wir nicht
schuldig bleiben und damit auch gleich zum ersten Mal als „Kompass" fungieren für jene, denen die Sozialstrukturanalyse und die
Fachliteratur, die sich mit ihr befasst, noch (weitgehend) unbekannt
ist.

Beide Verfasser sind vor inzwischen zwei Jahrzehnten an der Ruhr-
Universität Bochum zu Diplom-Sozialwissenschaftlern ausgebildet
worden und haben ihre ersten Schritte im Bereich der Sozialstrukturanalyse im Wesentlichen gestützt auf zwei Lehrbuchklassiker gemacht, die bis heute immer wieder neu aufgelegt werden: Rainer
Geißlers „Die Sozialstruktur Deutschlands" (2011) und Bernhard
Schäfers' „Sozialstruktur und sozialer Wandel in Deutschland"
(2012). Beide Autoren folgen einem eher makrosoziologischen Ansatz und bieten in ihren Einführungen einen soliden sozialstatisti-
schen Überblick über die Sozialstruktur der Bundesrepublik, wie man
ihn in ähnlicher Weise etwa auch im regelmäßig vom Statistischen
Bundesamt mit herausgegebenen „Datenreport" findet.

Als wir nach Abschluss unseres Studiums begannen, selbst Sozialstrukturanalyse zu betreiben – vornehmlich in den Bereichen Arbeitsmarkt und Familie – erschien uns die in den genannten Lehrbüchern vermittelte makrosoziologische Herangehensweise jedoch
zunehmend unbefriedigend, da es dort weitgehend an einer handlungstheoretischen Fundierung fehlt. Ein allgemeines Modell soziologischer Erklärung, wie es James Coleman (1991) oder Hartmut
Esser (1999) vorgeschlagen haben, setzt aber eine handlungsorien-
tierte Perspektive voraus. Die Existenz und die Dynamik sozialer
Strukturen ist demzufolge nur zu verstehen, wenn erklärt werden
kann, wie das Handeln individueller Akteure zu kollektiven, struk-
turbildenden Verhaltensmustern führt. Entsprechend erfreut waren
wir, als wir vor einigen Jahren – nun als Lehrende an den Universitäten Duisburg-Essen bzw. Köln – feststellen konnten, dass die Lehr-
buchliteratur zur Sozialstrukturanalyse inzwischen um einige wichtige Neuerscheinungen ergänzt worden war. Hervorzuheben sind hier

etwa Thomas Kleins „Sozialstrukturanalyse" (2005) oder die „Sozialstruktur Deutschlands" (2008) von Johannes Huinink und Torsten Schröder. Diese „neue" Sozialstrukturanalyse ist, wenn nicht explizit – wie bei Jörg Rössels „Pluraler Sozialstrukturanalyse" (2005) schon im Untertitel deutlich wird – so zumindest implizit handlungstheoretisch fundiert.

Mit unserer „Neuen Sozialstrukturanalyse" reihen wir uns also methodologisch in eine bereits etablierte, aber dennoch relativ junge Lehrbuchtradition ein. Die in dieser „neuen" Tradition stehenden Autoren haben in Vorlesungen vielfach erprobte, im Allgemeinen gut lesbare und selbst für Fachkollegen informative Einführungen geschrieben. Doch unsere eigene Lehrerfahrung mit Studien*anfängern* hat uns den Eindruck vermittelt, dass selbst Jörg Rössels „kompakte Einführung" (2009), oder erst recht Christoph Weischers 500 (!) Seiten starke „Grundlagen" (2011), für Erstsemester oder Abiturienten, deren Entscheidung für oder gegen ein Studium der Soziologie vielleicht noch offen ist, aufgrund ihres Umfangs oder fachlichen Duktus' nicht immer jene erste einfache und dennoch fundierte Orientierung bieten, die uns wünschenswert und notwendig erscheint.

In diesem Sinne verstehen wir unseren Band als „Kompass", der Studienanfänger mit einigen grundlegenden Fakten, vor allem aber mit der Denkweise einer im oben skizzierten Sinn „neuen", d.h. handlungsorientierten, Sozialstrukturanalyse vertraut machen soll. Wir haben uns daher für eine einfache, weitgehend von Fachjargon befreite Sprache entschieden und auf manches Detail verzichtet, das sich in anderen Lehrbüchern findet, auf die wir die Studierenden nach ihrer Orientierungsphase auf dem Gebiet der Sozialstrukturanalyse dann als vertiefende Lektüre verweisen möchten. So sind auch Hinweise auf weiterführende Literatur in Fachzeitschriften auf das Notwendige beschränkt worden. Und obwohl die Bedeutung des gesellschaftlichen Kontexts für das Handeln individueller Akteure sich als *idée fixe* durch den vorliegenden Band zieht, spielt der internationale Vergleich nur eine untergeordnete Rolle (vgl. hierzu ausführlicher das allerdings stark makrosoziologisch geprägte Lehrbuch von Stefan Hradil (2006) sowie insbesondere „Die Sozialstruktur Europas" (2009) von Steffen Mau und Roland Verwiebe).

Der vorliegende Band gliedert sich im Kern in drei große Kapitel, die sich mit den „Grundlagen der Neuen Sozialstrukturanalyse" (Kapitel I), den drei demographischen Kernprozessen „Fertilität – Mortalität – Migration" (Kapitel II) sowie mit „Bildung – Sozialen Beziehungen – Arbeit – Einkommen" (Kapitel III) als wesentlichen

Ressourcen bzw. Kapitalien von Akteuren befassen. Mit diesem „Kompass" in der Hand möchten wir nun mit unseren Leserinnen und Lesern zu einer intellektuellen Entdeckungsreise durch das Gebiet der Sozialstrukturanalyse aufbrechen, in deren Verlauf sie lernen sollen, sozialstrukturell relevante Problemstellungen zu erkennen, diese selbst zu analysieren und gesellschaftspolitisch einzuordnen.

Marcel Erlinghagen & Karsten Hank
Duisburg & Köln, im April 2013

Vorwort zur 2. Auflage

Fünf Jahre nach der Erstauflage freuen wir uns sehr, heute eine zweite Auflage unserer „Neuen Sozialstrukturanalyse" präsentieren zu können. Den vollständigen Verkauf der ersten Auflage werten wir als erfreulichen Hinweis darauf, dass sich die „neue", d.h. handlungstheoretisch fundierte, Sozialstrukturanalyse weiter in Deutschland etabliert hat und dass unser Konzept, mit dem vorliegenden Lehrbuch einen einfachen „Kompass" für Studienanfänger anzubieten, wie von uns erhofft, funktioniert zu haben scheint. Entsprechend wurde das Manuskript nicht grundlegend überarbeitet, sondern lediglich behutsam aktualisiert (vor allem dort, wo Zahlen und Statistiken genannt werden) und um einige Rechtschreib- und Grammatikfehler bereinigt.

Marcel Erlinghagen & Karsten Hank
Duisburg & Köln, im Januar 2018

I Grundlagen der Neuen Sozialstrukturanalyse

I.1 Was ist „Sozialstruktur"?

Will man sich der Frage nähern, was eigentlich mit dem Begriff der „Sozialstruktur" genau gemeint sei, ist es sinnvoll, sich zunächst mit dem Strukturbegriff im Allgemeinen zu beschäftigen. Glatzer (2002: 534) definiert Struktur wie folgt:

> Von einer Struktur wird […] dann gesprochen, wenn eine Mehrzahl von Einheiten in einer nicht zufälligen Weise angeordnet bzw. miteinander verbunden ist. Es bestehen also Regelmäßigkeiten oder Muster; man kann erwarten, dass das, was an einer Stelle auftritt, an einer anderen Stelle wiederkehrt.

Entsprechend beschreibt die Sozialstruktur *Muster* und *Regelmäßigkeiten* in Gesellschaften. Wenn man „Gesellschaft" nun als die Gesamtheit der Interaktionen und des Handelns aller Gesellschaftsmitglieder versteht, dann beschreibt die Sozialstruktur folglich Regelmäßigkeiten und Muster in den zwischenmenschlichen Interaktionen bzw. im menschlichen „Miteinander". Dadurch wird auch klar, dass die „Sozialstrukturanalyse" sich darum bemüht, Ursachen und Gründe zu entdecken, die zu solchen sozialen Mustern führen.

Wenn durch eine Analyse der Sozialstruktur Faktoren bestimmt werden sollen, die das Verhalten von Menschen systematisch beeinflussen, dann besteht innerhalb der Sozialstrukturanalyse kein Interesse am Einzelfall, sondern einzig und allein an (im weitesten Sinn) „Durchschnittswerten" oder „Wahrscheinlichkeiten". Die Frage, warum Herr K. Amok läuft, ist aus sozialstruktureller Sicht völlig uninteressant. Hiermit könnten sich Praktiker aus dem Bereich der Psychotherapie oder Sozialarbeit beschäftigen, die an der individuellen Lebensgeschichte von Herrn K. interessiert sind und dadurch versuchen wollen, das einmalige Ereignis des Amoklaufes von Herrn K. zu erklären. Die Sozialstrukturanalyse würde demgegenüber vielmehr die Frage stellen, ob bzw. welche Faktoren einen *systematischen Einfluss auf die Wahrscheinlichkeit* besitzen, dass es zu Amokläufen kommt. So könnte z.B. angenommen werden, dass sich aufgrund unterschiedlicher, durch Sozialisation vermittelter Geschlechterrollen die Wahrscheinlichkeit, zum Amokläufer zu werden, systematisch zwischen Männern und Frauen unterscheidet. Es wäre also denkbar, dass Männer hier z.B. höhere ‚Amok-Wahrscheinlichkeiten' aufwei-

sen als Frauen, da Männer durch Sozialisation stärker ‚erlernt' haben,
Konflikte und Enttäuschungen gewaltsam, nach außen gerichtet zu
verarbeiten. Das bedeutet weder, dass alle Männer früher oder später
zu Amokläufern werden, noch dass es keine Frauen geben kann, die
Amok laufen. Bleibt man weiter beim Beispiel des Amoklaufes, so
könnte man aus sozialstruktureller Perspektive ferner danach fragen,
inwieweit die Gesetzgebung einen systematischen Einfluss auf die
Wahrscheinlichkeit von Amokläufen ausübt. Möglich wäre z.B., dass
es in Ländern mit einem sehr restriktiven Waffenrecht deutlich seltener zu Amokläufen kommt als in Gesellschaften mit liberalem Waffenrecht, da im ersten Fall der Zugang zu gefährlichen Waffen stark
eingeschränkt ist. Auch hier bedeutet ein solches durch gesetzliche
Rahmenbedingungen (mit-)verursachtes Muster nicht, dass es in dem
einen Land nie und in dem anderen Land ständig zu Amokläufen
kommt. Auch hier geht es – wie im ersten Beispiel – ausschließlich
darum, ob sich *Verhaltensregelmäßigkeiten* in einer Gesellschaft
identifizieren lassen.

Dass die Sozialstrukturanalyse vor allem an Durchschnittswerten,
Wahrscheinlichkeiten und der generellen Verteilung von Merkmalen
interessiert ist, verweist auch darauf, dass zur Identifikation solcher
Muster verallgemeinerbare, wenn man so will *repräsentative Informationen* notwendig sind. Dies ist einer der wesentlichen Unterschiede zwischen der wissenschaftlichen Analyse sozialer Strukturen und
Stammtischdiskussion zu bestimmten gesellschaftspolitischen The-
men. In einer wissenschaftlich fundierten Sozialstrukturanalyse ist
kein Platz für „anekdotische Evidenz", d.h. Aussagen, die Regelmäßigkeiten auf Basis nicht-repräsentativer Einzelfälle begründen bzw.
bezweifeln. So könnte man am Stammtisch durchaus argumentieren,
dass es keinen Zusammenhang zwischen dem Rauchen von Zigaretten und einer verkürzten Lebenserwartung gäbe, wie man ja eindrucksvoll am im Jahr 2015 verstorbenen Bundeskanzler im Ruhe-
stand Helmut Schmidt habe erkennen können: Obwohl Schmidt sein
Leben lang 40 Zigaretten und mehr pro Tag geraucht hat, ist er trotzdem weit über 90 Jahre alt geworden. Eine solche Argumentation ist
jedoch unter wissenschaftlichen Gesichtspunkten nicht zulässig, da
vom nicht-repräsentativen Einzelfall Helmut Schmidt auf soziale Regelmäßigkeiten zwischen Rauchen und Lebenserwartung geschlossen wird.

Was benötigt wird, sind z.B. Langzeitstudien, die in wesentlichen
Aspekten vergleichbare Personen über eine längere Periode beglei-
ten, um herauszufinden, ob unterschiedliches Rauchverhalten *im*

Durchschnitt tatsächlich zu einer geringeren Lebenserwartung führt. Ergebnisse einer solchen Studie haben z.b. Doll et al. (2004) vorgelegt, in der sie die Sterblichkeit von britischen Ärzten der Geburtsjahrgänge 1900 bis 1930 untersucht haben. In Abbildung I-1 sind Ergebnisse dieser Studie in Form von sogenannten Überlebensraten für die Gruppe der Raucher und Nichtraucher dargestellt.[1] Ohne an dieser Stelle zu sehr auf methodische Details einzugehen, lässt sich vereinfacht sagen, dass die Forscher ihre Probanden ab dem 35. Lebensjahr kontinuierlich „verfolgt" haben und so nicht nur Informationen über das Rauchverhalten in unterschiedlichen Lebensaltern, sondern auch Informationen über das Sterbejahr des Befragten erhalten konnten. In Abbildung I-1 sehen wir nun, dass zu Studienbeginn im Alter von 35 sämtliche Studienteilnehmer (Raucher und Nichtraucher) lebendig sind. Man könnte auch sagen, dass 100 Prozent der Raucher und 100 Prozent der Nichtraucher zu diesem Zeitpunkt (noch) leben. 15 Jahre später hat sich der Anteil der überlebenden Raucher und Nichtraucher schon leicht reduziert: Im Alter von 50 Jahren leben noch 97 Prozent der Nicht-Raucher und 94 Prozent der Raucher. Weitere 20 Jahre später zeigt sich nun schon ein sehr deutlicher Unterschied hinsichtlich der Überlebenswahrscheinlichkeit: 81 Prozent der an der Studie teilnehmenden Nichtraucher erleben ihren 70. Geburtstag, hingegen erreichen nur 58 Prozent der Raucher dieses Alter. Im Alter von 80 ist die Relation 59 zu 26 und im Alter von 90 ergibt sich eine Relation von 24 zu 4 Prozent. Erst im hochbetagten Alter von rund 100 Jahren sind die Kurven wieder identisch, weil in den Jahren zuvor die Sterblichkeit der Nichtraucher aufgrund altersbedingter Schädigungen dann mit den zuvor schon drastisch angestiegenen Sterbewahrscheinlichkeiten der Raucher gleichzieht. Aufgrund dieser Untersuchungsergebnisse lässt sich schlussfolgern, dass Rauchen die Lebenserwartung im Durchschnitt deutlich senkt – auch wenn es immer einzelne Raucher gibt (wie z. B. Helmut Schmidt), die sehr lange leben, und es gleichzeitig auch einzelne Nichtraucher gibt, die früh versterben (z.B. durch einen Unfall).

---

[1] In der Studie wurden zwischen 1951 und 2001 rund 25.000 britische Ärzte der Jahrgänge 1900 bis 1930 in regelmäßigen Abständen befragt. Dabei wurden auch Informationen über das Sterbealter in Erfahrung gebracht, falls ein zuvor befragter Arzt in der nächsten Befragungswelle aufgrund seines Todes nicht mehr teilnehmen konnte. Dadurch können Überlebenswahrscheinlichkeiten in Verbindung mit unterschiedlichen Aspekten wie z.B. dem individuellen Rauchverhalten gebracht werden.

Abbildung I-1: Überlebensraten britischer Ärzte der Geburtsjahrgänge 1900 bis 1930, getrennt für Raucher und Nichtraucher (ab dem 35. Lebensjahr)

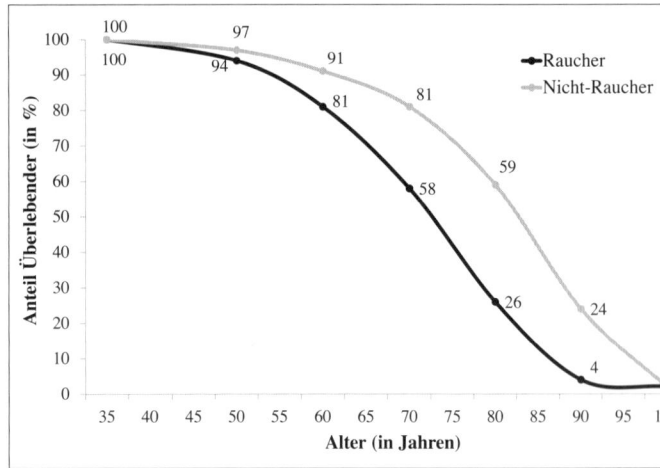

Quelle: Doll et al. (2004: 6), eigene Darstellung

Abbildung I-2: Anteil täglicher Raucher (in %) nach Schichtzugehörigkeit und Geschlecht (1998)

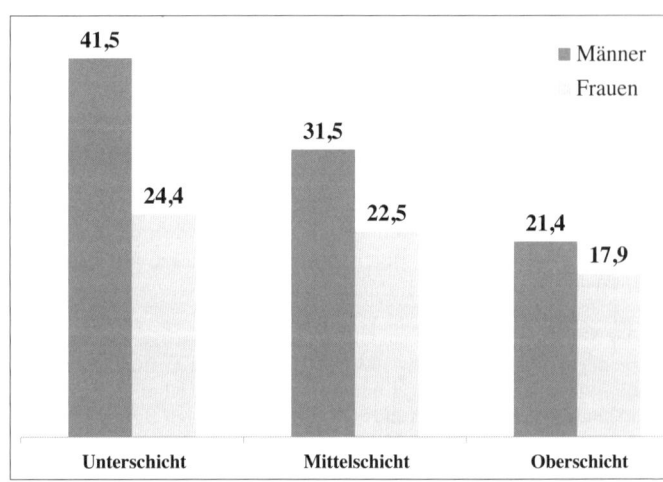

Quelle: Bundesgesundheitssurvey 1998; Daten entnommen: Lampert & Thamm (2004); eigene Darstellung

Die Studie von Doll et al (2004) zeigt folglich ein klares *Muster* im unterschiedlichen ‚Sterbeverhalten' von Rauchern und Nichtrauchern. Dies allein wäre z.b. aus gesundheitspolitischer Sicht ein interessanter Befund. Relevanz bekommt dieses Ergebnis zusätzlich dadurch, dass wir *systematische Unterschiede* hinsichtlich des Rauchverhaltens bei unterschiedlichen gesellschaftlichen Gruppen feststellen und dadurch mittelbar auch von einer unterschiedlichen Lebenserwartung dieser Gruppen ausgehen können. Abbildung I-2 zeigt den Anteil täglicher Raucher an der Bevölkerung unterteilt nach Schichtzugehörigkeit und Geschlecht. Dabei zeigt sich nicht nur in allen Schichten, dass es unter Frauen einen geringeren Anteil an täglichen Rauchern gibt als unter Männern. Neben diesem geschlechtsspezifischen Unterschied ergibt sich auch ein klarer Schichtzusammenhang: Mit steigendem sozialen Status nimmt der Anteil von Rauchern ab. Raucht noch 41,5 Prozent der Männer aus der Unterschicht so reduziert sich dieser Anteil in der Mittelschicht auf 31,5 und in der Oberschicht sogar auf 21,4 Prozent. Für Frauen zeigt sich eine ähnliche Tendenz, jedoch scheint hier die Schichtzugehörigkeit weit weniger das Rauchverhalten zu beeinflussen als bei Männern. Die Abnahme des Anteils von Raucherinnen zwischen Unter-, Mittel und Oberschicht von 24,4 über 22,5 bis zu 17,9 Prozent ist wesentlich moderater als bei Männern (vgl. hierzu auch Kapitel II-2).

I.2 Sozialstruktur und soziale Regeln

Die von uns beobachtete Sozialstruktur bzw. die von uns beobachteten Regelmäßigkeiten in den Handlungen von Menschen sind *Ergebnis und Ausdruck wirksamer sozialer Regeln*. Mit anderen Worten: *Soziale Regeln manifestieren sich in sozialen Strukturen*. Diese gesellschaftlichen Spielregeln wirken direkt als Beschränkung (Restriktion) menschlichen Verhaltens. So wird Diebstahl sowohl durch gesetzliche Verbote als auch durch soziale Normen („Du sollst nicht stehlen") von der Gesellschaft insgesamt als Verhaltensweise nicht toleriert. Wer dagegen verstößt, muss mit negativen Sanktionen (Gefängnisstrafe und/oder soziale Ausgrenzung) rechnen. Aus gesellschaftlicher Perspektive kommen sozialen Regeln dabei drei wesentliche Funktionen zu:

Erstens steuern soziale Regeln soziale Prozesse. Versteht man soziale Regeln als soziale Verbote (z.B. „Wer kein Abitur hat, darf nicht studieren!") oder soziale Gebote (z.B. „Der Mann muss seine Fami-

lie ernähren!"), dann sind diese Regeln der Garant dafür, dass menschliches Zusammenleben überhaupt möglich ist. Unabhängig von den
veränderbaren Inhalten von sozialen Verboten und Geboten wäre
ohne diese, die individuellen Handlungen steuernden Regeln das
Chaos vorprogrammiert. Jeder würde das tun, was er gerade für rich-
tig hält, mit dem Ergebnis, dass ein Zusammenleben kaum möglich
wäre.

Zweitens sorgen soziale Regeln dafür, dass Handlungsabläufe *ko-
ordiniert* werden. Dazu ein Beispiel: Durch die Verhaltensregel der
Straßenverkehrsordnung, dass von rechts kommende Fahrzeuge Vor-
fahrt haben, wird das individuelle Verhalten aller Autofahrer koordi-
niert. Diese soziale (d.h. von Menschen geschaffene) Regel „rechts
vor links" bringt Klarheit für die beteiligten Personen, da die zeitliche
Abfolge des Fahrens festgeschrieben ist und jeder weiß, dass er bei
Missachtung dieser Regel sanktioniert wird, also mögliche Unfall-
schäden bezahlen muss. Hierbei wird im Übrigen auch die kulturelle
Beliebigkeit sozialer Regeln deutlich: Das in Mitteleuropa bestehende Rechtsfahrgebot ist weder ein Naturgesetz noch gottgegeben – wie
ein Blick nach Großbritannien zeigt, wo die Gesellschaft sich auf ein
Linksfahrgebot geeinigt hat und entsprechend auch nicht die Regel
„rechts vor links", sondern „links vor rechts" gilt.

Drittens sind soziale Regeln nicht nur zur Steuerung und Koordi-
nation sozialer Prozesse unerlässlich, sondern erfüllen auch die wichtige Funktion der *Stabilisierung* des gesellschaftlichen Zusammenlebens. Unter Stabilisierung ist hier zu verstehen, dass gesteuertes und
geordnetes Handeln individueller Menschen auf Dauer nur dann
möglich ist, wenn soziale Regeln akzeptiert und nicht in Frage gestellt
werden. Soziale Regeln, die von den durch diese Regeln betroffenen
Menschen nicht akzeptiert werden, können zwar das Handeln der
Menschen kurzfristig steuern und ordnen. Der langfristige Bestand
einer Gesellschaft ist jedoch bedroht. Der Aspekt der Stabilisierung
durch soziale Regeln verweist darauf, dass Gesellschaften nur dann
langfristig existieren können, wenn die in ihnen geltenden Verbote
und Gebote als ‚gerecht' empfunden werden. Beispielsweise wird in
unserer Demokratie die Regel ‚ein Bürger, eine Stimme' als gerecht
empfunden. Diese Wahlregel, dass jeder Bürger – ob alt oder jung,
ob Mann oder Frau, ob reich oder arm – eine (und nur eine) Stimme
hat, steuert und ordnet nicht nur die politische Willensbildung, sondern sorgt auch für den gesellschaftlichen Zusammenhalt.

Soziale Regeln sind immer von Menschen gemacht. Wie das
menschliche Miteinander geregelt ist, beruht weder auf irgendeiner

Art Naturgesetz noch auf göttlichem Willen. Hervorstechendes Merkmal sozialer Regeln ist demnach, dass sie *prinzipiell veränderbar* sind. Anders als bspw. Naturgesetze können soziale Regeln per Definition *keine Gültigkeit unabhängig von Raum und Zeit* beanspruchen. Während z.b. die Schwerkraft als Naturgesetz an jedem beliebigen Ort des Universums und zu jeder beliebigen Zeit seit dem Urknall Gültigkeit besitzt, gilt dies für soziale Regeln keineswegs. So haben im mittelalterlichen Europa ganz andere Normen und Gesetze gegolten und somit systematisch das Handeln der Menschen beeinflusst als dies heute der Fall ist. Und gleichzeitig gelten heute in Europa ganz andere Normen und Gesetze als in Saudi-Arabien oder der Mongolei. *Soziale Regeln sind demnach Regeln mit begrenzter räumlicher (kultureller) und zeitlicher (historischer) Reichweite.*

Die begrenzte kulturelle und historische Reichweite sozialer Regeln ist dafür verantwortlich, dass die *Soziologie eine überaus komplexe und anspruchsvolle Wissenschaftsdisziplin* ist. Die Soziologie hat es folglich gerade deshalb schwer, weil sie es mit einem ‚beweglichen Ziel' zu tun hat. Sie erscheint gerade deshalb Außenstehenden oftmals fälschlicherweise als ‚weiche' Wissenschaft, weil es vermeintlich keine verbindliche ‚Wahrheit' über bestimmte Fragen gibt, sondern anstelle von eindeutigen Antworten lange, scheinbar ergebnislose Debatten geliefert würden (vgl. hierzu auch Kapitel IV.1).

I.3 Neue Sozialstrukturanalyse: Handlungstheoretische Grundlagen

Der Blickwinkel, den Sozialforscher auf die Gesellschaft als ihren Untersuchungsgegenstand einnehmen, ist von ihrer kulturellen Prägung und vor allem von den Einflüssen ihrer Zeit abhängig. Welche Fragen Soziologen als relevant erachten und welche Antwortbegründungen sie akzeptieren, ist sicher nicht unabhängig von Kultur und historischer Zeit. Insofern kann es nicht überraschen, dass auch die Herangehensweise der Sozialstrukturanalyse in den vergangenen 150 Jahren einem enormen Wandel unterzogen gewesen ist. Dabei scheint vor allem von Bedeutung zu sein, dass sich trotz verschiedener Detailunterschiede und durchaus auch veränderter Fragestellungen verschiedene Ansätze der traditionellen Sozialstrukturanalyse zunächst in ihrer Herangehensweise grundsätzlich ähneln. Erst im Laufe der vergangenen 30 Jahre ist diese *Traditionelle Sozialstrukturanalyse* ergänzt und zum Teil ersetzt worden durch einen Ansatz, den wir als *Neue Sozialstrukturanalyse* bezeichnen. Bevor wir ausführlich die handlungstheoretischen Grundlagen der Neuen Sozialstrukturanalyse in den Kapiteln I.3.2 bis I.3.5 erläutern, scheint es uns sinnvoll, zunächst in einem komprimierten Exkurs im folgenden Kapitel I.3.1 wesentliche Perspektiven insbesondere von Klassen- und Schichtmodellen als klassische Ansätze der Traditionellen Sozialstrukturanalyse vorzustellen.

I.3.1 Exkurs: Traditionelle Sozialstrukturanalyse

Für die Traditionelle Sozialstrukturanalyse (einen guten Überblick über wesentliche Ansätze der Traditionellen Sozialstrukturanalyse bietet Burzan 2011) ist die Identifikation *gesellschaftlich relevanter Großgruppen* von zentraler Bedeutung. In welcher Form solche Großgruppen auftreten bzw. wie sie abzugrenzen und mithin zu benennen sind, ist seit dem 19. Jahrhundert immer wieder Gegenstand von Kontroversen innerhalb der Soziologie. Wählt man als Ausgangspunkt die Arbeiten von Karl Marx (1818-1883), so bezeichnet er die für ihn relevanten gesellschaftlichen Großgruppen als *Klassen*. Demnach ist die Sozialstruktur der (damaligen) Gesellschaft im Wesentlichen geprägt durch zwei Klassen, der „Bourgeoisie" (Bürgertum) und dem „Proletariat" (Arbeiter). Entscheidend für die Klassenzugehörigkeit einzelner Individuen ist hierbei deren Besitz an Produktionsmitteln in Form von Geld, Maschinen, Immobilien oder Grundstücken („Kapital"). Während nun das Bürgertum über solches Kapital verfügt, sind die Arbeiter besitzlos – ihnen bleibt nichts anderes übrig, als ihre Arbeitskraft zu verkaufen, um ihren Lebensunterhalt zu bestreiten. Als Folge dieses Ungleichgewichts beutet die Bourgeoisie als herrschende Klasse die Arbeiterklasse aus, die als Folge in Armut und weitgehend rechtlos leben muss. Bezogen auf die Sozialstruktur bedeutet dies, dass die systematischen Verhaltens- und Lebensunterschiede der Menschen sich vor allem auf die alles entscheidende Frage nach dem Besitz an Produktionsmitteln zurückführen ließe.

Max Weber (1864-1920) greift den von Marx entscheidend geprägten Begriff der „Klasse" auf und entwickelt ihn weiter. Auch Weber erkennt, dass der Besitz an Produktionsmitteln ein entscheidendes Moment zur Erklärung sozialer Unterschiede darstellt. Weber erkennt aber auch, dass nicht nur die Verfügbarkeit über Geld oder Maschinen, sondern auch der Besitz von Wissen und Fertigkeiten (heute würden wir von „Humankapital" sprechen) zu den Produktionsfaktoren zu zählen ist und insofern zur Einteilung in Besitzende und nicht-besitzende Klassen zu nutzen ist. Darüber hinaus greift eine Beschreibung der Sozialstruktur als „Zwei-Klassen-Gesellschaft" für Weber zu kurz und er verweist auf die Mehrdimensionalität gesellschaftlicher Unterschiede. Zu diesem Zweck führt er neben dem auf Marx aufbauenden und erweiterten Begriff der *Klasse* noch die Begriffe *Stand* und *Partei* ein.

Mit dem Begriff des Standes versucht Weber das unterschiedliche gesellschaftliche Ansehen oder auch Prestige von Menschen als sozialstrukturell relevante Dimension zu beschreiben. Der Begriff der Partei zielt des Weiteren nicht auf eine politische Partei in unserem heutigen alltagssprachlichen Verständnis, sondern beschreibt die individuelle Möglichkeit eines Menschen, seine Interessen gemeinsam mit anderen zu vertreten. Hierbei geht es also im Grunde um die Möglichkeit der politischen Partizipation. Dies ist u.a. insofern eine interessante Weiterentwicklung des Zwei-Klassen-Ansatzes, weil sich dadurch gesellschaftliche Strukturen viel differenzierter abbilden lassen. Um dies zu veranschaulichen könnte man als Beispiel die soziale Position von Bergarbeitern mit Knechten in der Landwirtschaft vergleichen: Weder Bergmann noch Knecht verfügen über Produktionsmittel (Kapital) und beide haben im frühen 20. Jahrhundert sicher kein besonderes gesellschaftliches Ansehen (im Weber'schen Sinne gehören beide also zu einem unteren Stand). Gleichwohl unterscheidet sich die gesellschaftliche Position der Bergleute von denen der Knechte aufgrund ihrer unterschiedlichen Möglichkeiten der Parteizugehörigkeit: Während Bergleute in der Lage sind, durch z.B. gewerkschaftlichen Zusammenschluss ihre Interessen gemeinsam mit anderen Bergleuten zu vertreten, ist der Knecht hier in einer benachteiligten Situation, da es für ihn diese Möglichkeit kaum gibt. Und wenn man z.B. an einen einfachen Büroangestellten der damaligen Zeit denkt, so verfügte auch er – ähnlich dem Knecht – weder über Produktionsmittel noch hatte er besondere Möglichkeiten, seine Interessen gegenüber seinem Dienstherren zu vertreten. Jedoch unterscheidet sich der Angestellte in dieser Situation vom Knecht durchaus in seiner sozialen Position und zwar aufgrund des sicher höheren gesellschaftlichen Ansehens, das Angestellten entgegengebracht wurde. Systematische soziale Unterschiede zwischen verschiedenen Gesellschaftsmitgliedern lassen sich also im Verständnis Webers auf die Zugehörigkeit zu unterschiedlichen Klassen, Ständen und Parteien zurückführen.

Auch wenn bei Weber zusätzlich zum Klassenbegriff die Begriffe Stände und Parteien hinzutreten, so ist auch er (wie bereits schon Marx vor ihm) der Auffassung, dass die ökonomischen Verhältnisse – sprich: die Verteilung von Produktionsmitteln – der wesentliche Faktor zur Erklärung der zu beobachtenden sozialen Unterschiede seien. Betrachtet man die gesellschaftlichen Verhältnisse im ausgehenden 19. und beginnenden 20. Jahrhundert, so ist dies in der Tat verständlich. Angesichts der sich zwar langsam verbessernden, insgesamt jedoch immer noch überwiegend schlechten Lebenssituation der Arbeiterklasse war sowohl für Marx als auch für Weber dieses enorme ökonomische Ungleichgewicht kaum zu übersehen. Insofern kann es nicht verwundern, dass beide die ganz offensichtlichen ausbeuterischen Verhältnisse für so wesentlich erachteten.

Aufgrund der Einführung der Sozialversicherungen oder auch der Verbesserung der Arbeitsbedingungen hatten sich die Lebensbedingungen der Arbeiterklasse ohne jeden Zweifel langsam aber stetig verbessert. Bis zur Mitte des 20. Jahrhunderts gab es jedoch weiterhin ein enormes Wohlstandsgefälle zwischen den wohlhabenden Bürgern und der großen Masse der Erwerbstätigen. Nach Ende des Zweiten Weltkrieges verzeichneten allerdings alle industrialisierten Länder einen enormen Wirtschaftsaufschwung. Insbesondere in der durch Krieg zerstörten, 1949 gegründeten und entsprechend jungen Bundesrepublik Deutschland erschien dieser schnelle und überraschende Boom als „Wirtschaftswunder". Er erschien vor allem deshalb als Wunder, weil anders als in der Vergangenheit insbesondere die erwerbstätige Bevölkerung und ihre Familien ihre Lebenssituation schnell verbessern konnten. Soziale Grenzen zwischen Arm und Reich schienen zunehmend zu bröckeln und zu verschwinden. Auch für den einfachen Arbeiter wurde es realistisch, dass er sich z.B. einen Kühlschrank, einen Fernseher, oder sogar ein Auto oder eine Italienreise leisten konnte. Dieser Wohlstandszuwachs für Arbeiter oder einfache Angestellte hat sicher unterschiedliche Ursachen (vgl. dazu Kapitel III.3). Allerdings darf dies nicht darüber hinwegtäuschen, dass der Wohlstandszuwachs ab den 1950er Jahren die gesamte Bevölkerung umfasste. Mithin wurden also auch die Reichen reicher (vgl. hierzu Wehler 2008: 119ff). Im Zuge des enormen Wohlstandswachstums schienen daher ab den 1950er Jahren Klassenmodelle nicht mehr geeignet zu sein, die Sozialstruktur der Nachkriegsgesellschaft in der Bundesrepublik abzubilden. Zwar gab es nach wie vor ökonomische Unterschiede zwischen besser und schlechter gestellten

Personen bzw. Familien z. B. hinsichtlich des Einkommens. Aber es setzte sich die Überzeugung durch, dass starre Klassenmodell mit einem klaren „Oben" und „Unten" nicht mehr zeitgemäß seien. Stattdessen wurden nun Schichtmodelle zur Beschreibung der Sozialstruktur verwendet.

Eine der bekanntesten Versuche, die Sozialstruktur der Bundesrepublik Deutschland der 1960er Jahre zu veranschaulichen, stammt von Karl Martin Bolte und ist in Abbildung I-3 zu sehen. Aufgrund ihrer charakteristischen Form wird diese Abbildung auch als „Bolte-Zwiebel" bezeichnet. Anhand dieses Schaubildes wird gut erkennbar, was der Kern des damals neuen Gedankens der Schichtmodelle war und wie sie sich von den bis dahin dominierenden Klassenmodellen unterscheiden. Auch in der „Bolte-Zwiebel" gibt es entsprechend der Wohlstandsposition der Menschen eine vertikale Struktur. Jedoch besteht die Gesellschaft nun nicht mehr aus zwei (ökonomischen) Klassen wie bei Marx und zum Teil auch bei Weber, sondern es werden nun sieben Schichten (Bolte spricht hier von „Statuszonen") identifiziert, zu denen die einzelnen Bevölkerungsmitglieder der Bundesrepublik jeweils zugeordnet werden können. Aus der zahlenmäßigen Bedeutung der jeweiligen Schicht ergibt sich quasi zwangsläufig die charakteristische Zwiebelform: Die Gesellschaft besitzt eine dünne Spitze („Oberschicht") und schmale Wurzeln („Sozial Verachtete"). Dazwischen befindet sich der größte Teil der Bevölkerung, die sich wiederum in mehrere Mittel- und Unterschichten weiter unterteilen lässt. Gleichzeitig gibt es neben der vertikalen Struktur auch ein horizontales „Nebeneinander" einzelner Schichten. Abgesehen von der Zwiebelspitze und des unteren Endes der „Sozial Verachteten" gibt es zum Teil Überlappungen der dazwischenliegenden Schichten. So sind Personen aus der Arbeiterschaft nicht nur in der Unterschicht, sondern auch zu erheblichen Teilen im Übergang zur Mittelschicht zu finden („oberes Unten/unterste Mitte") oder sogar eindeutig der Mittelschicht zuzuordnen („untere Mitte"). Gleichzeitig gibt es ein starkes Nebeneinander des „alten" und des „neuen" Mittelstandes. „Neu" meint hier Personen mit Berufen, die durch die zunehmende Bedeutung von Technik und Bürokratie an sozialer Relevanz gewonnen haben, wie z.B. Ingenieure oder auch Beamte; der „alte" Mittelstand hingegen umfasst hier Gruppen wie Ärzte, Handwerker oder auch Selbständige.

Abbildung I-3: Schichtung der westdeutschen Bevölkerung (1960er Jahre) nach Bolte

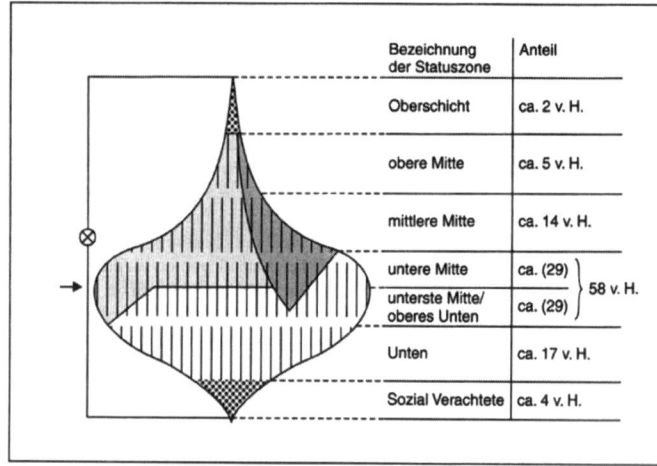

Die Markierungen in der breiten Mitte bedeuten:
☐ Angehörige des so genannten neuen Mittelstandes
▨ Angehörige des so genannten alten Mittelstandes
☐ Angehörige der so genannten Arbeiterschaft
Punkte zeigen an, dass ein bestimmter gesellschaftlicher Status fixiert werden kann.
Senkrechte Striche weisen darauf hin, dass nur eine Zone bezeichnet werden kann, innerhalb derer jemand etwa im Statusaufbau liegt.
⊗ Mittlere Mitte nach den Vorstellungen der Bevölkerung
➔ Mitte nach der Verteilung der Bevölkerung. 50 v. H. liegen oberhalb bzw. unterhalb im Statusaufbau.

Quelle: Bolte et al. (1967: 316)

Ein anderer prominenter Versuch, die Sozialstruktur im Nachkriegs-
deutschland in Form eines Schichtmodells zu beschreiben, stammt
von Ralf Dahrendorf und ist auf der linken Seite der Abbildung I-4
zu sehen. Anstelle einer Zwiebel wählt Dahrendorf die Form eines
Hauses mit unterschiedlichen Geschossen und Zimmern. Die Zimmer werden dabei von bestimmten Schichten bewohnt, wobei die
Höhe des Geschosses die gesellschaftliche Stellung der Schicht
repräsentiert. Entsprechend wohnen ganz oben die Angehörigen der
„Elite", während die „Unterschicht" im Keller haust. Auch bei Dahrendorf gibt es wie bei Bolte eine Nebeneinander von Schichten, so
z.B. zwischen „Mittelstand", „Dienstklasse" (gemeint sind hier vor
allem Beamte und leitende Angestellte) und der „Arbeiterelite"
(z.B. spezielle Facharbeiter oder Meister). Ein neues Element, das

Abbildung I-4: Schichtung der westdeutschen Bevölkerung in den 1960er Jahre nach Dahrendorf (links) und im Jahr 2000 nach Geißler (rechts)

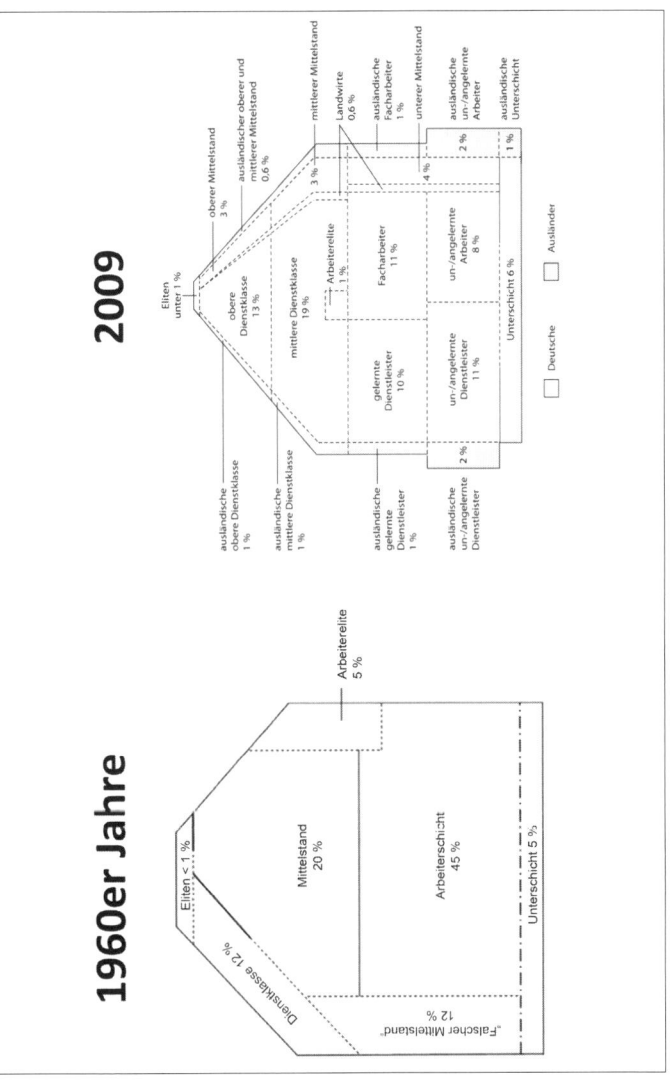

Quelle: Dahrendorf (1965: 105) und Geißler (2014: 101)

dieses „Haus-Modell" liefert, sind aber die (teil-)durchlässigen
Wände und Decken, die die einzelnen Zimmer voneinander abtren-
nen. Das Ausmaß der Durchlässigkeit versucht Dahrendorf hierbei
durch die Stärke der Strichelung anzudeuten. Dahrendorf sieht
durchaus die Möglichkeit sozialer Auf- und Abstiege, d.h. es kann
gelingen von einer Schicht in die nächste zu gelangen. So ist es
denkbar, von der Arbeiterschicht in den Mittelstand aufzusteigen
– allerdings kaum direkt, sondern höchstens über den ‚Umweg' über
die Arbeiterelite, evtl. auch über eine Zwischenstation im „falschen
Mittelstand" (hierbei dürfte es sich vor allem um kleine Angestellte handeln).

Manche Autoren verwenden bis heute das von Dahrendorf entwickelte Haus-Modell, um die aktuelle Sozialstruktur Deutschlands
abzubilden. Auf der rechten Seite in Abbildung I-4 ist ein solcher
Versuch zu sehen, der von Rainer Geißler stammt. Geißler bleibt der
Ursprungsidee unterschiedlicher Stockwerke und Zimmer treu. Jedoch ergeben sich aufgrund gesellschaftlicher Veränderungen der
mittlerweile vergangenen Jahrzehnte selbstverständlich neue bzw.
größere oder kleinere Zimmer entsprechend der veränderten Größe
traditioneller oder aber des Auftretens neuer Schichten. Auffällig ist
im Geißler-Haus der neue Anbau, in dem nun – bildlich gesprochen
– die seit den 1960er Jahren nach Deutschland gekommenen Zuwanderer ‚wohnen'.

Im Laufe der 1970er und 1980er Jahre wurden Klassen- und
Schichtmodelle aus zwei Richtungen kritisiert. Erstens wurde bemän-
gelt, dass sowohl in Klassen- als auch Schichtmodellen soziale Unterschiede nahezu ausschließlich durch Faktoren bestimmt werden,
die in engem Zusammenhang zu Erwerbsarbeit stehen, wie etwa
Einkommen, Berufsausbildung oder aber Berufsprestige. In der Tat
hatten die bis dahin vorherrschenden Beschreibungen der Sozialstruktur z.B. solche Faktoren wie das Geschlecht, das Alter, regionale Einflüsse oder aber den ethnischen Hintergrund kaum beachtet.
Aus diesem Grund wurde die Schichtperspektive durch die Berücksichtigung solcher weiterer Ungleichheitsdeterminanten zu sogenannten *Lebenslage-Modellen* erweitert. Die zweite Hauptkritik an
Klassen- und Schichtmodellen kam aus einer anderen Richtung. Hier
ging es um eine viel grundsätzlichere Kritik, Unterschiede zwischen
gesellschaftlich relevanten Großgruppen mit Hilfe objektiver Kriterien messen zu wollen. „Objektive Kriterien" meint hier die unabhängig vom individuellen Selbst von außen (z.B. durch den Soziologen)
zu beobachtende Merkmale wie Einkommen, Beruf, Geschlecht oder

Ethnie. Manche Autoren hielten diese „Objektivität" für wenn nicht vollkommen so doch weitgehend irrelevant und schlugen stattdessen den Begriff des *Lebensstils* zur Beschreibung der Sozialstruktur vor. Lebensstile bemühen sich darum, Gemeinsamkeiten in der subjektiven Bewertung des Lebens und hinsichtlich der im Leben von den einzelnen Menschen angestrebten Ziele und Werte zu identifizieren. Schließlich entwickelten wiederum andere in einer Art Synthese aus Schicht- bzw. Lebenslagemodell einerseits und Lebensstilkomponenten andererseits einen neuen Ansatz, der versucht, die Sozialstruktur durch Abgrenzung von Milieus darzustellen. Durch die Verbindung objektiver Merkmale und subjektiver Wertorientierung sollen hier spezifische Milieus identifiziert und die Zahl der ihnen zuzurechnenden Individuen bestimmt werden.

Die hier in der gebotenen Kürze vorgestellten Ansätze der Traditionellen Sozialstrukturanalyse sind trotz einiger zum Teil erheblicher Unterschiede ausnahmslos darum bemüht, *gesellschaftlich relevante Großgruppen* zu identifizieren, seien es nun Klassen, Schichten, Lebenslagen, Lebensstile oder Milieus. Ziel ist es dabei zunächst, die Sozialstruktur einer Gesellschaft zu beschreiben, in dem man diese Großgruppen in eine wie auch immer geartete Beziehung zueinander setzt. So beherrscht z.B. bei Marx das Bürgertum die Arbeiterklasse oder bei Geißler ‚wohnt' die „Arbeiterelite" Tür an Tür mit der „mittleren Dienstleistungsschicht". Ferner besteht eine weitere Übereinstimmung innerhalb der Strömungen der Traditionellen Sozialstrukturanalyse in der Überzeugung, dass gesellschaftliches Handeln ein Produkt gesellschaftlicher Strukturen sei. Das bedeutet nichts anderes, als dass die in einer Gesellschaft beobachtbaren Regelmäßigkeiten im Verhalten der einzelnen Gesellschaftsmitglieder in erster Linie durch die Großgruppenzugehörigkeit der Individuen bestimmt werden. Arbeiter können demnach gar nicht anders als sich klassenkonform als Arbeiter zu verhalten und die Schicht der Elite handelt so wie sie handelt, weil sie eben zur Elite gehört. Insofern begreift die Traditionelle Sozialstrukturanalyse individuelle Entscheidungsoptionen im Grunde genommen als Trugschluss. Vielmehr reproduzierten sich – so die Überzeugung – soziale Strukturen immer wieder selbst.

Wichtig ist zu erkennen, dass alle Soziologen – egal von welchen Prämissen sie ausgehen – eint, dass sie an der Beschreibung und Erklärung gesellschaftlicher Phänomene interessiert sind. Dies gilt in besonderem Maße für jedwede Form der Sozialstrukturanalyse, die ja soziale Strukturen – also Regelmäßigkeiten auf gesamtgesellschaftlicher Ebene – identifizieren will. Anstatt „gesamtgesellschaftlicher Ebene" kann man hier auch von „Makroebene" sprechen. Für die Neue Sozialstrukturanalyse ergeben sich daraus zwei Probleme: Erstens ist zu klären, wie sich relevante sozialstrukturelle Einflussfaktoren (Ressourcen, Restriktionen, Lebensverlauf; vgl. dazu Kapitel I.3.4) in ein solches Grundmodell einfügen lassen. Zweitens stellt sich die Frage, in welcher grundsätzlichen Beziehung einzelne Akteure (oder auch die „Mikroebene") und gesamtgesellschaftliche Sachverhalte auf der „Makroebene" stehen; hier gilt es auf ein „*Grundmodell soziologischer Erklärung*" zurückzugreifen. Um dieses Grundmodell soziologischer Erklärung verständlich erklären zu können, empfiehlt es sich im Folgenden schrittweise vorzugehen.

Als erster Schritt wird der *methodologische Individualismus* als handlungstheoretisches Fundament der Neuen Sozialstrukturanalyse eingeführt (I.3.2). In einem zweiten Schritt wird sich Kapitel I.3.3 anschließend mit dem in diesem Zusammenhang zentralen Begriff der *Rationalität* beschäftigen; darauf aufbauend wird mit dem *homo socio-oeconomicus* ein alternatives idealtypisches Menschenbild vorgestellt, das die wesentlichen Prämissen der Neuen Sozialstrukturanalyse zusammenfasst. In einem dritten Schritt gilt es dann, die individuelles Handeln strukturierenden Elemente – nämlich *Ressourcen, Restriktionen und Lebensverlauf* – näher zu erläutern (I.3.4). Die bis hierher thematisierten Aspekte werden schließlich in einem vierten Schritt in Kapitel I.3.5 zum *Grundmodell soziologischer Erklärung* zusammengefügt, wobei die Bedeutung dieser Herangehensweise für die Neue Sozialstrukturanalyse klar werden wird. Die folgenden Ausführungen basieren im Wesentlichen auf den Arbeiten und ausführlichen Darstellungen bei Coleman (1991), Esser (1999) und Lindenberg (1990).

I.3.2 Das Individuum als Akteur: Methodologischer Individualismus

Bei den Bemühungen um die Erkenntnis der ‚Wirklichkeit' geht Wissenschaft immer auch von Prämissen aus, d.h. von begründeten Annahmen über die ‚Natur der Welt', die selbst (noch) nicht direkt nachgewiesen werden können, sondern nur indirekt beobachtbar sind. Wissenschaftler arbeiten also *immer mit bestimmten Annahmen*, deren Plausibilität sich aber zum einen logisch und zum anderen durch bestimmte Fakten begründen lässt. Diese Annahmen lassen sich also streng genommen nicht beweisen, sind jedoch auch nicht völlig aus der Luft gegriffen, weil sie durch bestimmte Indizien gestützt werden.

Traditionelle und Neue Sozialstrukturanalyse unterscheiden sich vor allem in den Prämissen, von denen sie ausgehen. Alle weiteren Unterschiede (z.b. in methodischer Hinsicht) sind im Grunde Auswirkungen dieser grundsätzlich unterschiedlichen Prämissen. Während die Traditionelle Sozialstrukturanalyse von der Prämisse ausgeht, dass kollektives Handeln ein Produkt gesellschaftlicher Strukturen sei, lautet die basale Prämisse der Neuen Sozialstrukturanalyse, dass kollektives Handeln ein Produkt strukturierten individuellen Handelns ist.

Kern dieser divergenten Prämissen der Traditionellen und der Neuen Sozialstrukturanalyse sind unterschiedliche Vorstellungen bzw. Annahmen hinsichtlich der Natur des Menschen (vgl. hierzu ausführlich Esser 1999: Kapitel 14). Mit Menschenbildern ist hier eine idealtypische Vorstellung über grundlegende Eigenschaften von Menschen als soziale Wesen gemeint. Ziel solcher idealtypischer Vorstellungen ist „die Formulierung von einigen, möglichst einfachen Annahmen über das Modell des Menschen für die Zwecke der erklärenden Modellierung sozialer Prozesse" (Esser 1999: 231). Innerhalb der Sozialwissenschaften gibt es zunächst zwei solcher konkurrierenden, idealtypischen Menschenbilder:

(1) *homo oeconomicus*: Im Standardmodell der Ökonomie wird der Mensch als homo oeconomicus, d.h. als vollkommen rationaler Akteur verstanden, der alle Konsequenzen seiner Handlung im Vorfeld überschauen kann. Bei gleichen wirtschaftlichen Rahmenbedingungen und gleicher Präferenzordnung verhält sich der homo oeconomicus unabhängig von Raum und Zeit immer gleich. Ziel des homo oeconomicus ist dabei, durch sein Handeln seinen individuellen Nutzen zu maximieren.

(2) *homo sociologicus*: Ein in der Soziologie sehr prominentes idealtypisches Menschenbild wird als homo sociologicus bezeichnet. Verhalten sich Menschen als homo sociologicus, so sind sie ausschließlich Objekt der an sie von außen gestellten, gesellschaftlich festgelegten Rollenerwartungen. Individuen handeln hierbei nicht autark, sondern individuelle Handlungen sind immer gesellschaftliches Produkt. In diesem Sinne ist der homo sociologicus ein vollkommen soziales Wesen, dessen übergeordnetes, handlungsleitendes Ziel es ist, den an ihn gestellten Rollenerwartungen zu entsprechen.

Während der homo oeconomicus in der Soziologie keine wesentliche Bedeutung hat (wir werden weiter unten auf dieses Menschenbild noch einmal zurückkommen), basiert die Herangehensweise der Tra-

ditionellen Sozialstrukturanalyse auf der Prämisse des homo sociologicus, indem sie davon ausgeht, dass individuelles Handeln durch
soziale Strukturen bestimmt wird und sich daher diese mutmaßlich
so mächtigen Strukturen immer wieder selbst reproduzieren. Dabei
können manche Argumentationen zwar vordergründig überzeugen;
so ist beispielsweise mit Bezug auf Marx zunächst durchaus plausibel, dass der Besitz von Produktionsmitteln einen entscheidenden,
sozial erzeugten Unterschied zwischen den Menschen darstellt. Bei
näherer Betrachtung bleibt aber die eigentliche Frage weitgehend
unbeantwortet, nämlich wie Klassen bzw. die Klassenzugehörigkeit
auf den mit Vernunft ausgestatteten, denkenden Menschen wirken.
Diese Frage nach den *Wirkungszusammenhängen* zwischen der Sozialstruktur einerseits und den vernunftbegabten, zum Handeln befä-
higten Individuen andererseits ist insbesondere bei Schichtkonzepten
und ihren Nachfolgern weitgehend aus dem Blick geraten. Es wird
somit deutlich, dass die Traditionelle Sozialstrukturanalyse der Be-
sonderheit des Untersuchungsgegenstandes der Soziologie im Allgemeinen und der Sozialstrukturanalyse im Besonderen vielfach nicht
oder nur unzureichend gerecht wird. Die Traditionelle Sozialstrukturanalyse krankt in erster Linie daran, dass sie zwar *mehr oder weniger hilfreiche Beschreibungen* sozialer Strukturen bieten kann, jedoch – insbesondere nach der Verabschiedung von Klassenmodellen
– *keine überzeugende theoretische Begründung* für das Entstehen, die
Existenz und den Wandel solcher Muster liefert (vgl. hierzu auch
Rössel 2005, insbesondere S. 141ff).

Wenn die Neue Sozialstrukturanalyse aber weder auf den Annahmen des homo oeconomicus noch des homo sociologicus beruht,
stellt sich die Frage, von welchem Menschenbild denn stattdessen
ausgegangen werden kann bzw. sollte. Will man hierauf eine Antwort
geben, ruft man sich zunächst am besten die für die Neue Sozialstrukturanalyse zentrale Prämisse ins Gedächtnis, dass gesellschaftliches
Handeln ein Produkt strukturierten individuellen Handelns ist. Da-
hinter steht die Überzeugung, dass Menschen immer *Akteure* sind,
das heißt Entscheidungen fällen (können) und agieren (können). Diese grundlegende Basisannahme wird auch „Methodologischer Individualismus" genannt. *Methodologischer Individualismus* meint,
dass „alle sozialen Phänomene, insbesondere das Funktionieren sozialer Institutionen, immer als das Resultat der Entscheidungen,
Handlungen, Einstellungen usf. menschlicher Individuen verstanden
werden sollten und daß wir nie mit einer Erklärung aufgrund sogenannter ‚Kollektive' (Staaten, Nationen, Rassen usw.) zufrieden sein

dürfen" (Popper 1992 [1957]: 116). Und so stellt gerade der Methodologische Individualismus auch die Traditionelle Sozialstrukturanalyse in Frage, die ja gesellschaftliches Handeln mit der Existenz von
Kollektiven in Form von Klassen, Schichten oder aber Milieus erklären möchte.

I.3.3 Rationalität, Unsicherheit und die Definition der Situation

Wenn Individuen handelnde Akteure sind, dann müssen sie in irgendeiner Form entscheiden, wie sie sich in bestimmten Situationen verhalten wollen. Die Neue Sozialstrukturanalyse greift den Gedanken
auf, dass individuelle Akteure rationale Entscheidungen treffen. Allerdings darf der Begriff *Rationalität* hier nicht falsch verstanden
werden.

Wir müssen von einer subjektiven, d.h. einer auf das Nutzenkalkül
des handelnden Individuums bezogenen Rationalität ausgehen, die
nicht notwendigerweise von anderen geteilt wird. Beispielsweise
weiß mittlerweile jeder, wie gesundheitsschädlich und gleichzeitig
kostspielig das Rauchen ist und angesichts dieser Fakten wäre es ein
Leichtes, das Verhalten von Rauchern als irrational abzutun. Wenn
wir uns damit begnügten, das Rauchen als Irrationalität abzutun, wäre
die soziologische Forschung damit am Ende. Raucher müssten ganz
offensichtlich verrückt sein und entsprechend des oben in Abbildung
I-2 gezeigten Zusammenhangs zwischen Schichtzugehörigkeit und
Rauchverhalten muss die Anzahl von Verrückten in der Unterschicht
besonders groß sein. Dies ist aus wissenschaftlicher Perspektive keine befriedigende Begründung, warum Menschen rauchen bzw. warum wir ein klares sozialstrukturelles Muster im Rauchverhalten beobachten. Erst wenn wir davon ausgehen, dass sich Individuen von
ihrem Verhalten einen ‚Gewinn' versprechen müssen und insofern
unter Abwägung von Kosten und Nutzen für sich selbst zur Überzeugung kommen, dass ein bestimmtes Verhalten bzw. eine bestimmte
Entscheidung ihnen gewinnbringend erscheint, können wir die Ursachen von sozial erzeugten Verhaltensmustern analysieren. Dies bedeutet aber einen Perspektivwechsel: Wenn wir von Rationalität sprechen gehen wir im Folgenden von *subjektiver Rationalität* aus, das
heißt wir müssen als Forscher verstehen, inwiefern der Akteur den
Nutzen einer bestimmten Entscheidung subjektiv höher bewertet als
die Kosten – und mithin subjektiv (man könnte auch sagen intentional) rational handelt. Um beim Raucherbeispiel zu bleiben: Offensichtlich bewerten Menschen mit schlechterem sozialen Status den

Nutzen des Rauchens im Schnitt (!) höher als Menschen mit höherem Status. Die Sozialstrukturanalyse hätte nun zu klären, warum dies so ist.

Dabei ist zudem wichtig, dass *subjektive Rationalität immer eingeschränkte Rationalität* ist. Das bedeutet, dass Entscheidungen immer unter Unsicherheit gefällt werden müssen. Zum einen sind Akteure immer durch die Möglichkeit des Betrugs bzw. der Benachteiligung durch andere Akteure bedroht: Menschen können die tatsächlichen Absichten ihrer Interaktionspartner nicht vollständig kennen, denn ob das Gegenüber die Wahrheit sagt oder aber seine tatsächlichen Absichten verschleiert, ist nicht ohne Weiteres erkennbar. Des Weiteren sind *alle Menschen geistig limitierte Wesen* mit einer begrenzten Informationsverarbeitungskapazität: Selbst wenn uns prinzipiell alle Informationen offen stünden, wären unsere Gehirne gar nicht in der Lage, alle Informationen vollständig zu erfassen. Das bedeutet aber auch, dass Akteure immer nur auf Basis lückenhaften Wissens agieren. Auch dass Akteure selbst im Nachhinein frühere Entscheidungen bereuen und negativ bewerten, bedeutet nicht, dass zum Zeitpunkt der Entscheidung das Handeln irrational gewesen ist.

Nun kann gegen das Postulat, dass jedes menschliche Handeln eingeschränkt subjektiv rationales Handeln ist, allerdings eingewendet werden, dass dies zwar für den Kauf eines Hauses zutreffen mag: Die Entscheidung für den Hauskauf wird unter Unsicherheit gefällt (Ist der Verkäufer seriös? Wie wird sich meine Einkommenssituation in den nächsten 20 Jahren entwickeln?), wobei zweifellos intentional rational (also unter Abwägung der wahrscheinlichen Kosten und des wahrscheinlichen Nutzens) gehandelt wird. Wie sieht es jedoch mit Rationalität bei Routinehandlungen aus? Es ist kaum vorstellbar, dass Menschen bevor sie sich morgens die Zähne putzen oder einem Gast die Hand zur Begrüßung geben oder am Fließband bestimmte Handgriffe erledigen, jedes Mal vorher die Kosten und Nutzen (subjektiv) rational abwägen. Routinisiertes Verhalten läuft als Reflex (also automatisch) und nicht reflektiert ab. An dieser Stelle lohnt es sich, den Prozess der Entscheidung etwas genauer zu analysieren: Ein Akteur befindet sich in einer bestimmten Situation, in der er agieren und daher eine Handlungsentscheidung treffen muss. Bevor er dies allerdings tun kann, muss er erst einmal verstehen, was das überhaupt für eine Situation ist; er muss die Situation definieren (Situationsdefinition). Mit der Situationsdefinition verbunden ist die Auswahl des – aus Sicht des Akteurs – passenden (richtigen) Handlungsrahmens: Handelt es sich bei der Situation um eine bekannte oder neue Situation? Und wenn dies eine bekannte Situation ist: Ist dies eine Routinesituation oder handelt es sich um eine spezifische, nicht alltägliche Situation? Die Beantwortung dieser Fragen, das heißt die Auswahl eines geeigneten Handlungsrahmens, bezeichnet man auch als *Frameselektion* (vgl. Esser 1996). Wird eine gegebene Situation vom Akteur als bekannte Alltagssituation definiert, bietet sich die Auswahl des Handlungsrahmens für Routinesituation und damit für reflexhaftes Verhalten an; hier erfolgt dann bezüglich der eigentlichen Handlung keine weitere (rationale) Entscheidung mehr. Der Akteur trifft irgendwann in seinem Leben subjektiv rationale Entscheidungen, dass bestimmte Situationen Alltagssituationen sind, auf die reflexhaft, d.h. ohne weiteres Nachdenken mit einer Routinehandlung reagiert wird. Insofern ist dann aber auch reflexhaftes Verhalten immer als rationales Verhalten zu verstehen. Wird die Situation hingegen als neu und komplex definiert, bietet sich reflektiertes Verhalten an, das heißt, es werden dann konkrete Kosten-Nutzen-Abwägungen in Form einer rationalen Entscheidung vorgenommen.

I.3.4 Ressourcen, Restriktionen und Lebensverlauf

Wie bereits deutlich gemacht worden ist, beschreibt die Sozialstruktur Regelmäßigkeiten menschlichen Verhaltens. Die Frage, die sich nun anschließt, lautet: Wie kommt es zu solchen Regelmäßigkeiten?

Dabei ist zunächst zu beachten, dass Verhaltensmuster unterschiedliche Ursachen haben können. So sind bestimmte Menschen aufgrund genetisch bedingter, chronischer Erkrankungen z.B. weniger leistungsstark als Menschen ohne diesen genetischen ‚Defekt‘. Auch dürfte sich das Kleidungsverhalten von Menschen systematisch durch unterschiedliche klimatische Einflüsse unterscheiden – in der Arktis wird mehr Wert auf wärmende Kleidung gelegt als in den Tropen. Solche Muster sind Folgen von biologischen Ressourcen (z.B. Gene) oder geographischen Restriktionen (z.B. Klima), denen die Menschen jeweils in unterschiedlichem Ausmaß ausgesetzt sind.

Unter *Restriktionen* lassen sich dabei ganz allgemein *von außen auf das Individuum einwirkende Handlungsbeschränkungen* verstehen. Je nach Fragestellung mag es durchaus denkbar sein, dass auch die Sozialstrukturanalyse bei der Suche nach generalisierbaren Verhaltensmustern z.B. klimatische (also natürliche) Restriktionen berücksichtigen muss. In der Regel geht es aber um die Wirkung sozialer Restriktionen, das heißt um gesellschaftlich (also von Menschen) erschaffene Handlungsbeschränkungen. Anders ausgedrückt handelt es sich bei solchen gesellschaftlich erzeugten Restriktionen um die ‚Spielregeln' des gesellschaftlichen Miteinanders. Diese *Spielregeln* können als formelle Institutionen in Gestalt von niedergeschriebenen Gesetzen oder Verordnungen ebenso wie als informelle Institutionen in Form von sozialen Normen auftreten, um die zwar jeder weiß, die jedoch nirgendwo explizit niedergeschrieben worden sind. Ein Beispiel für formelle Spielregeln wäre das Grundgesetz oder aber das Einkommensteuergesetz; ein Beispiel für informelle Spielregeln wäre die Norm, dass Frauen und Kinder zuerst ein sinkendes Schiff verlassen (vgl. Diekmann 2012).

Menschliches Handeln ist aber nicht nur durch von außen vorgegebene Restriktionen eingeschränkt, sondern die individuellen Handlungsmöglichkeiten hängen in entscheidender Weise von der *Ressourcenausstattung* des Einzelnen ab. Ressourcen sind dabei die ‚Rohstoffe', auf die Menschen zurückgreifen können, um ihre Lebensziele zu erreichen. Ressourcen zeichnet dabei grundsätzlich aus, dass erstens der Bestand an Ressourcen, über die ein Individuum verfügt, prinzipiell vom Individuum selbst (in bestimmten Grenzen) verändert werden kann; Ausnahmen wären hier (noch) die genetisch festgelegten, ‚natürlichen' Talente und Begabungen. Zweitens ist der Aufbau von Ressourcen immer mit ‚Kosten' verbunden, d.h. es handelt sich dabei immer um eine Investition. Insofern kann man bei Ressourcen ohne Zweifel auch von Kapital sprechen, das durch Investition aufgebaut oder aber durch Nutzung ‚verbraucht' oder zumindest ‚abgenutzt' wird. *Investition* bedeutet hier, dass Individuen auf den Verbrauch (man könnte auch von Konsum sprechen) bereits bestehender Ressourcen heute verzichten in Erwartung einer verbesserten Lebenssituation in der Zukunft (vgl. hierzu ausführlich Kapitel III).

Des Weiteren können Ressourcen in „Ökonomisches Kapital", „Humankapital" und „Sozialkapital" unterschieden werden. *Ökonomisches Kapital* ist definiert als Einkommen und Vermögen, bspw. in Form von Bargeld, Aktien, Grundstücken oder Maschinen. *Humankapital* ist definiert als der Bestand an Wissen, bspw. in Form von Fähigkeiten und Qualifikationen. *Sozialkapital* drückt sich schließlich in der Existenz und Tragfähigkeit sozialer Beziehungen aus, bspw. in der Zahl von Bekanntschaften oder aber der Existenz familialer Bindungen. All diese Kapitalarten eint, dass sie von Menschen durch aktuellen Konsumverzicht gebildet werden, um in einer näheren oder ferneren Zukunft bei Bedarf auf diese Ressourcen zurückgreifen zu können (vgl. hierzu ausführlich Kapitel III). Um hier ein einfaches Beispiel zu nennen: Verzichtet man heute auf den Verzehr eines Steaks in einem Restaurant und kauft von dem eingesparten Geld ein Fachbuch, so ist dies eine Investition in die eigene Bildung. Der Konsumverzicht heute ermöglicht also eine Investition in Wissen, die sich wiederum in der Zukunft auszahlen soll (vorausgesetzt, man liest das gekaufte Fachbuch natürlich auch!).

Es liegt nun auf der Hand, dass die jeweilige Ressourcenausstattung die individuellen Handlungs- oder Entscheidungsmöglichkeiten von Menschen mehr oder weniger stark einschränkt. Der Unterschied zu den oben angesprochenen Restriktionen ist aber, dass Restriktionen nicht unmittelbar von einem einzelnen Akteur verändert werden können, während (zumindest prinzipiell) durchaus die Möglichkeit besteht, dass Individuen ihren Ressourcenbestand unmittelbar vergrößern oder auch verkleinern (vgl. hierzu Rössel 2009: 37ff). Es besteht allerdings eine enge *Wechselwirkung zwischen Restriktionen und Ressourcen*: Zum einen kann durch die Ressourcenausstattung determiniert sein, inwieweit sich Individuen vorgegebenen oder vorgefundenen Restriktionen ausliefern müssen oder diese ignorieren können. Wer z.B. über genügend Geld (Ökonomisches Kapital) verfügt, der ist in der Erreichung seiner Ziele (z.B. Lebensqualität) durch ökonomische Restriktionen z.B. in Form einer wirtschaftlichen Krise weniger beeinträchtigt als eine Person, die bei gleichen Rahmenbedingungen keine finanziellen Reserven besitzt. Zum anderen existiert ein enger *Zusammenhang zwischen Ressourcenausstattung und Machtposition*: Geld (Ökonomisches Kapital), Wissen (Humankapital) und Beziehungen (Sozialkapital) sind Macht! Wie ,wertvoll' und damit machtbedeutsam bestimmte Ressourcen sind, ist allerdings kaum von vornherein festgelegt. Vielmehr bestimmt der jeweilige kulturelle und historische Kontext (z.B. in Form von durch Menschen geschaffenen Märkten) den Wert einer Ressource.

Neben Restriktionen und Ressourcen tritt als dritte, menschliches Handeln systematisch beeinflussende Dimension der *„Lebensverlauf"* hinzu (vgl. zum Lebensverlaufskonzept Blossfeld/Huinink 2001). Jeder Mensch erlebt in seinem Leben bestimmte Momente des Wandels, durchlebt aber auch bestimmte Phasen der Kontinuität. Insofern lässt sich das Leben von Menschen als eine Abfolge von Veränderungen (Ereignissen) und Stabilität (Episoden) verstehen. So betrachtet lässt sich das Leben von Menschen in einer *Verlaufsperspektive* darstellen, indem die *Ereignisse* und *Episoden*, die die jeweilige Person er- bzw. durchlebt hat, in eine chronologische Reihenfolge gebracht werden. Nichts anderes kennen wir eigentlich, wenn wir einen Lebenslauf z.b. für eine Bewerbung erstellen: Auch hier geht es darum, Ereignisse (z.B. Schulabschluss) und Episoden (z.b. Ausbildungszeiten) in eine chronologische Reihenfolge zu bringen. Dem Lebensverlaufsansatz geht es aber um mehr. Hier ist nicht nur eine chronologische Abfolge von Ereignissen und Episoden von Interesse, sondern es geht darum, *Wechselwirkungen* (Interdependenzen) hinsichtlich der *zeitlichen Abfolge bestimmter Ereignisse oder Episoden* in unterschiedlichen Lebensbereichen von Menschen aufzuspüren und zu erklären. Hierbei sind zwei Arten von Interdependenzen voneinander zu unterscheiden, nämlich die „Vorher-Nachher-Interdependenzen" und die „Interdependenzen unterschiedlicher Lebensbereiche" (vgl. Huinink/Schröder 2014: 39ff):

Der Begriff der *„Vorher-Nachher-Interdependenz"* verweist darauf, dass aus soziologischer Sicht Individuen keine ‚unbeschriebenen Blätter' sind. Das heißt, dass das aktuelle Handeln oder auch die aktuellen Erwartungen und Überzeugungen von Menschen nicht nur von aktuell gültigen Restriktionen oder der aktuell vorliegenden Ressourcenausstattung, sondern auch von *Erfahrungen* und *Ereignissen in der Vergangenheit* beeinflusst werden. Vordergründig betrachtet scheint uns diese Erkenntnis möglicherweise trivial. Unter analytischen Gesichtspunkten ist es aber notwendig, dass wir zur Erklärung empirisch beobachtbarer Verhaltensmuster herausfinden, ob und wie zurückliegende Erfahrungen systematisch das aktuelle Verhalten von Menschen beeinflussen, also strukturieren.

Veranschaulichen kann man sich den Grundgedanken dieser „Vorher-Nachher-Interdependenz" an einem Beispiel aus dem Bereich des Arbeitsmarktes. So ist das individuelle Risiko, arbeitslos zu werden, unter Arbeitnehmern höchst unterschiedlich verteilt. Ein bekannter Einfluss ist zum Beispiel das Bildungsniveau: Gut ausgebildete Facharbeiter haben ein deutlich geringeres Risiko, arbeitslos zu werden, als ungelernte Hilfsarbeiter (vgl. Kapitel III.3). Nun zeigt die Forschung aber auch, dass neben solchen Einflüssen auch Erfahrungen aus der Vergangenheit das Arbeitslosigkeitsrisiko beeinflussen. Eine Vielzahl von Untersuchungen offenbart folgenden Zusammenhang: Arbeitnehmer, die in ihrer Karriere schon einmal arbeitslos gewesen sind, zeigen im Vergleich zu Arbeitnehmern ohne solche Erfahrungen eine deutlich vergrößerte Wahrscheinlichkeit, schlechter bezahlt zu werden und erneut arbeitslos zu werden. In der Literatur wird dieses Phänomen auch als Scarring-Effekt bezeichnet, was man ins Deutsche in etwa mit „Vernarbungseffekt" übersetzen könnte. Hier wird deutlich, dass das „Vorher" in Form früherer Arbeitslosigkeit offenbar einen strukturierenden (also systematischen, nicht zufälligen) Einfluss auf das „Nachher" in Form der aktuellen Lebensumstände hat – selbst wenn die Arbeitslosigkeitsepisode schon längst abgeschlossen ist. Die Forscher, die sich mit diesem Scarring-Effekt beschäftigen, haben bislang keine eindeutige Erklärung für dieses Phänomen. So ist z.b. denkbar, dass frühere Arbeitslosigkeit stigmatisierend wirkt, d.h. wer schon einmal arbeitslos gewesen ist, der bekommt von Arbeitgebern auch nur Jobs mit schlechteren Arbeitsbedingungen – was dann mit schlechteren Löhnen oder auch größerer Unsicherheit und Unwohlsein einhergeht. Eine andere Erklärung sucht die Ursache in Persönlichkeitsmerkmalen von Arbeitslosen selbst. So ist z.b. ein Zusammenhang zwischen Arbeitslosigkeit und geringerer individueller Leistungsbereitschaft oder mangelnden sozialen Kompetenzen (z.B. Teamfähigkeit) denkbar – was dann insgesamt immer wieder zu Entlassungen führt und dadurch den „Vernarbungseffekt" zum Teil erklären könnte (vgl. exemplarisch Gangl 2004).

Die zweite, im Lebensverlaufskonzept wichtige Wechselwirkung ist die *„Interdependenz unterschiedlicher Lebensbereiche"*. Aus einer analytischen Perspektive lässt sich das Leben von Individuen in verschiedene Lebensbereiche oder Sphären einteilen. Beispielsweise lässt sich die Sphäre des Lernens von der Sphäre des Arbeitens und der Sphäre der Familie unterscheiden. Daraus ergibt sich, dass sich der Lebensverlauf eines Menschen aus *verschiedenen Verlaufssträngen* in den einzelnen Lebensbereichen zusammensetzt. Geht es z.B. um die Abfolge von Ereignissen und Episoden im Zusammenhang mit der Ausbildung eines Menschen, lässt sich dies als *Bildungsverlauf* verstehen. Berufsbezogene Ereignisse und Episoden lassen sich folglich als *Erwerbsverlauf* und familienbezogene Ereignisse und Episoden als *Familienverlauf* darstellen. So zeigen Untersuchungen beispielsweise eine enge Verbindung zwischen familienbezogenen Ereignissen wie Heirat oder Geburt eines Kindes und der Erwerbsbeteiligung von Frauen (vgl. exemplarisch Blossfeld et al. 1998).

Nun liegt es in der Natur der Sache, dass die Ereignisse und Episoden in unterschiedlichen Lebensbereichen *nicht synchron* ablaufen. Niemand schließt zu einem bestimmten Datum die Schule ab, wechselt am selben Tag den Arbeitsplatz, wird Vater und lässt sich gleichzeitig scheiden. Insofern verläuft das Leben von Individuen nach unterschiedlichen ‚Fahrplänen', die jedoch irgendwie in Einklang gebracht werden (müssen) bzw. auf ganz spezifische Art und Weise miteinander in Beziehung stehen: Die Anforderungen und Geschehnisse in der Bildungssphäre müssen irgendwie mit den Anforderungen und Geschehnissen der Erwerbs- oder der Familiensphäre in Passung gebracht werden. Dies ist im Grunde das, was als „Interdependenz unterschiedlicher Lebensbereiche" bezeichnet wird, nämlich der Umstand, dass sich Ereignisse oder Episoden in einem Lebensbereich systematisch (also nicht zufällig) auf Ereignisse und Episoden in anderen Lebensbereichen auswirken.

Abbildung I-5 stellt beispielhaft den asynchronen, nach unterschiedlichen Fahrplänen sich vollziehenden zeitlichen Ablauf von Ereignissen (dargestellt durch senkrechte, kurze Striche) und sich daran anschließenden Episoden für unsere drei Beispiel-Lebensbereiche dar:

- Im Bildungsverlauf der Beispielperson wird die Episode des Schulbesuchs durch das Ereignis „Schulabschluss" beendet. Zunächst schließt sich keine neue Episode im Bildungsverlauf an (gestrichelte Linie). Erst zu einem viel späteren Zeitpunkt im Lebensverlauf tritt mit dem Beginn einer Umschulung ein neues Ereignis im Bildungsverlauf ein. Dieses Ereignis ist gefolgt von der Episode der Umschulung (während diese Maßnahme läuft), die wiederum durch ein Ereignis (hier: Ende der Umschulung) abgeschlossen ist. Erneut schließt sich hier keine unmittelbare Folgeepisode im Bildungsverlauf an.
- Der Erwerbsverlauf der Beispielperson startet mit dem Ereignis des Ausbildungsbeginns. Die Episode der Ausbildung wird beendet durch das Ereignis des Ausbildungsendes, das gleichzeitig mit dem Ereignis „Eintritt in das Berufsleben" stattfindet. Es folgt eine Episode der Berufstätigkeit, die durch das Ereignis „Verlust des Arbeitsplatzes" beendet wird. Es schließt sich eine Episode der Arbeitslosigkeit an, der nach einer gewissen Zeit eine neue Beschäftigungsepisode folgt.
- Der Familienverlauf der Beispielperson beginnt mit einer Episode, in der die Person (noch) ohne Partner lebt. Das Ereignis der Partnerschaft (noch ohne Trauschein) markiert den Start einer neuen Episode, die durch die Heirat beendet wird. Es beginnt die Episode der Ehe, die in unserem Beispiel bis zum Ende unserer Beobachtungszeit anhält. Dennoch gibt es weitere Ereignisse im Familienverlauf, nämlich die Geburt des ersten und zweiten Kindes.

Die einfachen Beispiele aus Abbildung I-5 machen deutlich, dass sich durch Ereignisse getrennte Episoden nicht immer nahtlos aneinanderreihen müssen, wie dies hier im Fall des Erwerbsverlaufs deutlich wird. Es sind auch unterbrochene Verläufe möglich, wie sich im Beispiel durch die Episodenlücken im Bildungsverlauf zeigte. Auch sind innerhalb eines Lebensbereiches parallele Episodenstränge denkbar, wie durch den exemplarisch dargestellten Familienverlauf deutlich geworden sein sollte: Während der weiter andauernden Episode der Ehe starten durch weitere Ereignisse zwei weitere Episoden durch die Geburt der beiden Kinder.

Abbildung I-5: Grundprinzip der Interdependenz unterschiedlicher Lebensbereiche im Lebensverlauf einer Person

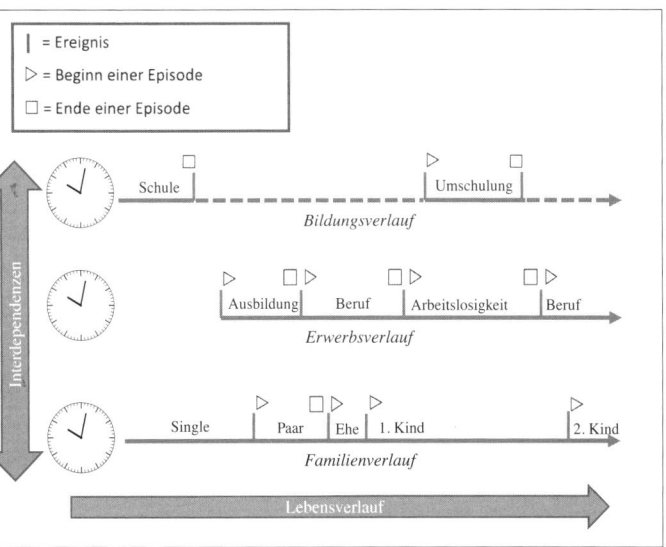

Quelle: eigene Darstellung

Wie wir uns erinnern, ist die Sozialstrukturanalyse nicht an Einzelfällen und somit auch nicht an einzelnen Lebensverläufen interessiert. Vielmehr ist von Interesse, ob sich bei der Betrachtung sehr vieler solcher Lebensverläufe *Regelmäßigkeiten oder Muster im Hinblick auf die zeitliche Abfolge („Timing") von Ereignissen oder Episoden* ergeben. So zeigt unser Beispiellebenslauf aus Abbildung I-5, dass relativ kurz nach Abschluss der Berufsausbildung die Heirat folgt und wiederum recht kurz darauf die Geburt des ersten Kindes. Die Frage, die sich aus sozialstruktureller Sicht hier stellt, wäre demnach, ob sich bei Betrachtung vieler individueller Lebensläufe ein solches generalisierbares Muster nachweisen lässt, das zeigt, dass die spezifische Abfolge von Ereignissen im Erwerbs- und Familienverlauf (Ausbildungsabschluss – Heirat – Elternschaft) typisch für das Verhalten von

Menschen in einer Gesellschaft ist. „Typisch" meint hier, dass ein solches sequenzielles Muster nicht zufällig auftritt, sondern das Verhalten von Menschen ‚im Durchschnitt' nach diesem Muster erfolgt. Interdependenz unterschiedlicher Lebensbereiche heißt also folglich, dass wir von bestimmten Auswirkungen von Ereignissen in einem Lebensbereich auf nachfolgende Ereignisse in einem anderen Lebensbereich ausgehen. Es geht hier folglich nicht nur darum, dass es überhaupt eine Beziehung zwischen unterschiedlichen Lebensbereichen gibt, sondern hier interessiert vor allem die *zeitliche Abfolge* bestimmter Lebensereignisse und die *Dauer* bestimmter Episoden in den unterschiedlichen Lebensbereichen.

I.3.5 Der homo socio-oeconomicus und das Grundmodell soziologischer Erklärung

Dass wir es bei Menschen mit (subjektiv) rationalen Akteuren zu tun haben, ist eine klare Absage an das Menschenbild des homo sociologicus. Dass der Mensch aber auch als Akteur immer unter Unsicherheit handelt und nicht allwissend ist, ist gleichzeitig eine Absage an den homo oeconomicus. Insofern bezieht sich die Neue Sozialstrukturanalyse als basale Prämisse auf ein alternatives idealtypisches Menschenbild, nämlich den homo socio-oeconomicus. Der homo socio-oeconomicus übernimmt vom homo oeconomicus die Prämisse rational handelnder Akteure und vom homo sociologicus die Prämisse der sozialen Einbettung der Akteure. Der homo socio-oeconomicus ist durch fünf Kernelemente gekennzeichnet (vgl. Lindenberg 1990: 737ff):

(1) Akteure verfügen über Ressourcen. Damit ist gemeint, dass Individuen mit unterschiedlichen Voraussetzungen in eine Situation gehen und z.B. aufgrund ungleich verteilter Ressourcen dann auch zu systematisch unterschiedlichen Entscheidungen kommen.

(2) Akteure sind Restriktionen durch ihre Umwelt ausgesetzt. Damit ist gemeint, dass ihr Verhalten nicht nur durch die ihnen zur Verfügung stehenden Ressourcen beeinflusst wird, sondern der jeweilige Handlungsspielraum zusätzlich durch von außen vorgegebene Beschränkungen (z.B. Gesetze oder Normen) begrenzt ist.

(3) Akteure richten ihr Handeln an Erwartungen aus. Damit ist gemeint, dass Akteure immer unter Unsicherheit handeln und sich somit ihr Handeln nicht an (absolutem) Wissen, sondern lediglich an Erwartungen über die Folgen ihres Verhaltens, die auf bestimmten begrenzten Informationen beruhen, orientiert.

(4) Akteure bewerten Chancen und Risiken ihres Handelns. Damit ist gemeint, dass Akteure vor dem Hintergrund der eigenen Ressourcenausstattung und der jeweils geltenden Restriktionen erwartete Chancen und Risiken unterschiedlicher Handlungsalternativen abwägen...

(5) ... und unter diesen Voraussetzungen ihren Nutzen maximieren (wollen). Damit ist gemeint, dass Akteure ihr Handeln stets so ausrichten, dass sie der Überzeugung sind, den größtmöglichen Nutzen zu realisieren.

Für die Entwicklung eines „Grundmodells soziologischer Erklärung" ist es hilfreich, sich nun die Beziehung zwischen Ressourcen, Restriktionen und Lebensverlauf einerseits und dem handelnden Individuum andererseits noch einmal bildlich vor Augen zu führen. Abbildung I-6 vernachlässigt zunächst den Aspekt des Lebensverlaufs und versucht die Verbindung zwischen Ressourcen als aus dem Menschen selbst heraus wirksame Beschränkung seiner Handlungsmöglichkeiten und Restriktionen als von außen wirksame, ebenfalls sein Handeln begrenzende Bedingung deutlich zu machen. Dabei sind drei Aspekte wesentlich:

Erstens sind Menschen *nie vollkommen frei*; auch wenn bei einzelnen Individuen Ressourcen im Überfluss vorhanden sein sollten, so sind diese doch endlich und somit der Handlungsspielraum zumindest theoretisch begrenzt. Selbst extrem reiche Menschen verfügen nicht über genug Mittel, um die ganze Welt zu kaufen.

Zweitens sind Menschen aber auch (nahezu) *nie vollkommen unfrei*; so mag in manchen Situationen aufgrund der nicht ausreichenden individuellen Ressourcenausstattung bei gleichzeitig sehr harten und repressiven Restriktionen der Handlungsspielraum von Menschen sehr klein sein – selbst unter solch repressiven Bedingungen verbleibt häufig jedoch noch ein letzter Rest von Entscheidungsautonomie. Hierbei ist wichtig zu betonen, dass es an dieser Stelle nicht um Fragen der Gerechtigkeit geht. Hier geht es zunächst einmal darum, ein Handlungsmodell vorzustellen, das uns erlaubt, die Entstehung sozialer Strukturen unter der Prämisse des methodologischen Individualismus *wertneutral* zu untersuchen (später wird in Kapitel I.4 noch genauer zu klären sein, in welchem Verhältnis Sozialstruktur, soziale Ungleichheit und Gerechtigkeit stehen). Insofern mag man sich einen Unterdrückungsstaat vorstellen, der bestimmte Personen mit dem Tode bedroht, wenn sie nicht fliehen. Die allermeisten werden sich in einer solchen Situation wohl für die Flucht „entscheiden" – auch wenn die Handlungsalternative „Tod" deutlich macht, dass hier durchaus ein wenn auch nur sehr enger Handlungsspielraum besteht bzw. wenige Handlungsalternativen existieren. Glücklicherweise ist aber die überwiegende Mehrheit von Handlungsentscheidungen, die individuelle Akteure zu treffen haben, nur sehr selten durch einen so extrem engen Handlungsspielraum gekennzeichnet.

Drittens entsteht der Handlungsspielraum von Individuen nur in *Kombination aus Ressourcenausstattung und Restriktionen*. So ist bspw. vorstellbar, dass eine Person über erhebliche Ressourcen in Form von Humankapital verfügt; konkret könnte man an einen exzellenten Metzger denken, der für seine Fleisch- und Wurstwaren vielfach ausgezeichnet worden ist. Verändern sich aber die Essgewohnheiten der Menschen und der Fleischkonsum geht zugunsten einer stärker vegetarischen Ernährung zurück, so wird seine Ressource durch die rückläufige Nachfrage entwertet. Das bedeutet aber auch, dass seine Handlungsmöglichkeiten trotz prinzipiell hoher, jedoch hier wertlos gewordener Humankapitalausstattung recht stark eingeschränkt werden. Man stelle sich ferner vor, dass in einer fiktiven Gesellschaft die Produktion und der Verzehr von Fleisch darüber hinaus gesetzlich eingeschränkt würden; auch hier wäre der Handlungsspielraum des im Prinzip hervorragenden Metzgers trotz seiner hohen Humankapitalausstattung in Form des Metzgerwissens – eingeschränkt. Gleichzeitig aber sind die Auswirkungen verschärfter Restriktionen für den Metzger evtl. durch andere Ressourcen, über die er verfügt, abzumildern. Hat er genügend Geld, so kann er vielleicht eine Umschulung zum Vollkornbäcker finanzieren oder eine mit Kosten verbundene Auswanderung (Sprachschule, Umzug usw.) in ein nicht-vegetarisches Land wäre ihm einfacher möglich. Ein anderes Beispiel für die gemeinsame Konstitution des individuellen Handlungsspielraums durch Ressourcen und Restriktionen wäre, dass in einem funktionierenden Rechtsstaat bspw. Mord immer mit der gesetzlich vorgesehenen Höchststrafe geahndet wird – egal über wie viele Ressourcen (z.B. Geld oder Beziehungen) der Mörder verfügt. Allerdings ist auch hier denkbar, dass durch den Einsatz von Ressourcen die Wirksamkeit von Restriktionen abgemildert werden kann und dadurch der Handlungsspielraum wieder vergrößert wird. Wer viel Geld hat, kann sich mehr und bessere Anwälte leisten, die das Gericht von bestimmten mildernden Umständen überzeugen könnten. Und soziale Beziehungen des Delinquenten könnten den Richter davon überzeugen, dass ein derart sozial integrierter Mensch gute Sozialprognosen besitzt und deshalb mit einer milderen Strafe zu belegen ist.

*Abbildung I-6: Restriktionen, Ressourcen und der Handlungsspielraum indivi-
dueller Akteure*

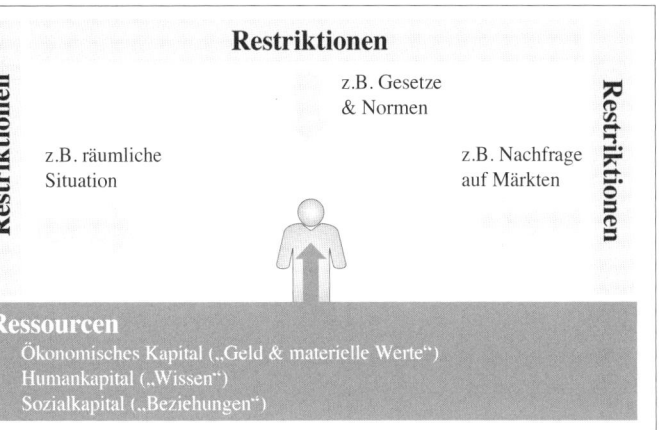

Quelle: eigene Darstellung

Abbildung I-6 illustriert, wie der Handlungsspielraum von Akteuren
durch Ressourcen und Restriktionen begrenzt wird. Der Handlungsspielraum von individuellen Akteuren ist zum einen von außen durch
Restriktionen begrenzt. Zum anderen ist der Handlungsspielraum
aber auch durch die Ressourcenausstattung des Akteurs selbst beeinflusst. Die realen Handlungsoptionen des Akteurs ergeben sich so aus
einer Kombination der von außen auf ihn einwirkenden Beschränkungen und seiner (quasi „von innen" wirkenden) Kapitalausstattung.
Jedoch ist dies ein statisches Bild, d.h., dass hierbei der Aspekt des
Lebensverlaufs bislang noch unberücksichtigt ist. Einerseits können
sich im Zeitverlauf Restriktionen ändern (z.B. durch Gesetzesände-
rungen) und auch die individuelle Kapitalausstattung ist veränderbar
(z.B. Humankapitalsteigerung durch Ausbildung). Andererseits können aber auch Ereignisse im Lebensverlauf den Handlungsspielraum
individueller Akteure verändern, indem durch sie die Bedeutung bestimmter Ressourcen oder auch Restriktionen verändert wird. So
ändert bspw. das Ereignis der Geburt eines Kindes für den Vater oder
die Mutter den Wert ihres finanziellen Kapitals. Kinder kosten Geld
und insofern wird sich der Handlungsspielraum der Eltern verglichen
zu ihrer kinderlosen Zeit wahrscheinlich einengen, z.B. was die Finanzierung von Urlaubsreisen anbelangt. Ein anderes Beispiel wäre,

dass durch das Ereignis einer Scheidung bestimmte Restriktionen, wie z.B. gesetzliche Vorgaben zu Unterhaltszahlungen, für den Geschiedenen wirksam werden und dadurch sein Handlungsspielraum verändert wird. Allerdings sind hier wiederum Wechselwirkungen denkbar, denn die Existenz von Restriktionen, die erst bei bestimmten Entscheidungen wirksam werden, beeinflussen die Entscheidungsfindung und damit auch das Auftreten bestimmter Ereignisse. Wenn ein Akteur z.B. darum weiß, dass das Ereignis der Scheidung evtl. mit hohen Unterhaltszahlungen und Steuerverlusten einhergehen würde, könnte dies zur Vermeidung oder zumindest zum Aufschub der Scheidungsentscheidung führen.

Abbildung I-7: Individueller Handlungsspielraum und Lebensverlauf

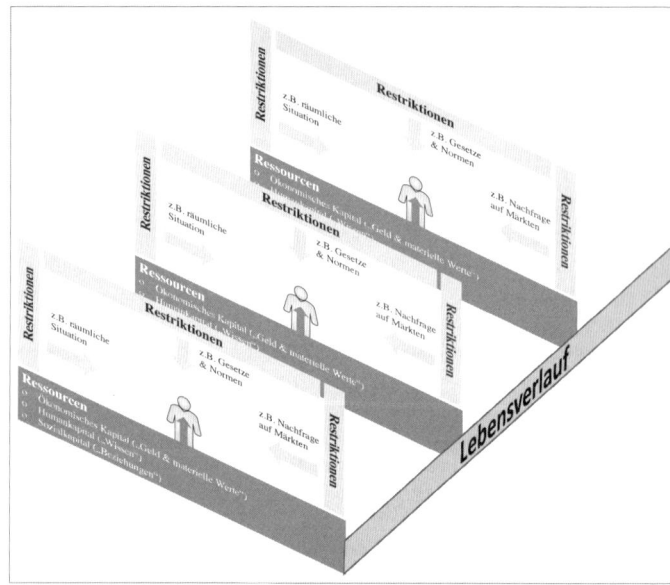

Quelle: eigene Darstellung

Abbildung I-7 versucht dieses dynamische Zusammenspiel der drei sozialstrukturell wirksamen Faktoren graphisch zu verdeutlichen: Zu jedem Zeitpunkt sind nicht nur die auf individuelle Akteure wirkenden Restriktionen und ihre individuelle Ressourcenausstattung möglichen Veränderungen unterworfen, sondern die im Rahmen ihres

Lebensverlaufs kontinuierlich Entscheidungen treffenden und handelnden Individuen selbst wirken durch ihr Agieren auf ihren eigenen Handlungsspielraum ein.

Nach den umfangreichen Überlegungen hinsichtlich der Determinanten des Handlungsspielraums individueller Akteure kann man sich nun mit Recht die Frage stellen, was das denn alles mit Soziologie oder auch Sozialstrukturanalyse zu tun hat. Denn schließlich geht es der Sozialstrukturanalyse ja eben gerade nicht um irgendeinen Einzelfall, sondern um gesamtgesellschaftlich zu beobachtende Muster im Verhalten von vielen Menschen. Es stellt sich also die Frage nach der Verbindung zwischen der uns als Soziologen interessierenden gesamtgesellschaftlichen Makroebene und der im Abschnitt zuvor intensiver behandelten Mikroebene der Individuen. Erst wenn wir verstehen, wie und warum es beim Handeln von (eingeschränkt rationalen) Individuen zu Regelmäßigkeiten kommt, können wir diese uns interessierenden Handlungsmuster wirklich erklären.

Abbildung I-8: Das „Grundmodell soziologischer Erklärung"

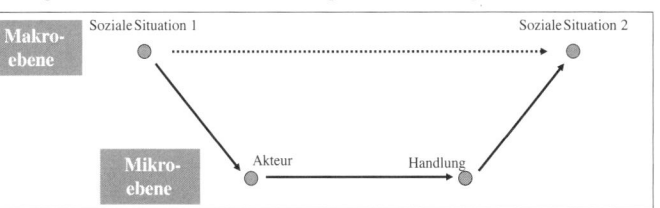

Quelle: eigene Darstellung in Anlehnung an Coleman (1991: 9ff) und Esser (1999: 98).

Wie gesellschaftliche Makro- und individuelle Mikroebene prinzipiell zusammenhängen, veranschaulicht uns das sogenannte „Grundmodell soziologischer Erklärung". Auch wenn er wahrscheinlich nicht der Urheber dieses für die Neue Sozialstrukturanalyse zentralen Makro-Mikro-Modells ist, so ist der Name des amerikanischen Soziologen James Coleman doch eng mit diesem „Grundmodell soziologischer Erklärung" verknüpft (Coleman 1991). Dieses aufgrund seiner äußeren Form oft als „Coleman'sche Badewanne" bezeichnete Grundmodell ist in Abbildung I-8 zu sehen. Kern dieses Modells ist, dass wir die Vorgänge auf der Makroebene erklären wollen, das heißt, wie eine „Soziale Situation 1" zu einer „Sozialen Situation 2" führt. Beispielsweise könnte uns interessieren, wieso sich der Anteil erwerbstätiger Frauen in einem Land X von 50 Prozent im Jahr 1980 auf 65 Prozent im Jahr 2015 erhöht hat.

Gemäß der Prämisse des Methodologischen Individualismus' ist klar, dass eine Erklärung solcher Veränderungen auf der Makroebene nur gelingen kann, wenn wir verstehen, wie das Handeln einzelne Individuen zu einer Veränderung sozialer Strukturen (im Beispiel der Anteil erwerbstätiger Frauen) führt. Dies ist im Grundmodell Soziologischer Erklärung graphisch dargestellt: Individuelle Akteure leben unter bestimmten gesellschaftlichen Bedingungen („Soziale Situation 1"), treffen angesichts dieser Bedingungen Entscheidungen, die zu individuellen Handlungen führen. Wie zuvor erläutert, sind diese Entscheidungen durch Restriktionen, Ressourcen und den Lebensverlauf beeinflusst. Gemäß der Vorstellung vom Menschen als homo socio-oeconomicus folgt die Neue Sozialstrukturanalyse der Überzeugung, dass unter bestimmten Umständen individuelle Akteure, die sich hinsichtlich ihrer Restriktionen und Ressourcen sowie ihrem Lebensverlauf ähneln, auch zu ähnlichen Entscheidungen und Handlungen neigen. Insofern erfolgen individuelle Entscheidungen bzw. Handlungen nicht völlig zufällig, sondern werden systematisch beeinflusst. Wenn aber bestimmte Gruppen von Individuen aufgrund der Tatsache ähnlicher Entscheidungsbedingungen sich systematisch ähnlich verhalten, ist das genau die Begründung für die uns interessierenden und auf der Makroebene zu beobachtenden strukturierten Verhaltensmuster. Sozialstruktur ist demnach ein Ergebnis strukturierten Verhaltens auf der Mikroebene; anders ausgedrückt aggregieren sich die sich nicht zufällig ähnelnden Verhaltensweisen bestimmter Gruppen von Individuen zu gesamtgesellschaftlichen Verhaltensmustern. Um beim eben schon erwähnten Beispiel der Erhöhung der Frauenerwerbstätigkeit zu bleiben: Eine Erklärung dieser strukturellen Veränderung kann nur erfolgen, indem wir verstehen, warum individuelle Frauen offensichtlich systematisch zwischen 1980 und 2015 ihr Verhalten so geändert haben bzw. ändern konnten, dass es zu einer deutlichen Veränderung des auf der Makroebene zu beobachtenden Handlungsmusters gekommen ist. Wie hat sich die Ressourcenausstattung von Frauen geändert? Wie haben sich Restriktionen gewandelt, die auf Frauen einwirken? In welcher Wechselwirkung stehen Lebensverlaufsereignisse (z.B. das Timing von Geburten) mit der Frage nach Ressourcen und Restriktionen?

An dieser Stelle ist es wichtig auf einen grundlegenden Unterschied zwischen *Theorie* und *Modell* hinzuweisen. Bei der

„Coleman'schen Badewanne" handelt es sich um ein Modell soziologischer Erklärung. Dieses Modell erklärt erst einmal aus sich heraus
nichts – es macht uns nur grundsätzliche Zusammenhänge (hier zwischen Makroebene und Mikroebene) deutlich. Wir wissen so bspw.,
dass das veränderte Verhaltensmuster von Frauen hinsichtlich ihrer
Erwerbsbeteiligung nur erklärbar ist, wenn wir verstehen, wieso
Frauen in einem bestimmten Zeitraum systematisch ihr Verhalten
geändert haben. Wir wissen auch, dass wir uns zu diesem Zweck mit
den auf Frauen wirkenden Restriktionen und ihrer Ressourcenausstattung sowie mit Lebensverlaufsereignissen beschäftigen müssen.
Das Grundmodell soziologischer Erklärung verrät uns aber rein gar
nichts darüber, wie denn eine z.B. verbesserte Humankapitalausstattung von Frauen zu einer vermehrten Teilnahme am Arbeitsmarkt
führt. Dazu brauchen wir dann spezifische Theorien (hier als eine
Möglichkeit z.B. die Humankapitaltheorie), die zwar mit dem Grundmodell kompatibel sein müssen, die jedoch unabhängig von diesem
Model existieren. Erst mit Hilfe solcher Theorien lässt sich die Existenz und die Veränderung von Sozialstruktur erklären. Hier ist auch
wichtig zu betonen, dass die Neue Sozialstrukturanalyse keine einheitliche Theorie besitzt und diese auch gar nicht anstrebt. Die Neue
Sozialstrukturanalyse versucht lediglich, ein einheitliches Modell zur
Erklärung sozialer Strukturen anzuwenden. Die eigentliche Erklärung erfolgt dann vor dem Hintergrund dieses Modells durch eine
Vielzahl von Partialtheorien aus ganz unterschiedlichen sozialwissenschaftlichen Disziplinen.

    In einem letzten Schritt gilt es nun, die zuvor gemachten Überle-
gungen hinsichtlich der Handlungsrelevanz von Restriktionen, Ressourcen und des Lebensverlaufs in das Erklärungsmodell zu integrie-
ren. Dies kann man sich in etwa so vorstellen, wie dies in Abbildung
I-9 schematisch dargestellt wird: Individuelle Akteure agieren in einer gesellschaftlichen Umwelt, man könnte auch sagen in einer in der
entsprechenden Situation vorgegebenen Sozialstruktur („Soziale Situation 1"). Das konkrete Handeln der einzelnen Akteure wird dabei
systematisch (a) durch die Restriktionen, denen sie ausgesetzt sind,
(b) durch die Ressourcen, über die sie verfügen und (c) durch spezifische Lebensverlaufsereignisse beeinflusst. Restriktionen, Ressourcen und Lebensverlauf beeinflussen also die subjektive Definition der
Lebenssituation, in der sich die einzelnen Akteure befinden. Diese
Definition der Situation ist dadurch bei Menschen, die sich entsprechend dieser drei Faktoren gleichen, tendenziell ähnlich. Dadurch
folgt dann, dass in der Summe aller individuellen Handlungen auf der

Abbildung I-9: Definition der Situation im Erklärungsmodell

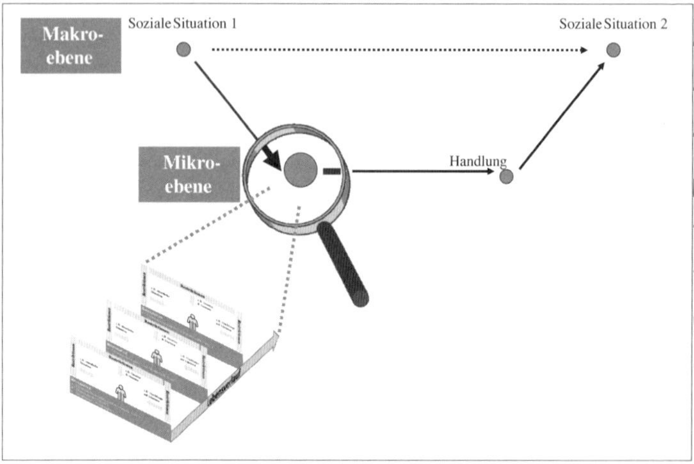

Quelle: eigene Darstellung

Mikroebene die zu beobachtende und uns interessierende Sozialstruktur in Form von Handlungsregelmäßigkeiten oder Entschei-
dungsmustern auf der Makroebene erscheint.

I.4 Sozialstruktur, soziale Ungleichheit und Gerechtigkeit

Zwischen den beiden soziologischen Grundbegriffen „Sozialstruktur" und „Soziale Ungleichheit" besteht eine enge Beziehung. Diese
Verbindung liegt im Grunde auf der Hand, da Muster nur dort entstehen können, wo abgrenzbare Unterschiede erkennbar sind, die sich
darüber hinaus durch eine gewisse Regelmäßigkeit auszeichnen. Sobald also eine Struktur existiert, ist definitionsgemäß immer auch
Ungleichheit vorhanden.

   Bezogen auf gesellschaftliche Tatbestände scheint Ungleichheit gerade in unserer demokratischen, wohlfahrtsstaatlichen Gesellschaft für
eine ganze Reihe von Menschen ein zu vermeidender Zustand zu sein.
Ist nicht konstituierendes Element der Demokratie, die Ungleichheit
zwischen gesellschaftlichen Gruppen, wie sie in feudalistischen oder
diktatorischen Systemen herrscht, zu überwinden? So zählt zum demokratischen Grundverständnis, dass z.B. jeder Erwachsene unabhängig

von sonstigen Merkmalen und Eigenschaften bei Wahlen jeweils eine Stimme besitzt. Und ein Verbot von Diskriminierungen z.B. wegen des Geschlechts oder der Herkunft hat Verfassungsrang und ist in Deutschland durch das Grundgesetz festgeschrieben. Insofern mag auf den ersten Blick soziale Ungleichheit immer Ungerechtigkeit bedeuten. Die folgenden Abschnitte werden jedoch zeigen, dass bei näherer Betrachtung die prinzipielle Gleichsetzung zwischen Ungleichheit und Ungerechtigkeit wenig sinnvoll und zielführend ist. Um schließlich zu verstehen, wann und unter welchen Voraussetzungen in unserer modernen Welt soziale Ungleichheit als gerecht oder ungerecht wahrgenommen wird, müssen wir uns allerdings zunächst deutlich machen, wie es historisch zum heutigen, uns völlig selbstverständlich vorkommenden Verständnis von Gerechtigkeit und Gleichheit gekommen ist.

I.4.1 Ungleichheit als Naturprinzip und soziales Prinzip

Eines der generellen Entwicklungsprinzipien unserer Welt ist die Evolution (Siewing 1987). Evolution als Veränderungsprozess basiert dabei auf zwei fundamentalen Mechanismen: der *Variation* und der *Selektion*. Durch eine natürliche Variation (z.B. zufällige Genmutationen) unterscheiden sich Pflanzen einer Art trotz vieler Gemeinsamkeiten zufällig in bestimmten Merkmalen voneinander. Diese Variation hat zum Teil weitreichende Konsequenzen, denn diese Ungleichheit in bestimmten Merkmalen verschafft einigen Organismen Vorteile gegenüber anderen. Vorteile bedeutet hier, dass die Nützlichkeit von Eigenschaften in der Natur durch die Umweltbedingungen ,bewertet' wird. Diese ,Bewertung' wird in der Evolutionstheorie als Selektion beschrieben, d.h. die für die jeweiligen Umweltbedingungen zunächst zufällig gut ausgestatteten Organismen haben Vorteile gegenüber zufällig weniger gut ausgestatteten Organismen und sind dadurch z.B. in der Lage sich schneller oder zahlreicher fortzupflanzen. Diese Fortpflanzungsvorteile sorgen dann für die Selektion, d.h. die erfolgreichen Organismen vermehren sich weiter, während die erfolglosen Organismen verdrängt werden und aussterben. Dieser Prozess der Anpassung ist somit kein aktiver Prozess, sondern Anpassung erfolgt passiv durch Variation und anschließende Selektion. Bei dem innerhalb der Evolution wichtigen Aspektes der Variation handelt es sich im Grunde genommen um nichts anderes als Ungleichheit: Organismen sind ungleich und unterscheiden sich hinsichtlich einiger mehr oder weniger wichtiger Merkmale. Das bedeutet folglich, dass Ungleichheit ein fundamentales Naturprinzip ist, ohne das es keine Entwicklung geben würde. Schlimmer noch: Bei sich wandelnden Umweltbedingungen wäre ohne Variation (Ungleichheit) eine Anpassung unmöglich. Folge wäre also nicht nur Stagnation, sondern das Ende der Existenz von Arten, deren Mitglieder sich völlig gleichen.

Solange es um natürliche Phänomene geht, ,entscheidet' offensichtlich die ,Natur' (also die Umweltbedingungen in Kombination mit den Eigenschaften der existierenden Organsimen oder Objekte) über den Erfolg bzw. im weitesten Sinn die (Über-)Lebenschancen. Dies ändert sich fundamental, wenn wir anstelle natürlicher Phänomene soziale Phänomene betrachten wollen. Unterliegen Variation und Selektion bei natürlichen Prozessen den unveränderlichen und dadurch unabhängig von Raum und Zeit geltenden Naturgesetzen, so gilt für soziale Prozesse, dass sie nach Regeln ablaufen, die von Menschen gemacht worden sind. Das heißt, dass diese Regeln nicht unabhängig von Raum und Zeit gelten, sondern immer historisch und kulturell geprägt und daher nur von begrenzter Reichweite sind. Dies bedeutet einen elementaren Fortschritt gegenüber einer ,natürlich' festgelegten Ungleichheit: Durch das Aufstellen und Überwachen intelligenter sozialer Regeln werden die Einzelinteressen der Gesellschaftsmitglieder gesteuert und geordnet und dadurch das Zusammenleben stabilisiert (vgl. Kapitel I.2). Zwar wäre ein rudimentäres Zusammenleben von Menschen auch ohne die Aufstellung, Überwachung und Durchsetzung kollektiver Regeln möglich, jedoch würde sich dies kaum vom evolutionären Kampf der Tiere unterschieden und einen „Krieg eines jeden gegen jeden" zur Folge haben. Diese Metapher stammt von Thomas Hobbes (1588-1679), der schon vor über 350 Jahren auf den enormen Vorteil kollektiv (das heißt für alle Gesellschaftsmitglieder) geltender sozialer Regeln aufmerksam gemacht hat:

> Sooft [...] zwei ein und dasselbe wünschen, dessen sie aber beide nicht zugleich teilhaftig werden können, so wird einer des anderen Feind [...]. Bei dieser großen Furcht, welche die Menschen allgemein gegeneinander hegen, können sie sich nicht besser sichern, als dadurch, daß einer dem anderen zuvorkommt oder so lange fortfährt, durch List und Gewalt sich alle anderen zu unterwerfen, als noch andere da sind, vor denen er sich zu fürchten hat. [...] Hieraus ergibt sich, daß ohne eine einschränkende Macht der Zustand der Menschen [...] ein Krieg aller gegen alle [sei]. [...] Da findet sich kein Fleiß, weil kein Vorteil davon zu erwarten ist; es gibt keinen Ackerbau, keine Schifffahrt, keine bequemen Wohnungen, keine Werkzeuge höherer Art, keine Länderkennt-

nis, keine Zeitrechnung, keine Künste, keine gesellschaftlichen Verbindungen; statt dessen ein tausendfaches Elend; Furcht gemordet zu werden, stündliche Gefahr, ein einsames, kümmerliches, rohes und kurz dauerndes Leben. […] In einem Staate ist es nicht so. In jedem Fall ist man ungewiß, ob auch der andere sein Wort halten werde; in einem Staat besteht kein Zweifel, weil der andere dazu gezwungen werden kann. (Hobbes 1992 [1651]: 113-124).

Dieses Zitat ist auch eine *klare Absage an jedwede sozialdarwinistische Argumentation*: Da der Mensch ein vernunftbegabtes und intelligentes Wesen ist, wird er sich auf kollektive Regeln einigen, denn nur mit dieser Regulierung ist gesellschaftliche Entwicklung möglich. Die Abwesenheit kollektiver Regeln und damit Sozialdarwinismus muss immer zwangsläufig (um es mit Hobbes Worten zu sagen) zu einem „Krieg aller gegen alle" führen. Die Schaffung einer regulierenden Sozialordnung setzt folglich natürliche Ungleichheitsprinzipien außer Kraft, z. B. das Prinzip des körperlich Stärkeren. Jedoch werden natürliche Ungleichheitsprinzipien nicht ersatzlos gestrichen, sondern ersetzt durch *soziale Ungleichheitsprinzipien*, d.h. jede Gesellschaft erzeugt durch ihre kollektiven Regeln soziale Ungleichheiten. Solche sozialen Ungleichheiten können sicher ungewollt entstehen, jedoch sind sie häufig bewusst geplantes bzw. in Kauf genommenes Ergebnis der Sozialordnung. Sozialordnungen sind somit wichtige Erzeuger sozialer Ungleichheit, die wiederum elementare Voraussetzung für die dauerhafte Existenz von Gesellschaften ist.

I.4.2 Soziale Ungleichheit und Gerechtigkeit

Wie oben bereits erwähnt, wird umgangssprachlich „Ungleichheit" oftmals gleichgesetzt mit „Ungerechtigkeit". Jedoch ist diese Gleichsetzung wenig hilfreich, wenn man sich mit Ungleichheitsphänomenen differenziert auseinandersetzen möchte. Wie im Anschluss an das längere Zitat von Thomas Hobbes bereits erläutert, hebt eine von vernünftigen Menschen geschaffene, intelligente Sozialordnung die Ungleichheiten zwischen den Menschen nicht auf, sondern legt nur kollektive Regeln fest, unter welchen Umständen Gesellschaftsmitglieder gleiche oder ungleiche Lebensbedingungen vorfinden (sollen). *Es ist also basale Aufgabe jedweder Sozialordnung, soziale Ungleichheit zu erzeugen!* Wichtig dabei ist, dass die zur sozialen Ungleichheit führende Sozialordnung von den Gesellschaftsmitgliedern als gerecht akzeptiert wird. Anders ausgedrückt: Die Sozialordnung muss *auf Basis als gerecht akzeptierter Regeln* festlegen, wann, wer und unter welchen Umständen *zu gleichen oder aber ungleichen Lebensbedingungen* in einer Gesellschaft kommt bzw. kommen soll. Um ein einfaches Beispiel zu nennen: Hat man sich in einer Gesellschaft auf eine Lohnverteilung nach dem Leistungsprinzip geeinigt, so bekommt dann auch der am meisten Geld, der am fleißigsten arbeitet. Ziel einer entsprechenden Sozialordnung ist es, dafür zu sorgen, dass der Fleißige mehr bekommt als der Faule. Und das ist – zumindest in einer sehr vereinfachten Perspektive – aus gesellschaftlicher Sicht zunächst einmal auch durchaus gut so, denn ohne diese Regel könnte es *Motivationsprobleme* geben. Warum soll ich mich anstrengen, wenn ich genauso viel bekomme wie mein fauler Nachbar? Soziale Ungleichheit dient also hier der Motivation und ist Triebkraft gesellschaftlicher Weiterentwicklung. Und noch mehr: Soziale Ungleichheit basierend auf dem Leistungsprinzip ist in diesem einfachen Beispiel gerecht. Würden alle Personen – ob fleißig oder faul – den gleichen Lohn erhalten, gäbe es zwar keine Ungleichheit, jedoch wäre diese Situation äußerst ungerecht! Insofern ist klar: *Soziale Ungleichheit bedeutet nicht zwangsläufig Ungerechtigkeit und umgekehrt bedeutet Gleichheit nicht automatisch Gerechtigkeit.* Das bedeutet aber, dass die zur Ungleichheit führende Sozialordnung (sprich: die gesellschaftlichen Spielregeln) bestimmten Gerechtigkeitsansprüchen genügen müssen, damit Ungleichheit akzeptiert wird bzw. zur Erreichung eines kollektiven Gesellschaftsziels beitragen kann.

Welche Sozialordnung und – damit verbunden – welche Form der Aufstellung kollektiver Regeln als „gerecht" bewertet wird, ist historisch und kulturell wandelbar. In westlichen Industrienationen hat man sich hier auf Demokratie und Marktwirtschaft als gerechte Sozial- bzw. Wirtschaftsordnungsprinzipien geeinigt. So verschiedenartig die konkrete Geschichte und Ausgestaltung marktwirtschaftlicher Demokratien auch sein mag, so gibt es doch einen wesentlichen leitenden gemeinsamen Gerechtigkeitsgrundsatz, den all diese Gesellschaften teilen. Bei diesem kleinsten gemeinsamen Nenner, der als Voraussetzung gegeben sein muss, damit in einer Gesellschaft Gerechtigkeit herrscht, handelt es sich um die Forderung nach *Chancengleichheit.*

Chancengleichheit als Gerechtigkeitsmaßstab ist dabei ein Phänomen der *Moderne.* Mit dem Begriff der Moderne wird in den Sozialwissenschaften eine Epoche beschrieben, in der sich die Gesellschaftsordnungen in Europa so entwickelt haben, wie wir sie heute noch kennen. Er hat also nichts mit ständig wechselnden Moden zu tun, sondern bezeichnet vielmehr bestimmte Prinzipien, die „moderne" Gesellschaften eben von „vormodernen" Gesellschaften unterscheiden. Denn man muss sich bewusst machen, dass Vieles von dem, was uns heute als selbstverständliche Grundlage des menschlichen Zusammenlebens erscheint, die meiste Zeit der europäischen Geschichte irrelevant oder sogar für die jeweiligen Zeitgenossen undenkbar war.

Vormoderne Gesellschaften lassen sich verallgemeinernd als *Ständegesellschaft* beschreiben, in denen Menschen *qua Geburt bestimmte soziale Positionen* zugeschrieben wurden. Innerhalb solcher Ständegesellschaften war es schließlich weitgehend unmöglich, diese sozialen Positionen jemals zu verlassen. Soziale Aufstiege waren ebenso wie soziale Abstiege nahezu ausgeschlossen. Ein Feudalherr, der über seine Leibeigenen herrschte, blieb immer ein Feudalherr und seine als natürlich verstandene Vormachtstellung vererbte er an seine Nachkommen. Genauso war die Position eines Leibeigenen vorherbestimmt und auch für seine Kinder und Kindeskinder unabänderlich. Innerhalb dieser äußerst starren Gesellschaftsordnung gab es somit auch kaum soziale Mobilität. Und dies wurde im Übrigen auch nicht in Frage gestellt. Denn sowohl dem Feudalherr als auch dem Leibeigenen schien seine jeweilige *gesellschaftliche Position durch göttlichen Willen* vorherbestimmt und daher *unabänderlich*. Es wäre niemand auf den Gedanken gekommen, diese Ordnung in Frage zu stellen.

Dieses vormoderne Ständeprinzip, das insbesondere im Mittelalter in ganz Europa vorherrschend gewesen ist, kam im Zuge unterschiedlicher Entwicklungen spätestens seit dem 16. Jahrhundert zunehmend unter Druck. Triebkräfte dieser sich über Jahrhunderte hinziehenden aber gleichwohl enormen Veränderungen waren vor allem die „Entfesselung und kumulative Entfaltung der Fähigkeit des Menschen zum rationalen Denken und Handeln […]. Ursprünge dieser Makroperiode gehen zurück auf das Zeitalter der Renaissance [14.-17. Jahrhundert], der großen Entdeckungen und der Reformation [16. Jahrhundert]. Der entscheidende Durchbruch der Moderne erfolgte mit der Philosophie der Aufklärung des 17. und 18. Jahrhunderts, der Industriellen Revolution, […] der fortschreitenden Demokratisierung, mit dem Aufschwung rationaler Wissenschaft und der Herausbildung der bürgerlichen Gesellschaft" (Hillmann 2007: 582f). Es dauerte aber bis in das 19. Jahrhundert und zum Teil sogar 20. Jahrhundert hinein, bis schließlich moderne Prinzipien die Vormoderne vollständig abgelöst hatten und das gesellschaftliche Leben in Europa bestimmten. Kennzeichnend für moderne Gesellschaften sind:

- *Rationale Lebensführung*: Verstanden die Menschen ihren Lebensweg in der Vormoderne vor allem als unabänderliches, von Gott vorherbestimmtes Schicksal, so ändert sich diese Selbstwahrnehmung in modernen Gesellschaften. Die individuelle Lebensführung wird rational und langfristig durch die Individuen selbst geplant.

- *Erfahrungswissenschaftlicher und technischer Fortschritt:* In der Vormoderne erklärten die Menschen sich Naturphänomene in der Regel durch das Einwirken göttlicher oder mystischer Mächte. In der Moderne geraten solche Erklärungen unter Druck und werden verdrängt durch objektive, rationale Begründungen, die mit genauen Naturbeobachtungen übereinstimmen müssen, um akzeptiert zu werden. Eine damit verbundene Neuerung ist die systematische Durchführung von Experimenten. Technischer Fortschritt ist nun nicht mehr ein langsamer Prozess, der auf Versuch und Irrtum beruht, sondern technische Problemlösungen werden durch systematische theoretische Vorüberlegungen, anschließende Experimente und ein dadurch verbessertes Verständnis von Ursache-Wirkungs-Zusammenhängen schneller und erfolgreicher erzielt.

- *Soziale Mobilität:* Die Abschaffung des Prinzips der Feudalherrschaft ging einher mit der Niederlassungs- und Berufsfreiheit für jeden. Dies führte nicht nur zu einer vergrößerten räumlichen Mobilität (eine wesentliche Ursache für das enorme Wachstum der Städte insbesondere im 19. Jahrhundert), sondern ermöglichte soziale Mobilität überhaupt erst.

- *Säkularisierung*: Mit diesem Begriff wird die im Zuge der gesellschaftlichen Modernisierung abnehmende Bedeutung von Religion und Kirche umschrieben.

- *Ausdifferenzierung funktionsspezifischer gesellschaftlicher Subsysteme:* Nicht nur im Produktionsprozess, sondern im gesamten gesellschaftlichen Leben nimmt die Arbeitsteilung zu. Das bedeutet auch, dass sich bestimmte gesellschaftlich, politisch oder ökonomisch wichtige Instanzen als eigenständige und voneinander unabhängige Bereiche herausbilden. Als ein Beispiel kann hier die Gewaltenteilung verstanden werden: Während der Feudalherr in vormodernen Zeiten nicht nur selbst Gesetze erließ, deren Einhaltung überwachte und gleichzeitig auch für Sanktionen bei Regelverstößen sorgte, bilden sich in modernen Gesellschaften voneinander getrennte, eigenständige Organisationen heraus, wie Parlamente (Legislative), die Polizei (Exekutive) und die Justiz (Judikative). Generell nimmt die organisatorische Vielfalt zu.

- *Pluralisierung:* Mit Pluralisierung ist eine Entwicklung gemeint, die dazu führt, dass in einer Gesellschaft mehrere unterschiedliche und sich zum Teil widersprechende Überzeugungen nebeneinander existieren dürfen und können. Beispielsweise gibt es nicht *die eine* Staatsreligion oder Staatsideologie, sondern pluralistische Gesellschaften zeichnen sich durch Toleranz aus. Gleichwohl muss trotz unterschiedlicher Überzeugungen eine gemeinsame Wertebasis von allen Gesellschaftsmitgliedern auch in pluralistischen Gesellschaften geteilt werden.
- *Individualisierung:* Individualisierung meint die langfristig abnehmende Bedeutung traditioneller Organisationen oder Gruppen, wie z.B. Kirchen, Klassen, Gewerkschaften, Parteien oder auch der Familie.

Fundament dieses Modernisierungsprozesses ist die sich seit dem 16. Jahrhundert in Europa immer weiter durchsetzende Idee, *jeder einzelne Mensch sei von Natur aus gleich.* Dieser Gedanke, der uns heute völlig selbstverständlich erscheinen mag, war zur damaligen Zeit vollkommen neu und unerhört radikal. Er erschütterte die bis dahin geltende Grundüberzeugung der feudalen Ständegesellschaft, dass Menschen sich hinsichtlich ihrer Rechte und Pflichten durch göttliche Vorherbestimmung eben nicht gleichen, sondern fundamental unterscheiden. Diese Sichtweise änderte sich nun. Mit Bezug auf ein sogenanntes „Naturrecht" argumentierten moderne Vordenker, dass Statusunterschiede sich erst nachrangig, nach der Geburt, im weiteren Lebensverlauf ergäben. Bei näherer Betrachtung ist dies die bis heute gültige Grundprämisse aller demokratischen Marktwirtschaften des Westens. Auch wenn sich die Sozial- und Wirtschaftsordnungen z.B. zwischen Schweden, Deutschland und den USA in vielen Einzelheiten und auch einigen Grundüberzeugungen deutlich unterscheiden (vgl. dazu Kapitel I.5.2), so sind sie doch alle gemeinsam getragen von der Idee des sogenannten „Besitzindividualismus" (Macpherson 1990), auf die auch unsere heutigen Vorstellungen von allgemeingültigen Menschenrechten und der Chancengleichheit zurückzuführen sind.

Einer dieser modernen Vordenker war John Locke (1632-1704). Lockes Interesse war es, individuellen Besitz moralisch zu rechtfertigen. Eine erste fundamentale Prämisse in der Eigentumsbegründung Lockes ist dabei *das Recht jedes Menschen an seiner eigenen Person*, eine Idee, die in einer Zeit der feudalen Leibeigenschaft unerhört geklungen haben muss:

> Wenn die Erde und alle niederen Lebewesen wohl allen Menschen gemeinsam eignen, so hat doch jeder Mensch ein Eigentum an seiner eigenen Person. Über seine Person hat niemand ein Recht als nur er allein. Die Arbeit seines Körpers und das Werk seiner Hände [...] sind im eigentlichen Sinne sein (Locke 1983 [1690]: 22).

Hier wird bereits deutlich, dass der Mensch durch das natürlich bestehende Recht an seinem Körper auch ein Anrecht auf das hat, was er mit diesem Körper z.b. durch Arbeit selbst produziert. Hier knüpft nun die zweite fundamentale Prämisse in der Eigentumsbegründung Lockes an. Er postuliert einen ehemals real existierenden „Naturzustand", in dem die natürlichen Ressourcen (Boden, Vegetation usw.) brachliegendes, für jedermann zugängliches Allgemeingut gewesen sei:

> Die Erde und alles, was auf ihr ist, ist den Menschen zum Unterhalt und zum Genuß ihres Daseins gegeben. Alle Früchte, die sie auf natürliche Weise hervorbringt, und alle Tiere, die sie ernährt, gehören den Menschen gemeinsam, weil sie wildwachsend von der Natur hervorgebracht werden; und niemand hat über irgendetwas, so wie es sich in seinem natürlichen Zustand befindet, ursprünglich ein privates Herrschaftsrecht, welches das der übrigen Menschen ausschlösse (Locke 1983 [1690]: 22).

Daraus leitet Locke eine Begründung für die Existenz von Privateigentum ab. Privateigentum entsteht – so Locke – unter diesen beiden Voraussetzungen, sobald ein Individuum brachliegende natürliche Ressourcen mittels seiner Arbeitskraft nutzbar macht:

> Was immer [...] [der Mensch] jenem Zustand entrückt, den die Natur vorgesehen und in dem sie es belassen hat, hat er mit seiner Arbeit gemischt und hat ihm etwas hinzugefügt, was sein eigen ist, es folglich zu seinem Eigentum gemacht (Locke 1983 [1690]: 22).

Die Frage, die sich nun aber bereits zu Lockes Zeiten und ungleich stärker heute stellt, ist, wie es denn zu einer Ungleichverteilung des Privateigentums kommt. Locke argumentiert hier, dass eine ungleiche Eigentumsverteilung das gerechte Ergebnis der individuell unterschiedlich erfolgreichen Bemühungen um die Nutzung natürlicher Ressourcen sei. Alle Menschen hatten – so ist Lockes Überzeugung – im Urzustand die gleichen Voraussetzungen und Chancen. Jeder hätte sich zu dieser Zeit seinen Anteil an den freien Ressourcen nehmen können. Wer dies nicht getan hat – z.B. weil er zu faul gewesen ist –, der muss nun mit weniger auskommen, als derjenige, der im gesellschaftlichen Urzustand fleißiger oder cleverer gewesen ist.

Aber wie lässt sich Armut erklären, wenn doch der Naturzustand, als alle Ressourcen noch keinen Besitzer hatten und auf ihre Eroberung oder Nutzbarmachung warteten, zweifelsfrei vorbei ist? Darauf könnte man sagen, dass die aktuell zu beobachtende Ungleichverteilung von Besitz auch eine langfristige Auswirkung der leistungsgerechten Ungleichverteilung im Naturzustand ist. Dass es heute ärmere und reichere Menschen gibt, ließe sich mit Locke im Grunde als Spätfolge stärkerer oder schwächerer Bemühungen der jeweiligen Vorfahren im Naturzustand begründen (Euchner 1979; Steinvorth 1994).

Dieser kleine ideengeschichtliche Exkurs zu den Grundannahmen und Grundüberzeugungen unserer heutigen demokratischen Marktwirtschaft sollte vor allem dazu dienen, das für westliche Demokratien *fundamentale Gerechtigkeitsprinzip der Chancengleichheit* in seinem Ursprung deutlich zu machen. Verteilung von Gütern und die Verteilung von Reichtum ist in einer solchen Welt nur dann gerecht, wenn die Menschen zu Beginn prinzipiell die gleichen Chancen haben, erfolgreich zu sein. Jeder hat das Recht auf gleiche Chancen. *Das heißt aber auf keinen Fall, dass das Recht auf gleiche Chancen mit dem Recht auf gleiche Verteilung verwechselt werden darf.* Insofern ist das für demokratische Marktwirtschaften zentrale Element der *Eigentumsfreiheit* argumentativ untrennbar verknüpft mit dem zentralen Element der *Chancengleichheit*. Soziale Ungleichheit ist in demokratischen Marktwirtschaften daher solange gerecht, solange Chancengleichheit gewährleistet ist.

Es gibt zwei wesentliche, miteinander in Wechselwirkung stehende *Begründungen*, warum die Sicherstellung von Chancengleichheit für moderne Gesellschaften ein zentrales Anliegen ist. Zunächst einmal lässt sich *ethisch* argumentieren, dass die diskriminierungsfreie Teilhabe jedes Menschen in unserer Gesellschaft ein hohes Gut ist; mangelnde Chancengleichheit wäre ein Verstoß gegen universelle Menschenrechte, würde daher als Ungerechtigkeit interpretiert und den Zusammenhalt einer Gesellschaft gefährden. Darüber hinaus lässt sich das Streben nach Chancengleichheit aber auch *ökonomisch* begründen. Denn fehlende Chancengleichheit hätte negative Auswirkungen auf die Motivation der Menschen. Benachteiligte könnten sich mit Recht die Frage stellen, warum sie sich überhaupt anstrengen sollten, wenn sie doch sowieso nicht die gleichen Chancen wie andere besitzen. Aber auch Bevorteilte könnten ihre Bemühungen reduzieren, denn Sie hätten immer Erfolg, auch dann, wenn sie weniger fleißig sind. Dies hätte aber zur Folge, dass die Gesellschaft insgesamt unter ihren Leistungsmöglichkeiten bleibt. Produktives Potential wird bei nicht bestehender Chancengleichheit verschwendet.

Chancengleichheit lässt sich weiter in drei Formen unterteilen:

(1) *Zugangschancengleichheit*: Zugangschancengleichheit ist dann gewährleistet, wenn alle Menschen unabhängig von ihrer Ausgangsausstattung der Aufbau bestimmter Ressourcen möglich ist. Niemandem darf es aufgrund seiner Herkunft verboten sein, z.b. Aktien zu kaufen, Freundschaften zu schließen oder eine Schule zu besuchen.

(2) *Erfolgschancengleichheit*: Erfolgschancengleichheit ist dann gewährleistet, wenn der Erfolg der Bemühungen eines Menschen unabhängig von seiner sozialen Herkunft ist. Beispielsweise sollte der Arbeitslohn von Männer und Frauen als Form des Erfolgs der Arbeitsleistung bei gleicher Tätigkeit und gleichem Bemühen eben auch gleich sein. Auch muss gewährleistet sein, dass Schultests gleich bewertet werden, unabhängig davon, wer den Test gemacht hat, d.h. z.b. welche Herkunft der Prüfling hat.

(3) *Verwertungschancengleichheit*: Verwertungschancengleichheit meint, dass Ressourcen immer den gleichen Wert haben, unabhängig von ihrem Besitzer. 20 Euro sind immer 20 Euro wert, egal, wer das Geld ausgeben will. Und – um ein anderes Beispiel zu nennen – ein Master in Soziologie berechtigt jeden der Absolventen prinzipiell den gleichen Beruf auszuüben; es darf keine Diskriminierung auf dem Arbeitsmarkt geben.

I.5 Sozialordnung und Sozialpolitik

I.5.1 Sozialordnung und Chancengleichheit in Marktwirtschaften

Mit dem Begriff der *Sozialordnung* umschreibt man die *Gesamtheit der in einer Gesellschaft wirksamen kollektiven Regeln*. So wie eine Hausordnung die grundlegenden Regeln des Zusammenlebens einer Hausgemeinschaft festschreibt, so umfasst die Sozialordnung die wesentlichen Regeln, die das Zusammenleben in einer Gesellschaft bestimmen. Eine Reihe von Autoren unterscheidet allerdings die *Sozial- von der Sozialordnung*. Diese Unterscheidung macht insofern Sinn, als dass die Wirtschaftsordnung die kollektiven Regeln umfasst, die die Produktion von Gütern und Diensten – also die *Verwendung von knappen Ressourcen (Allokation)* – betreffen. Die Sozialordnung beinhaltet in diesem engeren Sinne demgegenüber die kollektiven Regeln, die die Verteilung der in einer Gesellschaft hergestellten Güter und Dienste – also die *Verteilung von Wohlstand (Distribution)* – festlegt. Für unsere Zwecke reicht es jedoch aus, wenn wir beide Seiten – Allokationsregeln und Distributionsregeln – der Einfachheit halber unter dem Begriff der Sozialordnung zusammenfassen.

Die Sozialordnung Deutschlands ist vom Grundprinzip her die einer demokratischen Marktwirtschaft, hat somit die gleichen Wurzeln und teilt somit die gleichen Grundüberzeugungen, wie andere Gesellschaften dieses Typs. Wie wir allerdings im weiteren Verlauf sehen werden, gibt es jenseits dieser gemeinsamen Grundüberzeugung z.T. deutliche Unterschiede in der konkreten Ausgestaltung der Sozialordnungen verschiedener marktwirtschaftlich verfasster Demokratien. Hier sollte nun deutlich werden, in welchem Zusammenhang die handlungstheoretischen Grundlagen der Neuen Sozialstrukturanalyse und die Sozialordnung einer Gesellschaft stehen: Mit dem Begriff der Sozialordnung werden grundlegende Unterschiede und Gemeinsamkeiten der kollektiven Regeln einer Gesellschaft zusammengefasst – jene kollektive Regeln, die in dem hier verfolgten handlungstheoretischen Konzept in Form von Restriktionen individuelles Verhalten systematisch beeinflussen.

Sozialordnungen lassen sich zunächst grundsätzlich hinsichtlich ihres vorherrschenden Wirtschaftsordnungsprinzips in Markt- und Planwirtschaften unterschieden. Während in Planwirtschaften – vereinfacht ausgedrückt – eine zentrale Planungsbehörde die Verwendung von Produktionsressourcen und die Verteilung der Produktionserträge zentral für die gesamte Gesellschaft steuert, findet eine Entscheidung über Ressourceneinsatz und Ertragsverteilung in Marktwirtschaften dezentral jeweils durch die Interaktion freier individueller Marktteilnehmer statt. Eine vergleichende Gegenüberstellung grundsätzlicher Ordnungsunterschiede zwischen Markt- und Planwirtschaften findet sich z.B. bei Kolb (1991: 29ff). Nach den historischen Umbrüchen insbesondere in den Ländern Osteuropas Ende der 1980er und zu Beginn der 1990er Jahre gibt es weltweit allerdings nur noch sehr wenige Volkswirtschaften, die eine planwirtschaftliche Sozialordnung praktizieren. Gleichwohl ist ein grundsätzliches Verständnis planwirtschaftlicher Prinzipien nach wie vor notwendig, weil vielfach nur mit dessen Hilfe aktuelle soziale Ungleichheitsphänomene z.B. in Osteuropa aber auch in den (ehemals die planwirtschaftlich organisierte DDR bildenden) neuen Bundesländern verstanden werden können. Auch wenn die deutsche Vereinigung mittlerweile mehr als 25 Jahre zurückliegt, lassen sich viel-

fach noch deutliche Unterschiede in verschiedenen Dimensionen
sozialer Ungleichheit in West- und Ostdeutschland finden. Diese Unterschiede haben ihren Ursprung nicht selten in der von 1945 bis 1990
dauernden Teilung des Landes und der damit einhergehenden grundlegenden Unterschiede zwischen plan- und marktwirtschaftlicher
Sozialordnung (vgl. hierzu auch die folgenden Kapitel).

Abbildung I-10: Chancengleichheit und Sozialordnung

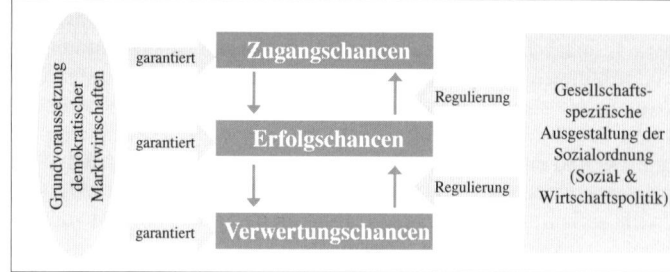

Quelle: eigene Darstellung

Konzentriert man sich nun auf marktwirtschaftliche Sozialordnungen, so ist diesen gemein, dass unter der zentralen Voraussetzung der
Chancengleichheit die Frage der Nutzung und auch der Verteilung
von Ressourcen (Allokation und Distribution) prinzipiell durch den
Wettbewerb und nicht durch eine zentrale Planungsbehörde beantwortet werden soll. Allerdings unterscheiden sich marktwirtschaftliche Sozialordnungen in der Realität zum Teil erheblich darin, wie sie
versuchen, Chancengleichheit herzustellen und negative Auswirkungen des Wettbewerbs einzudämmen. Dies drückt sich insbesondere
in sehr unterschiedlichen Auffassungen hinsichtlich der Rolle und der
Funktionen des Staates aus. In allen demokratischen Marktwirtschaften gilt der Grundsatz, dass der Staat Chancengleichheit auf allen
Ebenen garantiert (bzw. garantieren soll). Hiermit ist gemeint, dass
der Staat Diskriminierung grundsätzlich verhindern muss. Jedoch
existieren unterschiedliche Auffassungen darüber, wie der Staat dies
gewährleisten kann. Bestimmte Gesellschaften begnügen sich damit,
dass der Staat rechtliche Gleichheit der Gesellschaftsmitglieder garantiert. Anderen Gesellschaften reicht dies nicht aus, da juristisch
garantierte Chancengleichheit noch lange nicht tatsächliche Chancengleichheit bedeuten muss. Dazu ein Beispiel: In demokratischen

Marktwirtschaften steht jedem, der die entsprechenden Leistungen erbracht hat, ein Studium offen – es gibt also juristisch gesehen keine Diskriminierung beim Zugang zu Bildung. Gleichwohl können aber z.B. die materiellen Lebensumstände dazu führen, dass die juristisch garantierte Chancengleichheit im ‚wahren Leben‘ nicht gelebt werden kann, weil einem Schulabgänger aus einem benachteiligten Elternhaus das nötige Geld zur Finanzierung eins Studiums fehlt. Die Frage, wie der Staat über die rechtliche Garantie von Chancengleichheit hinaus durch wirtschafts- und sozialpolitische Regulierungen von Märkten die reale Chancengleichheit herstellen soll und darf, wird in unterschiedlichen Gesellschaften höchst unterschiedlich beantwortet. Abbildung I-10 macht diesen Zusammenhang grafisch deutlich: einerseits die grundsätzliche rechtliche Garantie von Chancengleichheit auf allen Ebenen wie sie kennzeichnend für alle demokratischen Marktwirtschaften ist, andererseits die ‚Nachjustierung‘ durch politische Regulierung von Märkten, wenn deren Ergebnis in der Realität Chancengleichheit verhindert.

I.5.2 Wohlfahrtsstaatsregime

Nach welchen Prinzipien und in welchem Umfang der Staat das Marktgeschehen und damit den Wettbewerb regulieren darf und soll, ist eine politische Entscheidung, die nicht unabhängig von historischen und kulturellen Entwicklungen in den jeweiligen Gesellschaften verstanden werden kann. Insofern hat es in den vergangenen 20 Jahren eine verstärkte Debatte um die Einteilung verschiedener marktwirtschaftlich ausgerichteter Länder in Gruppen ähnlicher Sozialordnungsprinzipien („Regime“) gegeben. Diese Debatte lässt sich wiederum in verschiedene Stränge unterteilen, wobei in jedem dieser Stränge ein bestimmter Ausschnitt der gesamten Sozialordnung im Fokus des Interesses steht. So führt die Diskussion über die Frage, nach welchen Prinzipien die Verteilung der gemeinsam erwirtschafteten Erträge einer Gesellschaft („Volkseinkommen“) geregelt ist, zur Abgrenzung von Wohlfahrtsstaatsregimen (vgl. z.B. die Beiträge in Lessenich/Ostner 1998). Autoren, die nach grundlegenden Gemeinsamkeiten und Unterschieden bei der Organisation der Produktion von Gütern innerhalb von Unternehmen suchen, versuchen Produktionsregime zu unterscheiden (vgl. z.B. die Beiträge in Hall/Soskice 2001). Andere wiederum interessieren sich für grundlegende Unterschiede in der gesellschaftlichen Gestaltung des Verhältnisses zwischen Männern und Frauen (Genderregime; vgl. z.B. Walby 2004) oder den Generationen (Altersregime; vgl. z.B. Jansen

2013). Regimetypologien zur Systematisierung unterschiedlicher Dimensionen von Sozialordnungen stehen insofern mit Fragen der sozialen Ungleichheit und der Sozialstruktur in Verbindung, als dass die spezifische Regulierung der zwischenmenschlichen Interaktionen nichts anderes als die oben bereits ausführlich thematisierten Restriktionen darstellen, die den Handlungsspielraum individueller Akteure mehr oder weniger weit einschränken.

Im Folgenden wollen wir uns bei der Beschreibung wesentlicher Kernelemente der bundesdeutschen Sozialordnung vor allem auf Überlegungen im Zusammenhang mit unterschiedlichen Wohlfahrtsstaatstypologien beschränken (vgl. hierzu Ullrich 2005: Kapitel 2). Unter Wohlfahrtsstaat (manche sprechen hier auch von Sozialstaat) „wird die staatliche Gesamtverantwortung und -sorge für den einzelnen und für die Gesamtheit, für Wirtschafts- und Sozialpolitik […] verstanden" (Jaufmann 1996: 2169). Wie und in welchem Umfang ein Staat genau dieser Gesamtverantwortung gerecht wird, kann unterschiedlich sein. Entsprechend lassen sich mehrere Aktivitätsfelder des Wohlfahrtsstaates differenzieren (vgl. Huinink/Schröder 2014: 254), auf denen ein Eingriff in den marktwirtschaftlichen Wettbewerb erfolgen kann:

(1) Kontrolle und Steuerung sozialer Prozesse bzw. der Interaktion zwischen individuellen Akteuren (z.B. durch Sozialrecht)

(2) Staatliche Produktion von Dienstleistungen (z.B. durch Lehrer im Staatsdienst)

(3) Staatliche Bereitstellung von Infrastruktur (z.B. Straßenbau, öffentliche Schulgebäude)

(4) Staatliche Organisation sozialer Sicherheit (z.B. die Schaffung von Sozialversicherungen)

(5) Staatliche Regulierung von Interessenkonflikten (z.B. durch Tarifrecht, Arbeitsschutzbestimmungen)

Die einzelnen Wohlfahrtsstaaten bzw. Gruppen von Wohlfahrtsstaaten (Wohlfahrtsstaatsregime) unterscheiden sich hinsichtlich der Art und des Umfanges ihrer regulativen Eingriffe in den gerade aufgezählten Aktivitätsfeldern. Diese Unterschiede sind vor allem auf unterschiedliche historische Entwicklungen und kulturelle Traditionen zurückzuführen und somit sind heute zu beobachtende sozialpolitischen Diskrepanzen im Vergleich z.B. der USA, Schwedens und Deutschlands ein Resultat einer zum Teil Jahrhunderte zurückreichenden Entwicklung. Letztlich lassen sich noch heute sichtbare Unterschiede in den Sozialordnungen einzelner Länder auf historisch gewachsene und kulturell verankerte Leitmotive zurückführen, die über den ‚kleinsten gemeinsamen Nenner' der zu garantierenden Chancengleichheit hinausgehen:

Erstens lässt sich danach fragen, nach welchem Prinzip eine gerechte Verteilung von Wohlstand erfolgen soll. Hier lässt sich zwischen einer Verteilung nach dem Leistungs- und dem Bedarfsprinzip unterscheiden. Mit anderen Worten: Soll der Wohlfahrtsstaat garantieren, dass der in einer Gesellschaft erzeugte Wohlstand entsprechend der Leistungsfähigkeit der einzelnen Menschen verteilt wird (Leistungsgerechtigkeit) oder soll er garantieren, dass die Menschen entsprechend ihrer tatsächlichen Bedarfe und weitgehend unabhängig von ihren Leistungen versorgt werden (Bedarfsgerechtigkeit)?

Zweitens stellt sich die Frage, welche normativen Vorstellungen in einer Gesellschaft bezüglich der Verantwortung für das Schicksal jedes einzelnen Bürgers vorherrschen. Wird dem Individuum selbst die wesentliche Verantwortung für sein Wohlergehen zugeschrieben? Oder soll vor allem die Familie die Verantwortung für den Einzelnen z.B. hinsichtlich der Unterstützung in entsprechenden Notlagen tragen? Als dritte Möglichkeit könnte die Verantwortung der Allgemeinheit zugewiesen werden, d.h. der Wohlfahrts*staat* hat die wesentliche Verantwortung für das Wohlergehen seiner Bürger.

Drittens lassen sich Gesellschaften hinsichtlich ihrer primären Ziele differenzieren. Ist individuelle Freiheit das höchste Gut, das es zu verteidigen gilt? Oder stellt das Streben nach Sicherheit oder vielleicht auch die Herstellung von Gleichheit das wichtigste Gesellschaftsziel dar?

Basierend auf diesen grundlegenden kulturell und historisch gewachsenen Unterschieden der gesamtgesellschaftlichen Normen und Werte hinsichtlich der Rolle des Wohlfahrtsstaates lassen sich bei einem Vergleich moderner Marktwirtschaften mindestens drei Typen von Wohlfahrtsstaatsregimen voneinander abgrenzen (Esping-Andersen 1990; vgl. hierzu auch die Zusammenfassung bei Ullrich 2005: 40ff):

(1) *Liberale Wohlfahrtsstaaten* zeichnen sich durch das Verteilungsprinzip der Leistungsgerechtigkeit aus und sprechen dem einzelnen Individuum die wesentliche Verantwortung für sein Schicksal zu; zudem ist die Gewährung der individuellen Freiheit oberstes Ziel, das der Wohlfahrtsstaat garantieren soll. Länder, die diesem Regimetyp zugeordnet werden, sind beispielsweise die USA, Großbritannien, Kanada oder auch Australien.

(2) In *Konservativen Wohlfahrtsstaaten* herrscht ebenfalls das Prinzip der Leistungsgerechtigkeit vor, jedoch wird hier die Verantwortung für den Einzelnen in besonderer Weise der Familie zu-

gesprochen. Als oberstes Ziel für den Wohlfahrtsstaat gilt es die Sicherheit seiner Bürger zu garantieren. Länder, die diesem Regimetyp zugeordnet werden, sind beispielsweise Deutschland, Österreich und Frankreich.

(3) *Sozialdemokratische Wohlfahrtsstaaten* definieren Gerechtigkeit vor allem als Bedarfsgerechtigkeit, wobei hier dem Wohlfahrtsstaat auch eine erhebliche Verantwortung für das Wohlergehen der Bürger zugesprochen wird. Dadurch soll schließlich als oberstes Ziel vorrangig Gerechtigkeit garantiert werden. Länder, die diesem Regimetyp zugeordnet werden, sind beispielsweise Dänemark, Schweden, Norwegen oder auch die Niederlande.

Es gibt seit dem Erscheinen des Buches von Esping-Andersen vor mehr als 25 Jahren eine intensive kritische Debatte über diese vorgeschlagene Regimetypologie. Wesentliche Kritikpunkte sind hierbei, dass eine feste Zuordnung realer Länder zu einem theoretisch konstruierten, idealtypischen Regimetyp der Veränderlichkeit von Wohlfahrtsstaaten nicht gerecht wird (vgl. z.B. Scruggs/Allen 2008). Außerdem wird eine Erweiterung der Typologie um Mediterrane Wohlfahrtsstaaten (wie. z.B. Spanien oder Italien) und Transformations-Wohlfahrtsstaaten (hierzu zählen ehemalige Planwirtschaften wie z.B. Polen oder Ungarn) vorgeschlagen (vgl. Ferrara 1996; Deacon 2000). Solche Kritikpunkte bzw. Ergänzungsvorschläge sind berechtigt und in der Tat helfen diese groben Zuordnungen ganzer Sozialordnungen zu einem bestimmten Regimetyp bei Weitem nicht immer bei der Erklärung sozialstruktureller Entwicklungen in verschiedenen Ländern. Gleichwohl ist die besondere Betonung kultureller und historischer Wurzeln von Wohlfahrtsstaaten und der von ihnen betriebenen Sozialpolitik zur Regulierung von Wettbewerb und Märkten grundsätzlich hilfreich für das Verständnis sozialer Ungleichheiten.

I.5.3 Sozialversicherungen als Kernelement der deutschen Sozialordnung

Das Grundgesetz der Bundesrepublik Deutschland bildet als Verfassung das Fundament der Sozialordnung. Hier sind die für das politische System Deutschlands grundlegenden „normativ-institutionellen Prinzipien" (Nullmeier 2013: 652) formuliert: (1) Republik, (2) Demokratie, (3) Rechtsstaat, (4) Bundesstaat, (5) Sozialstaat. Angesichts dieser Prinzipien und vor dem Hintergrund der historisch langfristig gewachsenen und kulturell verankerten Leitmotive einerseits und der Erfahrung der Weltwirtschaftskrisen der 1920er Jahre sowie der NS-

Diktatur andererseits orientiert sich die Sozialordnung der Bundes-republik nach ihrer Gründung 1949 am Prinzip der Sozialen Markt-wirtschaft. Soziale Marktwirtschaft bedeutet, dass einerseits durch die staatliche Garantie des Privateigentums und des Wettbewerbs ein ungehinderter Austausch freier Individuen auf Märkten erfolgen kann und soll. Gleichzeitig garantiert der Staat andererseits, dass sozial unerwünschte Nebenfolgen des kapitalistischen Wettbewerbs gemil-dert werden und es so zu einem Interessenausgleich innerhalb der Gesellschaft kommt. Wie aber dieser soziale Ausgleich durch Markt-regulierung konkret erreicht werden soll und kann, ist nicht von vorn-herein festgelegt und ist seit der Gründung der Bundesrepublik immer wieder Gegenstand grundlegender Auseinandersetzungen über die Gestaltung der Sozial- und Wirtschaftspolitik (zur Entstehungsge-schichte und unterschiedlichen Wurzeln der Sozialen Marktwirt-schaft vgl. Abelshauser 2004: 94ff; Neumann/Schaper 2008: 47ff).

Trotz dieser prinzipiellen Offenheit der Idee der Sozialen Markt-wirtschaft lässt sich die Ausgestaltung wesentlicher Elemente der Sozialordnung in Deutschland konkretisieren, wenn man sich hier nochmals die drei Leitmotive konservativer Wohlfahrtsstaaten ins Gedächtnis ruft (Leistungsgerechtigkeit, Verantwortung der Familie, Sicherheit als oberstes Ziel). Dabei darf man selbstverständlich nicht erwarten, dass diese in der Theorie idealtypisch formulierten Leitmo-tive in ‚Reinform' in allen Bereichen wohlfahrtsstaatlicher Praxis zu finden sind. Gleichwohl lässt sich die praktische Bedeutung dieser wesentlichen Prinzipien für die bundesdeutsche Sozialpolitik an vie-len Stellen zeigen. Sie offenbaren sich hierbei in den drei grundle-genden Fundamenten der deutschen Sozialordnung: (a) Lohnar-beitszentrierung, (b) Subsidiaritätsprinzip und (c) Statussicherung. Inwiefern diese Fundamente die Ausgestaltung der Sozialordnung beeinflussen, soll hier anhand eines Kernbereichs der deutschen So-zialordnung exemplarisch deutlich gemacht werden, nämlich anhand der Gestaltung der Sozialversicherungen.

Die Anfänge der deutschen Sozialversicherungen reichen bis ins 19. Jahrhundert zurück. Zunächst wurde 1883 die gesetzliche Krankenver-sicherung und 1884 die Unfallversicherung eingeführt. 1889 folgte dann die Invaliden- und Altersversicherung (heute: Rentenversiche-rung). Als vierter Zweig kam 1927 die Arbeitslosenversicherung hinzu. Ab 1995 wurde schließlich mit der Gesetzlichen Pflegeversicherung eine fünfte Sozialversicherung eingeführt. Neben der Etablierung neu-er Versicherungszweige im Laufe der letzten 130 Jahre wurde in unter-schiedlichen Schüben auch der Kreis der von der Versicherung erfassten

Personen sowie der Leistungskatalog ausgedehnt. Erst in den letzten Jahren ist ein Trend zur Leistungseinschränkung erkennbar.

So unterschiedlich die einzelnen Zweige der Sozialversicherung auch sein mögen (vgl. hierzu z.b. das Lehrbuch von Althammer/ Lampert 2014), so lassen sich doch einige allgemeine Gestaltungsmerkmale identifizieren:

- Alle Sozialversicherungen sind (a) Pflichtversicherungen. Dieser Zwangscharakter ist wesentlich für den durch die Sozialversicherung zu leistenden (b) Solidarausgleich, d.h. dass entsprechend dem Credo der Sozialen Marktwirtschaft negative Folgen des Wettbewerbs über dieses System aufgefangen und z.t. ausgeglichen werden können und sollen. Gleichzeitig werden Unterschiede in der individuellen Leistungsfähigkeit über (c) einkommensabhängige Beitragsstaffelungen erreicht.
- Die Versicherungspflicht gilt dabei für alle abhängig Beschäftigten („Arbeitnehmer"), die monatlich mehr als 450 Euro verdienen[2]; Beamte und Selbständige sind in der Regel von der Sozialversicherungspflicht ausgenommen.[3]
- Versicherungsbeiträge werden i. d. R. zu gleichen Teilen sowohl von Arbeitnehmern als auch Arbeitgebern entrichtet. Sie werden als bestimmte prozentuale Anteile vom Bruttolohn abgezogen und an die Versicherungsträger überwiesen. Beiträge zu den Sozialversicherungen sind jedoch ab einer bestimmten Verdiensthöhe gedeckelt („Beitragsbemessungsgrenze"). Ausnahme ist die Gesetzliche Unfallversicherung. Hier zahlen ausschließlich die Arbeitgeber die Beiträge, wobei sich die Beitragszahlungen nicht am individuellen Verdienst einzelner, sondern an der Summe aller Lohnkosten des gesamten Unternehmens ausrichten. Neben den Einnahmen aus den Beitragszahlungen von Arbeitnehmern und Arbeitgebern finanzieren sich die Sozialversicherungen zusätzlich über staatliche Zuschüsse aus Steuereinnahmen.

---

[2]   Unterhalb des Verdienstes von 450 Euro („Minijobs") sind Beschäftigte nur teilweise durch die Sozialversicherungen erfasst – Arbeitnehmer zahlen hier keine Beiträge während Arbeitgeber z.t. reduzierte Pauschalbeiträge für Kranken-, Renten- und Unfallversicherung abführen.

[3]   Selbständige können z.T. freiwillig einzelnen Zweigen der Sozialversicherungen beitreten. Ferner sind Familienangehörige (Kinder, nicht-erwerbstätige Ehepartner) beitragsfrei in der gesetzlichen Krankenversicherung mitversichert; Rentenansprüche, die während der Ehe entstanden sind, werden bei Scheidung im Rahmen des Zugewinnausgleichs geteilt.

- Dabei funktionieren die Sozialversicherungen nach dem Umlageverfahren, d.h. alle Ausgaben eines Jahres werden durch die Einnahmen des jeweiligen Jahres beglichen – anders als im sogenannten Kapitaldeckungsverfahren, bei dem jeder Versicherte auf einem persönlichen Konto individuelles Guthaben anspart, auf das dann im Bedarfsfall von ihm zurückgegriffen werden kann.

- Die Höhe der Leistungen der Renten- und der Arbeitslosenversicherung („Arbeitslosengeld I") orientiert sich am Verdienst des Versicherten – sei es wie in der Rentenversicherung am Verdienst während des gesamten Erwerbslebens, sei es wie in der Arbeitslosenversicherung am Verdienst des vergangenen Jahres. Zum Teil orientieren sich auch Leistungen der Krankenversicherung sowie der Unfallversicherung am Verdienst des Versicherten etwa bei der Zahlung von Krankengeld oder Unfallrenten. In weiten Teilen der Sozialversicherungen gilt demnach das Äquivalenzprinzip, d.h. die Versicherungsleistungen sind äquivalent zu den geleisteten Beiträgen. Anders ausgedrückt: Die Beiträge zu den Sozialversicherungen und die Leistungen im Versicherungsfall hängen von der jeweiligen Lohnhöhe ab – je höher der Lohn, desto höher die Beiträge und desto höher die Leistungen im Versicherungsfall. Sachleistungen der Kranken- und Pflegeversicherung (z.B. ärztliche Versorgung, Pflegegeld etc.) orientieren sich nicht am Äquivalenz- sondern am Bedarfsprinzip. Unabhängig von der Höhe der Beiträge bekommen Versicherte z.B. im Krankheitsfall dieselbe ärztliche Versorgung.

- Erst wenn keine oder nicht ausreichende Ansprüche an die Sozialversicherungen bestehen, greift als unterstes soziales Netz die staatliche und ausschließlich steuerfinanzierte Sozialhilfe bzw. das Arbeitslosengeld II, deren Höhe sich ausschließlich an einem einheitlichen, politisch festgelegten Bedarf orientiert. Dabei werden Bedarfe nur dann anerkannt, wenn unterhaltspflichtige Angehörige nicht in der Lage sind, für die bedürftigen Familienmitglieder zu zahlen. Dieses Prinzip entspricht dem Subsidiaritätsprinzip, wonach für „die Problemlösung [...] derjenige zuständig [ist], bei dem das Problem entsteht. Erst wenn die Selbsthilfe nicht möglich ist, setzt die Hilfe anderer (übergeordneter oder entfernterer) Stellen ein" (Woll 1996: 653). Das bedeutet also, dass jeder zunächst für seine eigene Absicherung selbst verantwortlich ist (Sozialversicherungspflicht). Wenn die Eigenvorsorge nicht ausreicht, muss als nächste Instanz zunächst die Familie helfen (Unterhaltspflicht). Erst wenn auch die Familie keine Unterstützung leisten kann, ist die Allgemeinheit zur Hilfe aus Steuermitteln verpflichtet.

Tabelle I-1 versucht nun, anhand des Kernbereichs des Sozialversicherungssystems in vereinfachter Weise deutlich zu machen, wieso der deutsche Wohlfahrtsstaat durchaus zu Recht dem konservativen Regimetyp zugeordnet werden kann. Das allgemeine Prinzip der Leistungsgerechtigkeit findet in Deutschland seine konkrete Ausprägung in der erheblichen Lohnarbeitszentrierung der sozialen Sicherung. Diese Lohnarbeitszentrierung ist insbesondere in dem an Erwerbseinkommen gekoppelten Sozialversicherungssystem verankert, das vielfach Beiträge aber auch Leistungen an der Lohnhöhe bemisst (Äquivalenzprinzip). Die Familienzentrierung steht in engem Zusammenhang mit dem in Deutschland als Ordnungsprinzip traditionell starken Subsidiaritätsprinzips. Dieses zeigt sich im Sozialversicherungssystem z.B. durch die beitragsfreie Mitversicherung von Familienangehörigen aber vor allem auch durch die Sozialversicherungspflicht bei gleichzeitig nachrangiger Sozialhilfe. Schließlich ist Deutschland insofern auch dem konservativen Regimetyp zuzuordnen, weil die Sicherung des sozialen Status und die Vermeidung insbesondere von sozialen Abstiegen ein wesentliches Element der deutschen Sozialordnung darstellt. In den Sozialversicherungen zeigt sich dies durch das vielfach geltende Äquivalenzprinzip.

Tabelle I-1: Sozialversicherung als Ausdruck des konservativen Wohlfahrtsstaates Deutschland

Allgemeine Merkmale konservativer Wohlfahrtsstaaten	Fundamente der deutschen Sozialordnung	Konkrete Umsetzung in der deutschen Sozialversicherung
Leistungsgerechtigkeit	Lohnarbeitszentrierung	Lohnabhängige Beiträge und Absicherung
Familienzentrierung	Subsidiaritätsprinzip	beitragsfreie Mitversicherung von Angehörigen; Sozialversicherungspflicht und nachrangige Sozialhilfe
Sicherheit als oberstes Ziel	Statussicherung	Äquivalenzprinzip

Quelle: eigene Darstellung

I.6 Zusammenfassung

Der Begriff der Sozialstruktur verweist zunächst einmal auf Muster und Regelmäßigkeiten in Gesellschaften. Wenn man „Gesellschaft" nun als die Gesamtheit der Interaktionen und des Handelns aller Gesellschaftsmitglieder versteht, dann beschreibt die Sozialstruktur folglich Regelmäßigkeiten und Muster in den zwischenmenschlichen Interaktionen bzw. im menschlichen „Miteinander". Dadurch wird auch klar, dass die Sozialstrukturanalyse darauf abzielt, Ursachen und Gründe zu entdecken, die zu solchen sozialen Mustern führen bzw. diese verursachen. Wenn durch eine Analyse der Sozialstruktur Faktoren bestimmt werden sollen, die das Verhalten von Menschen systematisch beeinflussen, dann besteht innerhalb der Sozialstrukturanalyse kein Interesse am Einzelfall, sondern einzig und allein an (im weitesten Sinn) „Durchschnittswerten", „Wahrscheinlichkeiten" oder auch „Verteilungen von Merkmalen".

Die beobachtete Sozialstruktur bzw. die von uns beobachteten Regelmäßigkeiten in den Handlungen von Menschen sind zunächst einmal Ergebnis und Ausdruck wirksamer sozialer Regeln. Mit anderen Worten: Soziale Regeln manifestieren sich in sozialen Strukturen. Diese gesellschaftlichen Spielregeln wirken direkt als Beschränkung (Restriktion) menschlichen Verhaltens. Soziale Regeln sind dabei immer von Menschen gemacht. Wie das menschliche Miteinander geregelt ist, beruht weder auf irgendeiner Art Naturgesetz noch auf göttlichem Willen. Hervorstechendes Merkmal sozialer Regeln ist demnach, dass sie prinzipiell veränderbar sind. Anders als bspw. bei Naturgesetzen können soziale Regeln per Definition keine Gültigkeit unabhängig von Raum und Zeit beanspruchen. Soziale Regeln sind demnach Regeln mit begrenzter räumlicher (kultureller) und zeitlicher (historischer) Reichweite.

Menschliches Handeln ist aber nicht nur durch von außen vorgegebene Restriktionen eingeschränkt, sondern die individuellen Handlungsmöglichkeiten hängen in entscheidender Weise von der Ressourcenausstattung des Einzelnen ab. Ressourcen sind dabei die ‚Rohstoffe', auf die Menschen zurückgreifen können, um ihre Lebensziele zu erreichen. Diese Ressourcen können in „Ökonomisches Kapital", „Humankapital" und „Sozialkapitel" unterschieden werden. Ökonomisches Kapital ist definiert als Einkommen und Vermögen, bspw. in Form von Bargeld, Aktien, Grundstücken oder Maschinen. Humankapital ist definiert als der Bestand an Wissen, bspw. in Form von Fähigkeiten und Qualifikationen. Sozialkapital drückt sich schließlich in der Existenz und Tragfähigkeit sozialer Beziehungen aus, bspw. in der Zahl von Bekanntschaften oder aber der Existenz familialer Bindungen. Die jeweilige Ressourcenausstattung schränkt die individuellen Handlungs- oder Entscheidungsmöglichkeiten von Menschen mehr oder weniger stark ein. Der Unterschied zu den oben angesprochenen Restriktionen ist aber, dass Restriktionen nicht unmittelbar von einem einzelnen Akteur verändert werden können, während (zumindest prinzipiell) durchaus die Möglichkeit besteht, dass Individuen ihren Ressourcenbestand unmittelbar vergrößern oder auch verkleinern.

Neben Restriktionen und Ressourcen tritt als dritte, menschliches Handelns systematisch beeinflussende Dimension der „Lebensverlauf" hinzu. Hier ist von Interesse, ob sich bei der Betrachtung sehr vieler solcher Lebensverläufe Regelmäßigkeiten oder Muster im Hinblick auf die zeitliche Abfolge („Timing") von Ereignissen oder Episoden ergeben. Die Frage, die sich aus sozialstruktureller Sicht hier stellt, wäre demnach, ob sich bei Betrachtung vieler individueller Lebensläufe generalisierbare Muster nachweisen lassen, die zeigen, dass die spezifische Abfolge von Ereignissen z. B. im Erwerbs- und Familienverlauf (Ausbildungsabschluss – Heirat – Elternschaft) typisch für das Verhalten von Menschen in einer Gesellschaft ist.

Die Neue Sozialstrukturanalyse geht davon aus, dass unter bestimmten Umständen individuelle Akteure, die sich hinsichtlich ihrer Restriktionen und Ressourcen sowie ihrem Lebensverlauf ähneln, auch im Schnitt (!) zu ähnlichen Erwartungen bzw. Bewertungen bezüglich möglicher Handlungsalternativen und damit Entscheidungen und Handlungen kommen. Insofern erfolgen individuelle Entscheidungen bzw. Handlungen nicht völlig zufällig, sondern werden systematisch beeinflusst. Wenn aber bestimmte Gruppen von Individuen aufgrund der Tatsache ähnlicher Entscheidungsbedingungen sich systematisch ähnlich verhalten, ist genau dies die Begründung für die uns interessierenden und auf der Makroebene zu beobachtenden strukturierten Verhaltensmuster. Sozialstruktur ist demnach ein Ergebnis strukturierten Verhaltens auf der Mikroebene; anders ausgedrückt aggregieren sich die sich nicht zufällig ähnelnden Verhaltensweisen bestimmter Gruppen von Individuen zu gesamtgesellschaftlichen Verhaltensmustern.

Diese Sichtweise der Neuen Sozialstrukturanalyse knüpft an handlungstheoretische Arbeiten an, die sich im Laufe der letzten 30 Jahre zunehmend durchgesetzt haben. Diese handlungstheoretische Verankerung der Neuen Sozialstrukturanalyse unterscheidet diesen Ansatz in eklatanter Weise von älteren Ansätzen zur Beschreibung sozial-

struktureller Muster, die man auch als Traditionelle Sozialstrukturanalyse bezeichnen kann. Ansätze der Traditionellen Sozialstrukturanalyse eint die Überzeugung, dass kollektives Handeln ein Produkt
gesellschaftlicher Strukturen sei. Insofern begreift die Traditionelle
Sozialstrukturanalyse individuelle Entscheidungsoptionen im Grunde genommen als Trugschluss. Vielmehr reproduzierten sich – so die
Überzeugung – soziale Strukturen immer wieder selbst. Während die
Traditionelle Sozialstrukturanalyse also von der Prämisse ausgeht,
dass kollektives Handeln ein Produkt gesellschaftlicher Strukturen
sei, lautet die basale Prämisse der Neuen Sozialstrukturanalyse, dass
kollektives Handeln ein Produkt strukturierten individuellen Handelns ist. Hinter dieser Prämisse steht die Überzeugung, dass Menschen immer Akteure sind, das heißt Entscheidungen fällen (können)
und agieren (können) (Methodologischer Individualismus). Gleichzeitig müssen Akteure diese Entscheidungen immer unter Unsicherheit fällen, d.h. Individuen sind immer eingeschränkt rationale Akteure, die versuchen, ihren Nutzen zu maximieren, indem sie Chancen
und Risiken verschiedener Handlungsalternativen abwägen, ohne
dass sie genau wissen, ob ihre Vermutungen auch der Realität entsprechen (Menschenbild des homo socio-oeconomicus).

Dabei besteht eine enge Beziehung zwischen den beiden soziologischen Grundbegriffen „Sozialstruktur" und „Soziale Ungleichheit".
Diese Verbindung liegt im Grunde auf der Hand, da Muster nur dort
entstehen können, wo abgrenzbare Unterschiede erkennbar sind, die
sich darüber hinaus durch eine gewisse Regelmäßigkeit auszeichnen.
Sobald also eine Struktur existiert ist definitionsgemäß immer auch
Ungleichheit vorhanden. Insofern hebt eine von vernünftigen Menschen geschaffene, intelligente Sozialordnung die Ungleichheiten
zwischen den Menschen nicht auf, sondern legt nur kollektive Regeln
fest, unter welchen Umständen Gesellschaftsmitglieder gleiche oder
ungleiche Lebensbedingungen vorfinden (sollen). Es ist also basale
Aufgabe jedweder Sozialordnung, soziale Ungleichheit zu erzeugen!
Soziale Ungleichheit bedeutet nicht zwangsläufig Ungerechtigkeit
und umgekehrt Gleichheit bedeutet nicht automatisch Gerechtigkeit.
Das bedeutet aber, dass die zur Ungleichheit führende Sozialordnung
(sprich: die gesellschaftlichen Spielregeln) bestimmten Gerechtigkeitsansprüchen genügen muss, damit Ungleichheit akzeptiert wird
bzw. Ungleichheit zur Erreichung eines kollektiven Gesellschaftsziels beitragen kann.

II Fertilität – Mortalität – Migration

Es scheint kaum etwas Natürlicheres zu geben als die Tatsache, dass Menschen geboren werden und nach einem mehr oder minder langen Leben wieder sterben. Wie viele Menschen geboren werden oder wie alt sie werden hängt jedoch keineswegs allein von biologischen Faktoren ab, sondern wird in hohem Maße von sozialen Faktoren mitbestimmt. Entsprechend wird in der öffentlichen Debatte um die Ursachen und Konsequenzen des demographischen Wandels sozialen Faktoren ganz selbstverständlich eine zentrale Rolle zugesprochen. So wird etwa der Geburtenrückgang in Deutschland und anderen Ländern nicht auf eine abnehmende (biologische) Fruchtbarkeit bzw. Zeugungsfähigkeit von Frauen und Männern zurückgeführt, sondern z.B. darauf dass es zu einem (gesellschaftlichen) Wertewandel gekommen sei und alternative Lebensziele, wie die Selbstverwirklichung im Beruf, nur bedingt mit einer Elternschaft vereinbar seien.

Das Thema ‚Bevölkerung' ist für die Soziologie also nicht nur relevant, weil eine Gesellschaft ohne Bevölkerung undenkbar ist und weil die sich stetig verändernde Bevölkerungsstruktur einer Gesellschaft elementarer Bestandteil ihrer sozialen Verteilungsstruktur ist. Das Thema ‚Bevölkerung' ist für die Soziologie vor allem deshalb von Interesse, weil

> [a]n kaum einem anderen Gegenstandsbereich die Verknüpfungen zwischen der Mikroebene individuellen Handelns, der Mesoebene sozialer Institutionen und der Makroebene des gesamtgesellschaftlichen Strukturwandels so anschaulich und berechenbar gemacht werden [können], wie bei den Verknüpfungen von sozio-ökonomischen und politischen Rahmenbedingungen, familialem Handeln und der Bevölkerungsentwicklung. Ohne die fundamentalen Einsichten in die Populationsdynamik und die demographische Entwicklung, nicht als Globaltrends, sondern als hochdifferenzierte Prozesse, kann die Soziologie also weder den gesellschaftlichen Wandel angemessen erfassen, noch einen Beitrag zu einer rationalen Fundierung der Gesellschaftspolitik leisten. (Mayer 1989: 259)

Die folgenden Kapitel behandeln einige wesentliche Aspekte der drei *demographischen Kernprozesse* Fertilität, Mortalität und Migration im Kontext zeitgenössischer ‚westlicher' Gesellschaften. Die drei genannten Elemente bilden die Parameter der *demographischen Grundformel*, nach der sich die Bevölkerung in einem Gebiet zum Zeitpunkt t aus folgenden Elementen ergibt: der Bevölkerung zum

Zeitpunkt t-1 zuzüglich der Differenz zwischen Geburten und Sterbefällen im Beobachtungszeitraum (*natürliche Bevölkerungsbewegung*) sowie der Differenz aus Zu- und Fortzügen (*Wanderungen*). Unsere knappe Betrachtung der demographischen Kernprozesse (vgl. hierzu ausführlicher Höpflinger 2012; Niephaus 2012) ergänzen wir durch die Berücksichtigung über deren demographischen Kern hinausgehender, für die Sozialstrukturanalyse ebenfalls hochrelevanter Elemente, nämlich *Familie*, *Gesundheit* und *Integration*.

II.1 Fertilität und Familie

„Kinder kriegen die Leute immer." Dieses Konrad Adenauer zugeschriebene Zitat vermittelt den Eindruck, dass Elternschaft die natürlichste Sache der Welt sei – und tatsächlich finden wir auch in der Bevölkerungswissenschaft das Konzept der „natürlichen Fertilität". Henry (1961) bezeichnet damit das Geburtenniveau einer Bevölkerung, in der keine *bewusste* Anstrengung unternommen wird, die Zahl der Geburten zu begrenzen bzw. zu kontrollieren, sodass sich das Geburtenniveau allein aus die Fruchtbarkeit beeinflussenden physiologischen Faktoren ergibt. Die Population mit der höchsten zuverlässig aufgezeichneten (ehelichen) Fertilität ist die nordamerikanische Sekte der Hutterer, deren Frauen der Heiratsjahrgänge 1921 bis 1930 durchschnittlich zehn Kinder zur Welt brachten. Wenn man das Geburtenniveau der Hutterer als der „natürlichen Fertilität" zumindest nahekommend betrachtet und mit der in anderen historischen und zeitgenössischen Populationen beobachteten Fertilität vergleicht, muss man zu dem Schluss kommen, dass neben physiologischen auch andere – soziale – Faktoren eine maßgebliche Rolle spielen müssen und dass Menschen im Allgemeinen sehr wohl bewusste Entscheidungen für oder gegen Kinder (bzw. eine bestimmte Kinderzahl) treffen.

Obwohl die Entscheidung für oder gegen eine (weitere) Elternschaft emotional stark aufgeladen ist, sind die Prinzipien der Abwägung von ‚Kosten' und ‚Nutzen', die uns aus anderen Lebensbereichen so vertraut sind, auch hier nicht außer Kraft gesetzt. Die Akteure müssen individuell über bestimmte *Ressourcen* verfügen (z.B. eine Partnerschaft) und sie stehen in ihrer jeweiligen Gesellschaft einer Reihe von *Restriktionen* gegenüber (z.B. der Verfügbarkeit öffentlicher Kinderbetreuung oder der sozialen Akzeptanz, unter bestimmten Bedingungen – etwa vor Abschluss der Ausbildung oder

ohne festen Partner – eine Familie zu gründen). Restriktionen und
Ressourcen sind jedoch keine fixen Größen, sondern sie verändern
sich über die Zeit – und auch die ‚Kosten' und der ‚Nutzen' von
Kindern unterscheiden sich je nach individueller Lebenssituation und
gesellschaftlichen Rahmenbedingungen. Entsprechend können wir
historische Veränderungen in den Fertilitätsraten einzelner Länder
beobachten (Makroebene) und ein deutlich altersspezifisches Muster
der Fertilität im individuellen *Lebensverlauf* (Mikroebene).

Im Folgenden wollen wir zunächst fragen, warum und mit wem
Individuen eigentlich eine Paarbeziehung eingehen (Kapitel II.1.1),
denn stabile Partnerschaften sind eine zentrale Determinante des Kin-
derwunsches bzw. der Realisierung von Kinderwünschen, dabei aber
– aus soziologischer Perspektive – weder zufällig noch selbstverständlich. Anschließend sollen zunächst kurz einige grundsätzliche
Überlegungen zu Fertilitätsentscheidungen im Spannungsfeld zwischen biologischer Veranlagung, sozialem Kontext und rationaler
Wahl vorgestellt werden (Kapitel II.1.2), bevor die Entwicklung der
Fertilität in Deutschland im Zeitverlauf skizziert (Kapitel II.1.3) und
Fertilitätsentscheidungen von Frauen und Männern aus einer Lebensverlaufsperspektive betrachtet werden (Kapitel II.1.4). Abschließend
widmen wir uns der Frage „Warum noch Familie?" (Kapitel II.1.5),
wobei der Aspekt der intergenerationalen (familiären) Solidarität besondere Aufmerksamkeit erfährt.

II.1.1 Partnerschaft in soziologischer Perspektive

Antwortet man auf die Frage, warum denn ausgerechnet X und Y
eine Partnerschaft eingegangen sind, mit dem Hinweis darauf, „wo
die Liebe eben hinfällt", so impliziert man damit, erstens, dass es
sich bei der Partnerwahl um einen (weitgehend) zufallsgesteuerten
Prozess handelt und, zweitens, dass die Liebe eine – wenn nicht die
– entscheidende Determinante dabei ist. Die Partnerwahl verläuft
jedoch alles andere als zufällig, sondern sie ist in hohem Maße
sozial strukturiert. Und ebenso wenig ist es selbstverständlich, dass
die Liebe eine entscheidende Rolle dabei spielt. So schön die Geschichte von „Romeo & Julia" auch sein mag: Die romantische
Liebe ist nicht das einzige Motiv für eine Partnerschaft oder Eheschließung.

Während in der Vergangenheit Ehen im Wesentlichen zum Wohle
der Herkunftsfamilien (oder des Clans, Stammes, etc.) arrangiert
wurden, so dominiert in modernen Gesellschaften die individuelle

Partnerwahl, bei der die Bedeutung kollektiver Nutzendimensionen zugunsten individueller Nutzenüberlegungen in den Hintergrund getreten sind. Ein wesentliches Motiv dafür, eine feste Partnerschaft einzugehen, besteht heute darin, dass das Individuum hier in besonderer Weise emotionale und sexuelle Bedürfnisse befriedigen kann. Des Weiteren kann eine Partnerschaft das Prestige eines Individuums steigern, insbesondere dann, wenn der Partner oder die Partnerin allgemein als besonders attraktiv bewertete Merkmale aufweist (man denke etwa an das frühere Hollywood-Traumpaar Brad Pitt und Angelina Jolie). Und schließlich lassen sich in einer Partnerschaft Effizienzvorteile realisieren, z.B. durch Spezialisierung bei der Haushaltsproduktion (die Frau ist erwerbstätig, der Mann kümmert sich um die Kinder) oder die gemeinsame Nutzung bestimmter Güter (z.B. Wohnung, Spülmaschine, etc.; vgl. dazu auch Kapitel III.3.2).

Ob zwei Menschen als Partner zueinander finden, hängt von ihren individuellen Merkmalen ebenso wie von den für die Gründung einer Partnerschaft relevanten Gelegenheitsstrukturen ab. Bei einer soziologischen Betrachtung von Partnerwahlprozessen geht es aber nicht darum zu erklären, warum ausgerechnet Romeo und Julia ein Paar geworden sind; ebenso wenig sind für eine soziologische Analyse alle individuellen Merkmale (ihr Lächeln, seine Stimme) relevant. Es geht vielmehr darum zu verstehen, warum Menschen mit bestimmten sozial relevanten Merkmalskombinationen eine höhere oder niedrigere Wahrscheinlichkeit aufweisen, überhaupt bzw. miteinander eine Beziehung einzugehen, als Menschen, die andere Merkmale aufweisen. Vor dem Hintergrund der oben getroffenen Annahme, dass Individuen Partnerschaften mit der Absicht eingehen, bestimmte Ziele zu erreichen, kommt dem Vorhandensein von auf dem *Partnermarkt* (s.u.) als wertvoll erachteter Ressourcen eine zentrale Bedeutung zu, denn diese tauschen die Partner innerhalb ihrer Beziehung aus. Folgt man der Argumentation der *Austausch- und Ressourcentheorie* kommt eine Beziehung nur dann zustande (oder bleibt bestehen), wenn der erwartete Ertrag der Tauschbeziehung größer ist als die jeweilige Investition in die Beziehung und wenn die Partner erwarten können, dass eigene Leistungen durch angemessene Gegenleistungen entgolten werden (Reziprozitätsnorm; vgl. auch Kapitel II.1.5 und III.2).

Eine Beziehung wird mit demjenigen Partner angestrebt, mit dem das beste Kosten-Nutzen-Verhältnis erwartet werden kann. Ein wichtiger Kostenfaktor sind dabei auch *Suchkosten*, d.h. es kann durchaus rational sein, sich mit dem „Spatz in der Hand" zufrieden zu geben, statt die Suche nach dem Traumpartner mit ungewissem Ausgang weiter fortzusetzen. Darüber hinaus ist zu beachten, dass a priori nicht immer klar ist, ob beide Partner idealerweise über die gleiche oder eine unterschiedliche Ressourcenausstattung verfügen sollten (vgl. hierzu etwa die Ausführungen des amerikanischen Ökonomienobelpreisträger Gary S. Becker 1973). Wenn z.B. ein möglichst hohes Maß an Spezialisierung bei der *Haushaltsproduktion* angestrebt wird, erscheint eine substitutive Ressourcenausstattung beider Partner optimal (d.h. sie verfügt über Humankapital, das sich gut auf dem Arbeitsmarkt aber schlecht im Haushalt verwerten lässt, während sein Humankapital zu einer hohen Produktivität im Haushalt, aber nur zu geringen Erträgen auf dem Arbeitsmarkt führt). Im Mittelpunkt solcher Überlegungen der *Neuen Haushaltsökonomie* steht die Maximierung des Haushaltsnutzens, der nicht unbedingt identisch mit dem individuellen Nutzen sein muss (etwa wenn einer der Partner auf ein individuelles Erwerbseinkommen verzichtet, damit das Haushaltseinkommen durch Spezialisierungsvorteile maximiert werden kann).

Ist Spezialisierung kein primäres Ziel, kann sich hingegen eine komplementäre Ressourcenausstattung, etwa im Sinne einer Kumulation individueller Kapitalien, als optimal erweisen: Man denke wiederum an Angelina Jolie und Brad Pitt, die beide als reich *und* schön gelten. Prinzipiell lassen sich verschiedene partnermarktrelevante Ressourcen auch substituieren („Er ist nicht schön, trägt aber das Herz auf dem rechten Fleck."); allerdings verlaufen solche Substitutionsprozesse typischerweise nicht geschlechtsneutral. In patriarchalisch geprägten Gesellschaften werden Männern und Frauen unterschiedliche Rollen zugewiesen, die dazu führen, dass z.B. Männer mangelnde physische Attraktivität tendenziell durch einen hohen sozio-ökonomischen Status ausgleichen können, während der Mechanismus bei Frauen eher umgekehrt funktioniert.

Besonders gut untersucht ist die Bedeutung der *Bildung* im Partnerwahlprozess (z.B. Blossfeld 2009). Vor allem findet sich Evidenz für eine bildungshomogame Partnerwahl, d.h. beide Partner verfügen über einen gleichwertigen Abschluss. Ist dies nicht der Fall, neigen Frauen dazu, Partnerschaften mit Männern einzugehen, die über einen höheren Bildungsabschluss als sie selbst verfügen (Hypergamie); der vergleichsweise seltene Fall, dass der männliche Partner ein niedrigeres Bildungsniveau hat als die Frau, wird als Hypogamie bezeichnet. Während sich in der Bildungshypergamie (also: Chefarzt heiratet Krankenschwester) die Erwartung an eine traditionelle Arbeitsteilung

in der Partnerschaft basierend auf einem männlichen Ernährer wider-
spiegelt, reflektiert die bildungshomogame Partnerwahl eine allgemeine *Homogamiepräferenz* (also: „Gleich und Gleich gesellt sich
gern."). Es konnte jedoch nachgewiesen werden, dass im Kontext der
deutschen Bildungsexpansion seit den 1960er Jahren (vgl. Kapitel
III.1) die Bildungshomogamie in Partnerschaften weiter zugenommen hat (siehe Blossfeld/Timm 1997).

Dies weist auf eine strukturierende Wirkung des Bildungssystems
als *Partnermarkt* hin, die darauf zurückzuführen ist, dass sich durch
einen längere gemeinsame Ausbildungsdauer Kontaktgelegenheiten
insbesondere für Menschen mit gleichen oder ähnlichen Bildungsabschlüssen ergeben, und zwar gerade in einem für die Partnerschafts-
gründung besonders relevanten Alter. Es gibt aber nicht nur einen,
etwa durch Elemente des Bildungssystems determinierten Partnermarkt, sondern eine Vielzahl parallel existierender Märkte (z.B. Betrieb, Sportverein), die den Individuen jeweils spezifische Gelegenheiten des Kennenlernens bieten und auf denen es durchaus zu
Ungleichgewichten hinsichtlich des Angebots und der Nachfrage po-
tenzieller Partner kommen kann (z.B. stehen Physikstudenten typischerweise einer deutlich geringeren Zahl von Physikstudentinnen
gegenüber). Solche Ungleichgewichte können auch entstehen, weil
Partnermärkte in hohem Maße sozial reguliert sind. Dies wird besonders deutlich am Beispiel des Inzestverbotes, es lassen sich aber auch
mehr oder minder strikte Altersnormen („Der ist doch viel zu alt für
dich!") beobachten. Das Individuum steht bei der Partnerwahl also,
relativ unabhängig von seiner individuellen Ressourcenausstattung,
einer ganzen Reihe von Restriktionen gegenüber.

Nach einem außergewöhnlichen „Heiratsboom" in der Nachkriegszeit (dem sogenannten *golden age of marriage*; vgl. hierzu auch
Kapitel II.1.3) lässt sich seit einigen Jahrzehnten in Deutschland, wie
in vielen anderen Ländern, eine deutlich rückläufige Heiratsneigung
beobachten (vgl. Abbildung II-1). Dies ist zum Teil darauf zurückzuführen, dass Sexualität außerhalb der Ehe heute kein Tabu mehr ist
und die soziale Akzeptanz nicht-ehelicher Partnerschaften deutlich
gestiegen ist. Einige Restriktionen, die sich früher positiv auf die
Heiratsneigung ausgewirkt haben, sind also inzwischen abgebaut
worden. Allerdings wurde die abnehmende Bedeutung der Ehe als
Partnerschaftsform nicht vollständig durch die steigende Zahl nicht-
ehelicher Lebensgemeinschaften kompensiert. Darüber hinaus stellen wir fest, dass Ehen (und andere feste Partnerschaften) immer
später geschlossen werden und weniger stabil sind als etwa in den

1960er Jahren (vgl. Abbildung II-2). Auch dies ist zu einem wesentlichen Teil auf veränderte Restriktionen (z.b. eine Liberalisierung des Scheidungsrechts) zurückzuführen, die insgesamt mehr individuelle Autonomie erlauben: Männer profitieren von der gestiegenen sozialen Akzeptanz von Lebensentwürfen jenseits der mit einem männlichen Versorgermodell verbundenen Verantwortungen und Frauen verfügen heute über höhere Bildungsabschlüsse als Ressource, die sie in die Lage versetzt, eine ökonomisch selbstständige Existenz zu führen (d.h. sie sind nicht mehr unbedingt von einem männlichen Ernährer abhängig). Mit anderen Worten: Kosten und Nutzen langfristiger partnerschaftlicher Bindungen haben sich deutlich verändert – was aber, wie wir in den folgenden Kapiteln sehen werden, nicht heißt, dass Partnerschaft und Familie bedeutungslos geworden wären (vgl. Huinink 1995).

Abbildung II-1: Zahl der Eheschließungen pro 1.000 Einwohner („rohe Eheschließungsziffer"), Deutschland, 1950-2015*

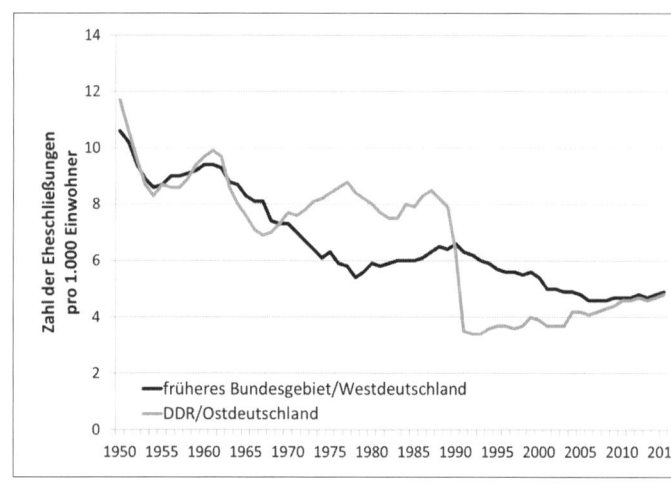

*Westdeutschland ab 1990 ohne Berlin
Quelle: Bundesinstitut für Bevölkerungsforschung; Daten: Statistisches Bundesamt; eigene Darstellung

Abbildung II-2: Zahl der Ehescheidungen pro 1.000 Einwohner („rohe Eheschei-dungsziffer"), Deutschland, 1950-2015*

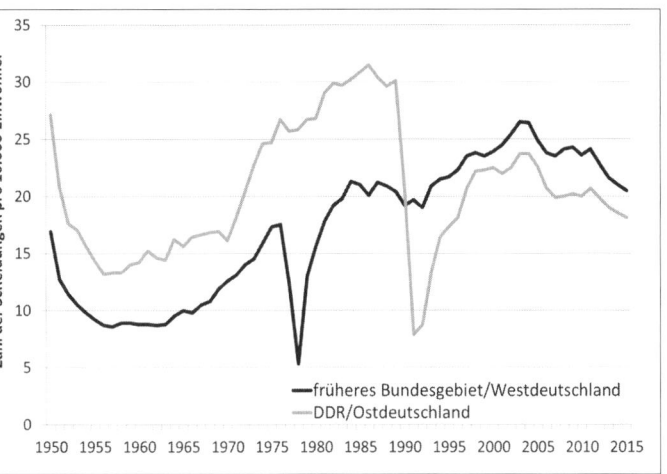

* Westdeutschland ab 1990 ohne Berlin

Quelle: Bundesinstitut für Bevölkerungsforschung; Daten: Statistisches Bundesamt; eigene Darstellung

II.1.2 Fertilitätsentscheidungen im Spannungsfeld von biologischer Veranlagung, sozialem Kontext und rationaler Wahl

Wenn wir davon ausgehen, dass Menschen eine ‚genetische' Veranlagung für bestimmte Verhaltensweisen besitzen, sie aber nicht Sklaven ihrer Gene sind, dann muss geklärt werden, unter welchen sozialen Umweltbedingungen biologische Anlagen in tatsächliches Handeln übersetzt werden (z.B. Freese et al. 2003). Besonders offensichtlich erscheint eine Interaktion genetischer Anlagen mit dem sozialen Kontext der Handelnden, wenn wir uns mit Fragen der Fertilität befassen. So konnten etwa Kohler et al. (2002) in einer Untersuchung dänischer Zwillingspaare zeigen, dass in einer sozialen Situation, die dem Einzelnen größere individuelle Entscheidungsspielräume lässt, die von Zwillingen geteilte genetische Ausstattung einen erheblichen Beitrag zur Erklärung ihres Gebärverhaltens leistet. In einer durch starke Verhaltenserwartungen (soziale Normen) gekennzeichneten Situation spielen die gemeinsamen Gene hingegen kaum eine Rolle. Dies bedeutet keineswegs, dass hier die biologischen Anlagen verschwunden sind, sondern sie werden durch gesellschaftliche Restriktionen überlagert und verlieren so an Handlungsrelevanz.

Im folgenden Kapitel II.1.3 werden wir im konkreten Zusammenhang mit der Fertilitätsentwicklung in Deutschland zeigen, wie sich wandelnde gesellschaftliche Rahmenbedingungen (z.b. der Prozess der Industrialisierung im 19. Jahrhundert) Veränderungen im individuellen Geburtenverhalten mit erklären können. Ganz wesentlich ist hierbei die Erkenntnis, dass „[a]long with biological predispositions, the social context determines the costs and benefits of having children" (Morgan/King 2001: 10). Innerhalb der so gesetzten Rahmenbedingungen und unter Berücksichtigung ihrer individuellen Ressourcenausstattung entscheiden Menschen darüber, ob, wann und wie viele Kinder sie bekommen. Meist wird dabei unterstellt, dass es sich bei diesen Entscheidungen um eine ‚rationale Wahl' handelt; vgl. Morgan/King (2001).

‚Rational' ist jene Wahl, die den größten Nutzen für die Akteure erwarten lässt (vgl. Kapitel I.3.3) – doch welchen Nutzen bzw. welche Funktion haben Kinder überhaupt für ihre Eltern? In Gesellschaften ohne funktionierendes Sozialversicherungssystem sind Kinder eine wichtige Investition in die eigene Altersvorsorge; in modernen Wohlfahrtsstaaten ist es hingegen plausibel anzunehmen, dass Kindern – aus der individuellen Perspektive der Eltern – eher eine Konsumfunktion zukommt. Entsprechend werden Kinder in der frühen mikroökonomischen Literatur ähnlich wie langlebige Konsumgüter behandelt (z.B. Becker 1960). Ein differenziertes Bild zeichnet der sogenannte „value of children" Ansatz, der insbesondere in der nicht-ökonomischen Forschungsliteratur weit verbreitet ist. Hier werden neben ökonomischen bzw. materiellen Vorteilen, die Kinder mit sich bringen können, auch andere individuelle Nutzenelemente (z.B. emotionale Befriedigung, Spaß und Freude, oder soziale Anerkennung bzw. Status) explizit berücksichtigt (vgl. Huinink 2000: Abschnitt 7.4.2.1). Der potenzielle *kollektive Nutzen* von Kindern – z.B. als zukünftige Beitragszahler im Sozialversicherungssystem – dürfte hingegen kaum in das *individuelle Nutzenkalkül* von Eltern eingehen.

II.1.3 Entwicklung der Fertilität in Deutschland

Bevor man die Frage beantworten kann, wer wann warum mehr oder weniger Kinder zur Welt bringt, muss zunächst überlegt werden, was sinnvolle Maßzahlen für die Fertilität einer Bevölkerung sein könnten (vgl. Niephaus 2012: Kapitel III.1.2). Demographen unterscheiden hier grundsätzlich zwischen sogenannten *perioden-* und *kohortenspezifischen Geburtenziffern*:

(1) Die wichtigste periodenspezifische Maßzahl ist die zusammengefasste Geburtenziffer (englisch: *total fertility rate*; TFR). Sie errechnet sich für eine bestimmte Periode, üblicherweise ein Kalenderjahr, aus der Summe aller altersspezifischen Geburtenziffern der Altersjahrgänge 15 bis 45 bzw. 49. Altersspezifische Geburtenziffern beziehen die Geburten der Frauen einzelner Altersjahre (15 bis 49) in einem Jahr auf 1.000 Frauen des entsprechenden Alters in der Bevölkerung. Der Einfluss von Umfang und Altersstruktur sowohl der Bevölkerung insgesamt als auch der Frauen im gebärfähigen Alter werden damit ausgeschlossen. Die TFR ist somit eine zusammengesetzte, hypothetische Kennziffer und gibt an, wie viele Kinder je Frau geboren würden, wenn für deren ganzes Leben die altersspezifischen Geburtenziffern des jeweils betrachteten Kalenderjahres gelten würden.

(2) Die Kohortenfertilität (englisch: *cohort fertility rate*; CFR) gibt die endgültige Kinderzahl eines Geburtsjahrgangs von Frauen an. Diese Maßzahl kann erst berechnet werden, nachdem der betreffende Frauenjahrgang im Alter von 45 oder 50 Jahren das gebärfähige Alter überschritten und damit die reproduktive Phase abgeschlossen hat (die nach diesem Alter noch geborenen Kinder sind quantitativ vernachlässigbar).

Ob ein bestimmtes Fertilitätsniveau (zu) hoch oder (zu) niedrig ist, lässt sich absolut nicht bestimmen. Eine mögliche Orientierung bietet allerdings das sogenannte *Bestandserhaltungsniveau*, das genau jenem Geburtenniveau entspricht, bei dem sich die Elterngeneration vollständig reproduziert. Das Bestandserhaltungsniveau verändert sich jedoch historisch durch die Entwicklung der (Kinder-)Sterblichkeit: während es 1880 in Deutschland noch bei 3,5 Geburten je Frau lag, sind heute nur noch 2,1 Kinder (in der Regel ein Mädchen und ein Junge) zur Reproduktion der Elterngeneration nötig. Diese Zahl wird heute oft – implizit oder explizit – als Zielgröße familienpolitischer Maßnahmen verwendet, obwohl sie für sich genommen nichts über die gewünschte ,ideale' Kinderzahl von Paaren aussagt, in deren individuelles Nutzenkalkül der Bestandserhalt der Bevölkerung kaum einfließen dürfte.

Betrachten wir nun also die langfristige Entwicklung der zusammengefassten Geburtenziffer in Deutschland seit 1871 (siehe Abbil-

dung II-3). Dabei fällt auf, dass erstmals bereits während des Ersten
Weltkrieges (!) das damals zur Bestandserhaltung notwendige Geburtenniveau unterschritten wurde. In den folgenden Jahrzehnten war die
Entwicklung der TFR durch starke Schwankungen gekennzeichnet
und es gab zunächst noch einige kürzere Phasen, zuletzt in den 1960er
Jahren, in denen ihr Wert oberhalb des Bestandserhaltungsniveaus
lag. Seit Beginn der 1970er Jahre liegt die TFR jedoch deutlich dar-
unter.

Abbildung II-3: Zusammengefasste Geburtenziffer, Deutschland 1871-2010

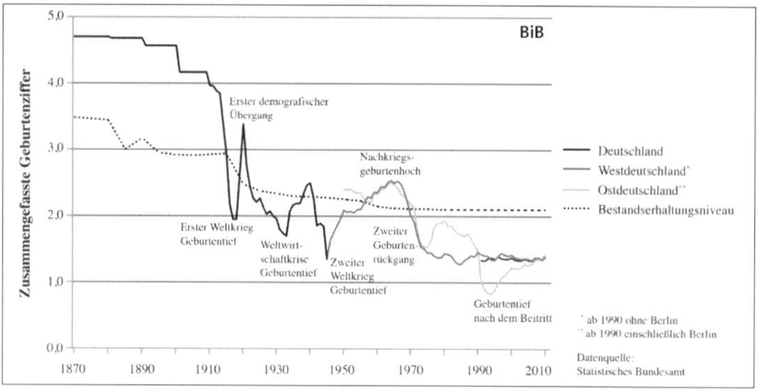

Quelle: Darstellung des Bundesinstituts für Bevölkerungsforschung (BiB)

In Westdeutschland liegt die TFR seit 1970, in Ostdeutschland seit
1972 unter einem Wert von 2,1 (siehe Abbildung II-4). Während sich
im Westen jedoch seit 1973 bis heute die TFR stabil bei einem Wert
zwischen 1,5 und 1,3 eingependelt hat, lassen sich im Osten deutliche
Ausschläge nach oben und nach unten feststellen. Zunächst stieg die
TFR Mitte/Ende der 1970er bis Anfang der 1980er Jahre noch einmal
auf bis zu 1,9 an, was im Wesentlichen auf institutionelle Anreize zu
einer frühen Familiengründung in der DDR zurückzuführen sein
dürfte. Bis zur Wiedervereinigung 1990 sank die TFR aber bereits
wieder auf einen Wert von 1,5 (d.h. westdeutsches Niveau) um sich
innerhalb von nur drei Jahren nahezu zu halbieren (0,8). Ausgehend
von diesem in den Jahren 1993 bis 94 beobachteten Tiefststand hat
sich die ostdeutsche TFR seither wieder stetig nach oben bewegt, hat
2008 das damalige westdeutsche Niveau erreicht und liegt seitdem
sogar leicht darüber.

Abbildung II-4: Zusammengefasste Geburtenziffern, West- und Ostdeutschland 1945-2015*

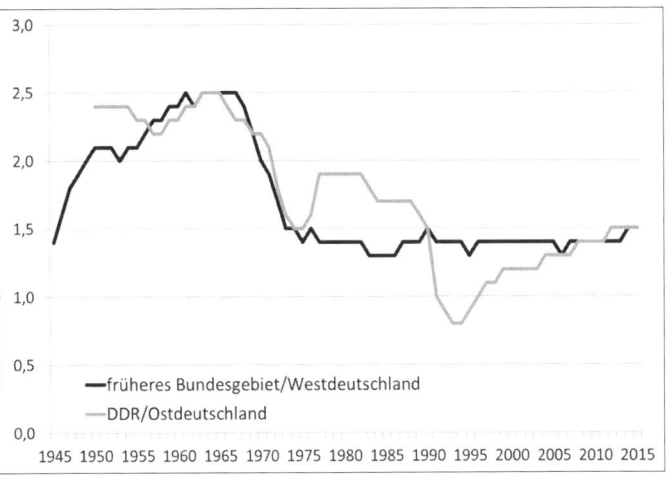

*Westdeutschland ab 1990 ohne Berlin

Quelle: Bundesinstitut für Bevölkerungsforschung; Daten: Statistisches Bundesamt; eigene Darstellung

Im europäischen Vergleich liegt die Bundesrepublik damit am unteren Rand der Verteilung – und auch wenn man alternativ die endgültige Kinderzahl je Frau (also die Kohortenfertilität) in Deutschland betrachtet, zeigt sich, dass eine Geburtenziffer unterhalb des Bestandserhaltungsniveaus kein besonders neues Phänomen ist (siehe Abbildung II-5): Mit Ausnahme der in der Mitte der 1930er Jahre geborenen Frauen hat seit dem Jahrgang 1880 (!) keine Kohorte mehr die zur Bestandserhaltung notwendige Zahl von Kindern geboren. Bemerkenswert ist der rapide Rückgang der Geburten bei den zwischen 1865 und 1885 geborenen Frauen von durchschnittlich 4,6 auf 3,0 (man spricht hier auch vom ‚ersten demographischen Übergang'). Der höchste Wert bei den nach 1900 geborenen Frauen wurde mit 2,2 Kindern in der Geburtskohorte 1933 erreicht, die ihre Kinder während des ‚golden age of marriage' zur Welt brachten. Hierbei handelt es sich klar um eine Abweichung vom historisch langfristigen, kontinuierlichen Rückgang der Kohortenfertilität. Die gegenwärtig letzte vorliegende endgültige Kinderzahl ist die für den Geburtsjahrgang 1970, die bei 1,5 Kindern je Frau liegt.

Abbildung II-5: Endgültige Kinderzahl je Frau der Geburtsjahrgänge 1865 bis 1965 in Deutschland

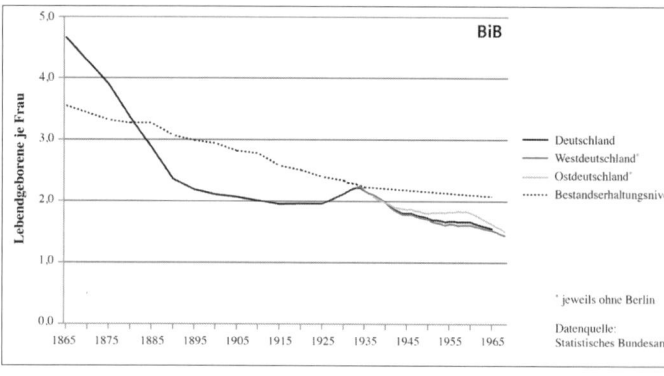

Quelle: Darstellung des Bundesinstituts für Bevölkerungsforschung (BiB)

Die *Ursachen* der hier dargestellten Unterschiede im Fertilitätsniveau in Deutschland zu verschiedenen historischen Zeitpunkten bzw. zwischen Ost- und Westdeutschland sowie anderen europäischen Ländern sind vielfältig und können hier nicht umfassend diskutiert werden (ein ausführlicher Überblick über soziologische Erklärungsansätze findet sich z.b. bei Huinink 2000; siehe auch Kapitel II.1.2) – wichtig ist jedoch festzuhalten, dass es *die* eine Erklärung nicht gibt. Das allgemeine Geburtenniveau verändert sich, wenn sich die für individuelle Fertilitätsentscheidungen relevanten Ressourcenlagen und Restriktionen wandeln. Die in Deutschland in der zweiten Hälfte des 19. Jahrhunderts einsetzende industrielle Revolution hat die ökonomischen *und* kulturellen Lebensbedingungen des Einzelnen und der Familie massiv verändert. In Folge verbesserter Lebensbedingungen sank vor allem die Kindersterblichkeit und für den Erhalt der Familie mussten entsprechend nur noch weniger Kinder geboren werden. Durch die Einführung der Schulpflicht stiegen zudem die Kosten, die ein Kind mit sich brachte, während der wirtschaftliche Nutzen vieler Kinder durch das Verbot der Kinderarbeit sank. Daher, so argumentiert Gary S. Becker (1960), investieren Eltern mit steigendem Wohlstandsniveau ihre begrenzten Ressourcen weniger in die ‚Quantität' (also Kinderzahl) sondern zunehmend in die ‚Qualität' (insbesondere Ausbildung) ihrer Kinder – und bereits vor über 100 Jahren stellte Brentano (1909: 602) fest, dass mit zunehmendem Wohlstand der Zeugungswille aufgrund einer „Zunahme der Konkurrenz der Genüsse und einer Verfeinerung im Gefühl der Kinderliebe" abgenommen habe.

Wie oben gezeigt wurde, kam es in den 1950er und frühen 1960er Jahren in Deutschland und anderswo zwar noch einmal zu einem kurzzeitigen Wiederanstieg der Fertilität – dieser ist aber vor allem darauf zurückzuführen, dass Eheschließungen und Geburten, die während des Zweiten Weltkriegs aufgeschoben worden waren, nachgeholt wurden und es zu einer Re-Traditionalisierung der Geschlechterverhältnisse kam. Dieses sogenannte ‚golden age of marriage' stellt eine Ausnahme vom langfristigen Trend dar und taugt daher sicher *nicht* als Referenzpunkt für heutige Krisenszenarien der Entwicklung von Fertilität und Familie.

Dennoch wird dem Geburtenrückgang seit Ende der 1960er Jahre eine eigene Qualität zugesprochen (‚zweiter demographischer Übergang'). Während der Geburtenrückgang im späten 19. und frühen 20. Jahrhundert vor allem auf eine Reduktion der ehelichen Fruchtbarkeit zurückgeführt werden kann, liegen die Ursachen der niedrigen Fertilitätsziffern seit Mitte des 20. Jahrhunderts eher darin, dass Frauen und Männer seltener feste Partnerschaften eingehen bzw. diese weniger stabil sind als früher – und damit eine wichtige Voraussetzung für die Familiengründung bzw. Familienerweiterung fehlt (vgl. Kapitel II.1.1). Die Bedeutung *individueller Autonomie* scheint zugenommen zu haben (in diesem Zusammenhang wird auch von einem ‚Wertewandel' gesprochen) und die durch eine stärkere Bildungs- und Erwerbsbeteiligung zur Verfügung stehenden Ressourcen erlauben es auch, diesen Anspruch umzusetzen: Frauen stehen heute deutlich weniger als im ‚golden age of marriage' normativen Rollenerwartungen als Hausfrau und Mutter gegenüber und sind wirtschaftlich weniger abhängig von einem männlichen Ernährer – der selbst ebenfalls mehr Freiheiten hat, die Rolle des Alleinverdieners abzulehnen.

Diese Zunahme individueller Handlungsoptionen in der Folge gesellschaftlicher Modernisierungsprozesse hat zwar dazu geführt, dass die so genannten *Opportunitätskosten der Elternschaft* gestiegen sind (d.h., wenn Menschen Kinder bekommen, reduzieren sich alternative biographische Optionen, die es früher so – insbesondere für Frauen – vielleicht gar nicht gegeben hat; vgl. hierzu auch Brentanos Hinweis auf die „Zunahme der Konkurrenz der Genüsse"). Das Ausmaß, in dem aber z.B. die *Vereinbarkeit von Familie und Beruf* gegeben ist, variiert deutlich zwischen verschiedenen gesellschaftlichen Kontexten. Zwar haben sich heute überall in Europa die Bildungschancen von Frauen und Männern deutlich verbessert (vgl. Kapitel III.1), doch haben sich

nicht überall in gleichem Maße Familienleitbilder und geschlechtsspezifische Rollenvorstellungen modernisiert. Die Beibehaltung einer
weitgehend traditionellen Arbeitsteilung zwischen den Geschlechtern
(insbesondere nach der Geburt von Kindern) und mangelnde gesellschaftliche Akzeptanz außerhäuslicher Kinderbetreuung führt vor allem
gut ausgebildete Frauen häufig in eine Zwickmühle: Falls sie Kinder
bekommen wollen, werden ihre Bildungsabschlüsse entwertet; falls sie
erwerbstätig bleiben wollen – und weder Väter noch Kitas eine verläss-
liche Betreuungsoption sind –, können sie keine Kinder bekommen.

In der Konsequenz kann dies zu einer *Polarisierung* des Geburten-
verhaltens führen, d.h. einem relativ hohen Anteil Kinderloser[1] steht ein
relativ hoher Anteil von Paaren mit zwei oder mehr Kindern gegenüber.
Denn wenn die entscheidende Weiche für den weiteren Lebensverlauf
mit der grundsätzlichen Entscheidung für oder gegen eine Elternschaft
einmal gestellt worden ist, dann spielen die ‚Kosten' weiterer Kinder
nur noch eine untergeordnete Rolle. Der geringste Zwang, sich *exklusiv*
für oder gegen Kinder zu entscheiden und – damit zusammenhängend
– die höchsten Fertilitätsraten werden heute nicht in jenen europäischen
Ländern beobachtet, deren Bevölkerung gemeinhin eine traditionell
hohe Familienorientierung unterstellt wird (z.B. Italien), sondern dort,
wo sich Elternschaft mit einem ‚modernen' Lebensstil am besten ver-
binden lässt (z.B. Schweden). Ein hohes Ausbildungsniveau *und* die
Erwerbstätigkeit beider Partner scheint hier also kein Hindernis, sondern vielmehr eine für die Geburt von mehr Kindern wichtige Ressource darzustellen – und zwar nicht nur, weil Kinder Geld kosten, sondern
auch weil Frauen und Männer ihre Lebensentwürfe nicht mehr auf eine
Rolle in Familie *oder* Beruf reduzieren müssen.

II.1.4 Fertilität im Lebensverlauf

Bei der Betrachtung der altersspezifischen Geburtenziffern im Verlauf der letzten 25 Jahre (siehe Abbildung II-6) wird deutlich, dass in
Deutschland die Fertilität in den jüngeren Altersgruppen (20 bis 24

---

[1]   Der Anteil kinderloser Frauen in *Deutschland* ist während der letzten Jahrzehnte kontinuierlich angestiegen. Bei den 1964-68 geborenen ostdeutschen
Frauen liegt der Anteil der Kinderlosen bei 11%, während im Westen sogar
mehr als jede fünfte Frau dieser Kohorte kinderlos geblieben ist. In den
jüngeren Kohorten, die ihre reproduktive Phase noch nicht abgeschlossen
haben, zeichnet sich ein weiterer Anstieg des Anteils Kinderloser und eine
Persistenz der bestehenden Ost-West-Unterschiede im Ausmaß der Kinderlosigkeit ab (vgl. hierzu ausführlich Konietzka/Kreyenfeld 2014).

bzw. 25 bis 29 Jahre) kontinuierlich rückläufig ist, während die Fertilitätsziffern im höheren Reproduktionsalter (30 bis 44 Jahre) stetig und sehr deutlich angestiegen sind (ohne jedoch die in den jüngeren Altersgruppen zunehmend ‚fehlenden' Geburten vollständig kompensieren zu können). Eine weitergehende Differenzierung nach West- und Ostdeutschland seit den 1950er Jahren zeigt zudem, dass in der ehemaligen DDR vor allem die jungen, d.h. 20 bis 24-jährigen Frauen Kinder bekommen haben, während die Geburten in der alten Bundesrepublik später erfolgten. In den letzten Jahren lässt sich jedoch – übereinstimmend mit der Entwicklung der TFR – eine deutliche Annäherung der altersspezifischen Fertilitätsziffern in Ost und West beobachten.

Abbildung II-6: Geburtenziffern deutscher Frauen (nach Altersgruppen), Deutschland 1991-2015

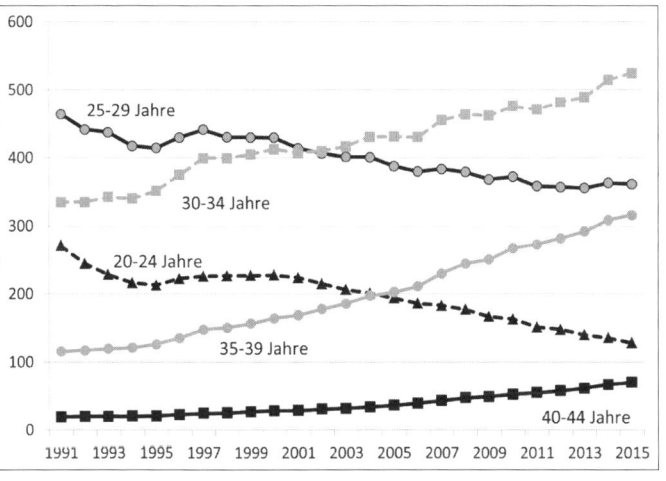

Quelle: Bundesinstitut für Bevölkerungsforschung; Daten: Statistisches Bundesamt; eigene Darstellung

Die hier skizzierten Veränderungen im *Timing* von Geburten – im Sinne einer Verschiebung der Fertilität in spätere Phasen des Lebensverlaufs – wären demographisch weitgehend folgenlos, wenn sie nicht deutliche Auswirkungen auch auf das *Quantum* der Fertilität, d.h. die endgültige Kinderzahl je Frau, hätten. So zeigen etwa Berechnungen des Statistischen Bundesamtes für die alten Bundesländer (siehe Abbildung II-7), dass 1959 geborene Frauen im Alter von 36 Jahren im Durchschnitt so viele Kinder wie 1939 geborene Frauen mit 29 Jahren hatten – und dass mit dieser Verschiebung des Gebäralters eine deutliche Reduktion der endgültigen Kinderzahl von 2,0 auf 1,6 einherging. Diese Interaktion zwischen Timing und Quantum der Fertilität ist zum einen darauf zurückzuführen, dass Frauen, die später mit der Familiengründung anfangen, weniger Zeit – also geringere *Opportunitäten* – haben, bis zum Ende ihrer biologischen Reproduktionsfähigkeit eine höhere Kinderzahl zu realisieren. Gleichzeitig reflektiert sich in einer späteren Familiengründung aber auch eine geringere *Präferenz* dafür, viele Kinder zu haben.

Abbildung II-7: Kinderzahl pro 1.000 Frauen der Geburtsjahrgänge 1939, 1949, 1959, 1969 und 1979 bis zum jeweils erreichten Alter, Westdeutschland 2008

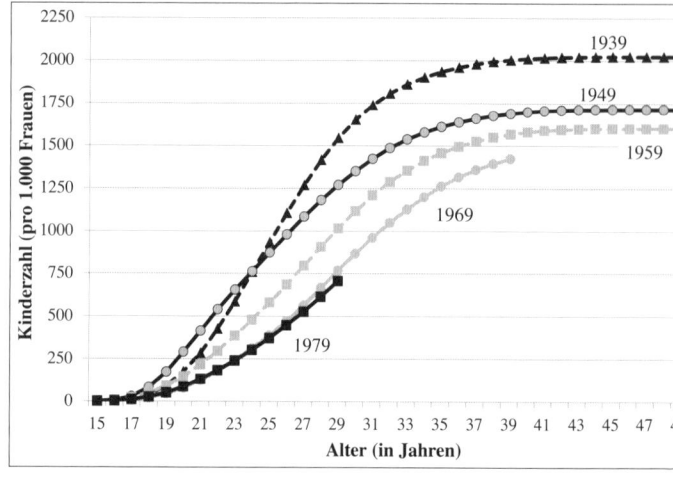

Quelle: Statistisches Bundesamt; eigene Darstellung

Der seit Langem zu beobachtende Aufschub der ersten Geburt (siehe Abbildung II-8) ist im Zusammenhang mit dem Aufschub der ersten Eheschließung zu sehen (vgl. Kapitel II.1.1) – und dieser Aufschub der Familiengründung (oder gar ein dauerhafter Verzicht auf eine feste Partnerschaft und Kinder) wird häufig darauf zurückgeführt, dass mehr Menschen länger im Bildungssystem verweilen (vgl. Kapitel III.1). Blossfeld und Huinink (1991) haben in diesem Zusam-

menhang festgestellt, dass Ausbildungs*dauer* und Ausbildungs*niveau*
eine jeweils eigenständige Bedeutung für die Familienbildung von
Frauen haben: Die Dauer der Bildungsbeteiligung wirkt dabei vor
allem über soziale Normen als Restriktion auf das Timing der Familiengründung, da diese erst nach Abschluss der Ausbildung erfolgen
sollte. Die Höhe des Bildungsabschlusses wirkt, wie weiter oben
bereits dargelegt wurde, über den Mechanismus der mit einer Elternschaft verbundenen Opportunitätskosten.

*Abbildung II-8: Durchschnittliches Alter verheirateter Mütter bei der Geburt des
ersten Kindes, Deutschland 1960-2015**

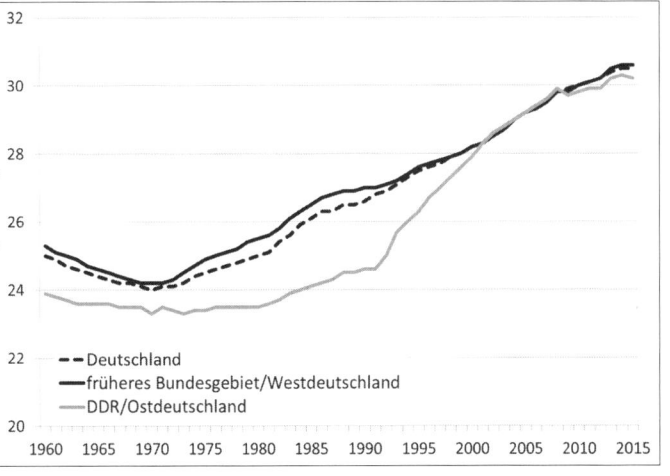

*Westdeutschland ab 1990 ohne Berlin

Quelle: bis 1989 Berechnungen des Europarats, ab 1990 Berechnungen des
Bundesinstituts für Bevölkerungsforschung; eigene Darstellung

Insgesamt zeigt sich anhand des komplexen Zusammenhangs zwischen Familiengründung und Bildung, wie stark verschiedene Dimensionen des individuellen Lebensverlaufs miteinander verknüpft,
d.h. *interdependent*, sind (vgl. Kapitel I.3.4). Denn Bildung wirkt
nicht nur auf Fertilitätsentscheidungen, sondern der Wunsch nach
einer Familie wirkt sich auch auf individuelle Bildungsinvestitionen
aus.

II.1.5 Warum noch Familie?

Dauerhaft niedrige Geburtenziffern, sinkende Heiratsziffern und eine zunehmende Instabilität von Partnerschaften: Vor diesem Hintergrund stellt sich vielen Menschen die Frage „Warum noch Familie?" (Huinink 1995), begleitet von der Sorge, dass familiäre Netzwerke zukünftig nur noch unzureichend, falls überhaupt, die ihnen zugeschriebenen Aufgaben erfüllen könnten. Doch was macht überhaupt eine Familie aus – und welche Funktionen hat sie?[2]

Folgt man einem traditionellen Verständnis von Familie, sind für diese folgende Merkmale konstituierend (Schneider 2008: 12): „Das Vorhandensein von zwei Generationen, zwei Geschlechtern, der Ehe, verwandtschaftlicher Beziehungen zwischen den Familienmitgliedern und einer Haushalts- und Wirtschaftsgemeinschaft." In der heutigen Lebenspraxis gibt es jedoch eine Vielzahl familialer Lebensformen, die diesem Familienbild nicht entsprechen (vgl. M. Wagner 2008). Daher schlägt z.b. Schneider (2008: 13; Hervorhebung im Original) vor, Familie als relativ dauerhafte „*exklusive Solidargemeinschaft*" zu begreifen.

Dieser breit gefasste Familienbegriff ist kompatibel mit der soziologischen Auffassung von Familie als „sozialem Sachverhalt mit Doppelcharakter" (René König) und soll anhand dessen näher erläutert werden. Familie wird dabei, erstens, aus einer *Makroperspektive* als *soziale Institution* bezeichnet, die durch die jeweiligen gesellschaftlichen Verhältnisse geprägt ist, und gesellschaftliche Leistungen zu erbringen hat. Welche Leistungen dies sind, hat sich im Zeitverlauf stark verändert. So wurden etwa mit der Industrialisierung zentrale Bildungsaufgaben und die Absicherung der Existenz weitgehend (aber nicht vollständig!) in wohlfahrtsstaatliche Institutionen ausgelagert, während die Aufgabe der Reproduktion und primären Sozialisation für die Familie bestehen blieb. Aus einer *Mikroperspektive* stellt die Familie, zweitens, einen elementaren *sozialen Interaktionsrahmen* für Individuen dar, der seinen exklusiven Charakter durch seine spezifische Rollenstruktur (Vater – Mutter – Kind) und die Solidarbeziehungen zwischen den Familienmitgliedern erhält.

Der Fortbestand der gesamtgesellschaftlichen und individuellen Funktion von Familie bis zum heutigen Tage scheint also darin be-

---

[2]   Umfassende Einführungen in die Familiensoziologie, in denen auch jene Aspekte von ‚Familie' diskutiert werden, die hier aus Platzgründen nicht berücksichtigt werden können, finden sich z.b. bei Huinink/Konietzka (2007) sowie Schneider (2008).

gründet zu sein, dass diese spezifische ‚Solidargemeinschaft' bei der Produktion bestimmter Leistungen Effizienzvorteile gegenüber anderen Organisationsformen (z.B. Wohlfahrtsstaaten) mit sich bringt. Leistungen innerhalb der Familie werden i.d.R. nicht in Erwartung einer unmittelbaren, womöglich rechtlich zertifizierten Gegenleistung erbracht. Sie werden vielmehr in Erwartung von zum Zeitpunkt der Leistungserbringung oft nicht spezifizierten, tendenziell langfristig erwartbaren Gegenleistungen erbracht, die durch (lebenslange) *Reziprozitätsnormen* – „Eltern haben ihre Kinder großgezogen und können im Alter erwarten, von diesen gepflegt zu werden!" – abgesichert werden (vgl. auch Kapitel III.2).

So wird mit relativ einfachen Mitteln ein relativ hohes Maß an Verlässlichkeit in den Solidarbeziehungen zwischen den Familienmitgliedern erzeugt. Der so positiv konnotierte Solidaritätsbegriff sollte aber nicht darüber hinwegtäuschen, dass gerade die besondere Enge familiärer Beziehungen auch spezifische Konfliktpotenziale in sich birgt: Freunde kann man sich aussuchen, die Eltern nicht! Entsprechend werden die Generationenbeziehungen innerhalb von Familien häufig auch als *ambivalent* bezeichnet, d.h. sie sind facettenreicher und komplexer, als die in der öffentlichen Diskussion dominierenden und stark polarisierenden Vorstellungen von der ‚Bilderbuchfamilie' einerseits oder dem ‚Verfall der Familie' andererseits suggerieren (vgl. Bengtson et al. 2002; Szydlik 2000). Unschwer können wir uns eine Situation vorstellen, in der ein Sohn seine kranke Mutter pflegt, obwohl es zwischen beiden auf Grund unterschiedlicher Lebenseinstellungen häufig zu Streitereien kommt, während die Mutter ihre Tochter finanziell unterstützt, die weit entfernt wohnt und deshalb, trotz großer emotionaler Nähe, die Pflege der Mutter nicht übernehmen kann.

Empirische Untersuchungen (vgl. Hank 2015) zeigen, dass trotz der historisch gewachsenen und bis heute fortdauernden Vielfalt von Familien in Europa zu Beginn des 21. Jahrhunderts überall auf dem Kontinent lebendige Beziehungen zwischen den Generationen bestehen. Im Allgemeinen leben Eltern und erwachsene Kinder in relativ großer räumlicher Nähe zueinander und haben häufig Kontakt miteinander, d.h. es besteht ein großes Unterstützungspotenzial, dass im Alltag auf vielfältige Weise – finanzielle und praktische Hilfe, Pflege und Enkelkinderbetreuung – auch tatsächlich genutzt wird. Trotz vielbeschworener ‚Krise der Familie' in Folge von Individualisierung und Globalisierung ist dies im heutigen Europa bei Weitem die Regel und nicht die Ausnahme.

*Die Familie überlebt den gesellschaftlichen Wandel, weil sie selbst
eine dynamische und anpassungsfähige Institution ist.* Der massive
Geburtenrückgang und die Auflösung der Einheit von Arbeitsplatz und
Haushalt im Zuge der Industrialisierung des späten 19. Jahrhunderts
haben zu einer dramatischen Veränderung, aber eben *nicht* zur Auflösung des Familienlebens geführt. Ebenso werden die demographischen, sozialen und wirtschaftlichen Entwicklungen des 21. Jahrhunderts für Familie und Gesellschaft nicht ohne Folgen bleiben – mit der
Konsequenz, dass die Bedeutung der Familie als exklusivem Raum
emotionaler Bedürfnisbefriedigung womöglich weiter zunehmen wird
(Huinink 1995). Anderen Aufgaben, wie der Versorgung einer wachsenden Zahl hilfs- oder pflegebedürftiger älterer Menschen in Folge
einer stetig steigenden Lebenserwartung (vgl. Kapitel II.2), werden
Familie und Wohlfahrtsstaat nur in gemeinsamer Verantwortung durch
Arbeitsteilung und Spezialisierung erfolgreich begegnen können.

II.1.6 Zusammenfassung

Die Prinzipien der Abwägung von ‚Kosten' und ‚Nutzen' sind auch
dann nicht außer Kraft gesetzt, wenn es um Fragen der Partnerschaft,
Fertilität oder Generationenbeziehungen in der Familie geht. So erweisen sich etwa partnerschaftliche und familiäre Beziehungen bei der
Produktion bestimmter Leistungen als besonders effizient, weil die
Leistungserbringung in Erwartung oft nicht spezifizierter, tendenziell
langfristig erwartbarer Gegenleistungen erfolgt, die durch Reziprozitätsnormen abgesichert werden. Wenn Menschen darüber entscheiden,
ob, wann und mit wem sie eine Partnerschaft eingehen und ggf. Kinder bekommen, tun sie dies unter gegebenen Rahmenbedingungen
(Restriktionen) sowie unter Berücksichtigung ihrer individuellen Ressourcenausstattung (und Präferenzen). Ebenso wie sich gesellschaftliche Rahmenbedingungen über die Zeit verändern, können sich individuelle Ressourcen im Lebensverlauf verändern. Diese Dynamiken
spiegeln sich z.B. in Veränderungen der zusammengefassten und altersspezifischen Geburtenziffern wider. So liegt in Deutschland die
total fertility rate bereits seit Anfang der 1970er Jahre unter dem heutigen Bestandserhaltungsniveau von 2,1 Kindern pro Frau und hat sich
seither – von kurzfristigen Schwankungen abgesehen – auf einem
Niveau zwischen 1,5 und 1,3 eingependelt. Auffällig ist die deutliche
Verschiebung von Geburten (und Eheschließungen) ins höhere Lebensalter, was häufig darauf zurückgeführt wird, dass mehr Menschen
länger im Bildungssystem verweilen.

II.2 Mortalität und Gesundheit

Sterben muss zwar jeder, doch das „Wann?" und das „Wie?" unterscheidet sich systematisch in Abhängigkeit sozial relevanter Merkmale. Dass etwa in James Camerons Spielfilm „Titanic" Rose als Passagierin der ersten Klasse gerettet wird, während Jack als Passagier der dritten Klasse ertrinkt, entspricht durchaus den in den Statistiken des Unglücks dokumentierten faktischen Überlebenschancen der Schiffbrüchigen und spiegelt – wie Andreas Diekmann (2012) gezeigt hat – einen gemeinsamen Effekt von sozialer Klasse und Geschlecht wider.

In heutigen ‚westlichen' Gesellschaften werden die meisten Menschen jedoch – anders als Jack – nicht plötzlich und unerwartet in jungen Jahren aus dem Leben gerissen, sondern sterben nach einem im Durchschnitt immer länger währenden Leben (z.B. Oeppen/Vaupel 2002) eines sogenannten natürlichen Todes, häufig in Folge von Herz-Kreislauf- oder Krebserkrankungen. Wenn wir uns also im vorliegenden Kapitel mit *Mortalität* als einem demographischen Kernprozess befassen, erscheint es sinnvoll, dass wir uns auch mit den sozialen Determinanten der *Gesundheit* beschäftigen: denn, erstens, sind gesundheitsrelevante Verhaltensweisen sowie das Auftreten und die Verbreitung von Krankheiten eng mit der Sterblichkeit verknüpft und, zweitens, weisen die sozialstrukturellen Muster von Gesundheit und Mortalität sowie die diesen zugrundeliegenden sozialen Mechanismen große Ähnlichkeiten auf (vgl. Kapitel II.2.1).

Wenn wir im Folgenden von Gesundheit sprechen, orientieren wir uns an der von der Weltgesundheitsorganisation (WHO) vorgeschlagenen Definition: „Health is a state of complete physical, mental and social well-being and not merely the absence of disease or infirmity." In ihr wird deutlich, dass Gesundheit neben einer bio-medizinischen auch eine soziale Komponente hat und dass es *die* Gesundheit eben nicht gibt. Dies zu begreifen ist wichtig, wenn wir uns im weiteren Verlauf dieses Kapitels gesundheitliche Veränderungen im Zeitverlauf und auf der Populationsebene ansehen werden (vgl. Kapitel II.2.2), oder wenn es darum geht zu verstehen, warum Frauen zwar im Durchschnitt kränker sind als Männer, aber dennoch eine höhere Lebenserwartung aufweisen (vgl. Kapitel II.2.3).

Bei der Beschäftigung mit Fragen zur Mortalität und Gesundheit spielen individuelle *Ressourcen* und gesellschaftliche *Restriktionen* eine zentrale Rolle (vgl. hierzu etwa die Überblicksartikel von Jungbauer-Gans, 2006, zur Gesundheit bzw. Cutler et al., 2006, zur Mortalität). Anders als bei der Entscheidung für oder gegen ein Kind (vgl. Kapitel II.1) entscheidet man sich zwar in der Regel nicht für oder gegen den Tod, aber dennoch bietet sich auch hier eine akteurszentrierte, d.h. auf das Handeln der Individuen fokussierte Perspektive an: Ob jemand ärztliche Leistungen in Anspruch nimmt bzw. Zugang dazu hat, hängt wesentlich von der Ressourcenausstattung (z.B. Einkommen) des Individuums und von gegebenen Restriktionen (z.B. ob es in der Region ein Krankenhaus gibt) ab. Darüber hinaus ist es wichtig, wieder den *Lebensverlauf* mit in den Blick zu nehmen (vgl. Kapitel II.2.4): Zum einen konnten nämlich eine Reihe von Studien zeigen, dass bereits die Lebensbedingungen in der Kindheit einen nachhaltigen Einfluss auf Gesundheits- und Mortalitätsrisiken bis ins hohe Alter ausüben (z.B. Brandt et al. 2012); zum anderen stellt sich die Frage, inwieweit durch soziale Einflussfaktoren determinierte gesundheitliche Ungleichheiten im Lebensverlauf kumulieren, oder aber im Alter abnehmen (z.B. Schöllgen et al. 2010). Angesichts der massiven Alterung der Bevölkerung in Deutschland und anderen demographisch fortgeschrittenen Gesellschaften gewinnt dieser Aspekt, wie auch die Frage nach den Folgen der Bevölkerungsalterung für die Gesundheit insgesamt (Stichwort: Demenz), zunehmend an Bedeutung (vgl. Kapitel II.2.5).

II.2.1 Soziale Mechanismen und Determinanten von Gesundheit und Lebenserwartung

Es ist ein nahezu universeller Befund, dass Frauen in der Regel deutlich älter werden als Männer. Angesicht der offensichtlichen biologischen Unterschiede zwischen den Geschlechtern könnte man annehmen, dass Frauen einen biologisch bedingten Überlebensvorteil (z.B. in Folge ihres zweiten X-Chromosoms) aufweisen. Dies ist auch tatsächlich der Fall – doch lassen sich nur ein bis zwei Jahre der heute in Deutschland etwa um fünf Jahre höheren Lebenserwartung von Frauen durch biologische Einflussfaktoren erklären (vgl. hierzu ausführlich Luy 2002). Zweidrittel des Geschlechterunterschiedes bei der Mortalität können also auf soziale Einflüsse bzw. den Lebensstil (z.B. das Rauch- und anderes Risikoverhalten) zurückgeführt werden.

Die Bedeutung sozialer Faktoren erscheint bei der Betrachtung *gesundheitlicher* Ungleichheiten zwischen Männern und Frauen als mindestens genauso groß. So stellen Read und Gorman (2010: 375) fest, dass for women their biological advantage and generally more positive behavioral profile result in a longer life expectancy than men, but their disadvantaged economic status and elevated exposure to social stressors increase their likelihood of experiencing acute and chronic nonfatal illnesses that elevate their morbidity levels in relation to men.[3]

Wenn wir also Unterschiede im Gesundheitszustand von Frauen und Männern beobachten, reflektieren diese nicht in erster Linie biologische (*sex*) sondern soziale (*gender*) Geschlechterunterschiede, die daraus resultieren, dass sich die Verhaltenserwartungen an und die Lebensumstände von Männern und Frauen unterscheiden.

Doch welches Verhalten bzw. welche Lebensumstände fördern gesundheitliches Wohlbefinden und ein langes Leben? Viel Sport, keine Zigaretten, frisches Gemüse und regelmäßige ärztliche Kontrolluntersuchungen scheinen naheliegende Antworten zu sein – es zeigt sich allerdings, dass gesundheitsrelevante Verhaltensweisen häufig den gleichen sozialstrukturellen Mustern folgen, die wir auch für gesundheitliche Outcomes (einschließlich Mortalität) beobachten können: wer über mehr *Ressourcen* – Einkommen, Bildung, soziale Netzwerke – verfügt, verhält sich gesünder und ist auch gesünder als andere. Damit trifft das Sprichwort „Lieber arm und gesund, als reich und krank." selten die Realität, denn tatsächlich gehen sozio-ökonomische und gesundheitliche Ungleichheiten oft miteinander einher, sodass sich arme Kranke und gesunde Reiche gegenüberstehen.

Der positive Zusammenhang zwischen sozio-ökonomischem Status und Gesundheit oder Lebenserwartung – der sich selbst in Wohlfahrtsstaaten mit gut funktionierendem öffentlichen Gesundheitswesen nachweisen lässt – kann auf ganz verschiedene spezifische Determinanten und teilweise voneinander unabhängige Mechanismen zurückgeführt werden: Mit mehr Geld kann ich mir bessere Medikamente oder Ärzte leisten; mit einer höheren Bildung weiß ich besser über Gesundheitsrisiken Bescheid; ein besserer Job geht mit geringeren beruflich bedingten Gesundheitsbelastungen einher; und wenn ich Freunde oder Familie habe, geben diese auf mich und meine Gesundheit acht.

---

[3] Das scheinbare Paradox, dass Frauen im Durchschnitt zwar kränker sind als Männer, diese aber oft überleben (‚men die quicker, women die sicker'), ist darauf zurückzuführen, dass Männer, wenn sie krank werden, eher lebensbedrohlich erkranken und entsprechend schnell sterben, während Frauen häufig lange unter einer nicht-lebensbedrohlichen Krankheit leidend weiterleben.

Grundsätzlich ist allerdings auch die umgekehrte Kausalbeziehung denkbar, d.h. es sind nicht die (sozio-ökonomischen) Ressourcen, die sich positiv auf meinen Gesundheitszustand auswirken, sondern ich verfüge überhaupt nur über bestimmte Ressourcen, weil ich gesund und daher so leistungsfähig und attraktiv bin, dass ich z.B. auf dem Arbeits- oder Partnermarkt erfolgreich sein kann. Ein solcher sozialer Selektionseffekt scheint zwar tatsächlich vorhanden zu sein; er ist aber mit Sicherheit nicht ausreichend, um den beobachteten Zusammenhang zwischen sozio-ökonomischem Status und Gesundheit bzw. Mortalität zu erklären. Dieser zeigt sich nicht nur, wenn man Obdachlose und Millionäre direkt miteinander vergleicht, sondern er zeigt sich als kontinuierlicher Gradient, etwa beim Vergleich von Menschen in unterschiedlichen Einkommensgruppen oder mit unterschiedlichen Bildungsabschlüssen (z.B. Jürges/Hank 2008): So schätzen in Deutschland nur 38 Prozent der Menschen mit einem niedrigen Bildungsabschluss ihren Gesundheitszustand als gut oder besser ein, während dies für 47 Prozent derjenigen mit mittlerer Bildung und sogar für 53 Prozent der Personen mit den höchsten Abschlüssen gilt (eigene Berechnungen auf Basis des SOEP 2010).

Wie kommt es aber, dass die Mittelschicht in wohlhabenden Industrienationen, deren Einkommen nicht nur für eine gesunde Ernährung, sondern sogar für den Abschluss einer privaten (Zusatz-)Krankenversicherung ausreicht und die hinreichend gebildet ist, um die Warnhinweise auf Zigarettenschachteln zu verstehen, zwar im Vergleich zur Unterschicht gesünder ist und länger lebt, aber gegenüber der Oberschicht diesbezüglich benachteiligt ist? Neben möglichen Unterschieden bei der Übertragung vorhandener Ressourcen in Gesundheitsverhalten liefert das Konzept der *relativen Deprivation* eine wichtige Antwort auf diese Frage. Wenn das absolute Wohlstandsniveau (individuell und gesellschaftlich) ausreichend hoch ist, um ein gesundes Überleben zu sichern (d.h. der Zugang zu Lebensmitteln, Medikamenten, Ärzten ist gewährleistet), gewinnt die relative Position des Individuums in der Einkommensverteilung an Bedeutung. Menschen vergleichen ihre eigene Lage nämlich typischerweise nicht mit Menschen in fernen (Entwicklungs-)Ländern, sondern mit der ihres Nachbarn. Schneidet man selbst bei einem solchen Vergleich schlecht ab, führt dies zu psychosozialem Stress: Man fühlt sich benachteiligt, hat Angst vor sozialem Abstieg, wird herablassend behandelt. All dies hat potenziell weitreichende Folgen für die eigene psychische und physische Gesundheit (z.B. Herz-Kreislauferkrankungen) bis hin zur Mortalität. Entsprechend dokumentiert eine Fülle von empirischen Untersuchungen einen signifikant negativen Zusammenhang zwischen dem Ausmaß von Einkommensungleichheit in einer Region und dem gesundheitlichem Wohlbefinden (vgl. Wilkinson/Pickett 2006). So lässt sich u.a. erklären, warum relativ arme Menschen, die in einem relativ wohlhabenden Stadtviertel leben, nicht unbedingt von den dort herrschenden besseren Lebensbedingungen (gute Infrastruktur, wenig Kriminalität, saubere Luft) profitieren, sondern möglicherweise sogar gesundheitlich schlechter gestellt sind als Menschen, die über das gleiche absolute Einkommen verfügen und in einem ärmeren Stadtteil wohnen.

Auch darüber hinaus sehen sich Individuen jedoch – unabhängig von ihrer persönlichen Ressourcenausstattung – in den für sie relevanten sozialen Kontexten *Restriktionen* ausgesetzt, die sich auf ihre Gesundheits- oder Überlebenschancen auswirken können. Dabei ist es sinnvoll, *erstens*, zwischen der sozialen Umwelt (z.B. Kriminalität), der physischen Umwelt (z.B. Abgase) und der Infrastruktur (z.B. Krankenhäuser) zu unterscheiden. *Zweitens* stellt sich die Frage, welcher soziale Kontext im Hinblick auf welche Restriktionen bzw. Risikofaktoren (besonders) relevant ist: Bei der Einkommensungleichheit – wo der direkte soziale Vergleich im Vordergrund steht – sind kleinräumige Kontexte mutmaßlich bedeutsamer als die nationalstaatliche Ebene, auf der dafür aber wichtige Rahmenbedingungen für das Gesundheitssystem (z.B. die gesetzliche Krankenversicherung) gesetzt werden. Und schließlich muss, *drittens*, sichergestellt werden, dass tatsächlich Restriktionen, d.h. Kontexteffekte, für einen beobachteten Zusammenhang verantwortlich sind. Wenn z.B. in einem Stadtteil mit geringer Ärztedichte eine niedrige Lebenserwartung festgestellt wird, muss das nicht unbedingt auf eine schlechte gesundheitliche Versorgung der Bevölkerung zurückzuführen sein, sondern kann auch etwas mit der Bevölkerungszusammensetzung und den individuellen Merkmalen (Ressourcen) der dort überwiegend lebenden Menschen zu tun haben. Die geringe Ärztedichte wäre in diesem Fall nur eine *Folge* der Sozialstruktur des Stadtteils: zu viele arme Menschen machen es unattraktiv, dort eine Praxis anzusiedeln. Technisch gesprochen würde der Zusammenhang zwischen den beiden Aggregatvariablen ,Lebenserwartung' und ,Ärztedichte' dann nur auf einer Scheinkorrelation beruhen, deren inhaltliche Interpretation zu einem sogenannten *ökologischen Fehlschluss* führen würde (vgl. hierzu etwa die klassische Studie von Robinson 1950).

II.2.2 Gesundheit und gesellschaftlicher Wandel – Das Modell des epidemiologischen Übergangs

Abhängig vom jeweiligen Stand der demographischen oder wirtschaftlichen Entwicklung eines Landes können sich sehr unterschiedliche für eine Bevölkerung typische Krankheiten (und daraus folgende Haupttodesursachen) ergeben. In Anlehnung an das Modell des demographischen Übergangs – das die historische Entwicklung von einer Gesellschaft mit hohen Fertilitäts- und Sterbeziffern (d.h. hohem ‚Bevölkerungsumsatz') zu einer Bevölkerung mit niedrigen Fertilitäts- und Sterbeziffern beschreibt – bezeichnet der *epidemiologische Übergang* (z.B. Gaziano 2010) eine sich in mehreren Phasen vollziehende Entwicklung, bei der Infektionskrankheiten und Epidemien (z.B. die Pest) zurückgedrängt werden und degenerative bzw. durch einen ‚modernen' Lebensstil hervorgerufene Krankheiten an Bedeutung gewinnen. In Deutschland sind etwa die Hälfte der heutigen Sterbefälle auf Krankheiten des Herz-Kreislaufsystems (Herzinfarkte, Schlaganfälle) und weitere rund 20 Prozent auf Krebserkrankungen zurückzuführen (Luy 2004).

In den vergangenen Jahrzehnten konnten allerdings durch medizinischen Fortschritt und Präventionsmaßnahmen vor allem in Industriegesellschaften insofern einige Fortschritte – und damit eine neue Phase im Modell des epidemiologischen Übergangs – erreicht werden, als viele degenerative Krankheiten heute erst später ausbrechen als in der Vergangenheit und die Menschen seltener bzw. nicht mehr so schnell daran sterben. Doch die im Modell beschriebenen Entwicklungen haben sich, erstens, (noch) nicht in allen Ländern der Welt vollzogen und sind, zweitens, nicht irreversibel. Dass Rückschritte möglich sind, zeigt sich etwa dann, wenn neue Epidemien wie AIDS entstehen oder bereits besiegt geglaubte Infektionskrankheiten (z.B. TBC) wiederaufleben, wie es z.B. in Teilen Russlands in Folge des Zusammenbruchs der Sowjetunion beobachtet werden konnte.

Darüber hinaus gibt es Anzeichen dafür, dass die am weitesten fortgeschritten Gesellschaften in eine neue Phase des epidemiologischen Übergangs eintreten könnten: das sogenannte „Age of Obesity & Inactivity" (vgl. Gaziano 2010), in dem falsche Ernährung und mangelnde Bewegung in größeren Teilen der Bevölkerung zu starkem Übergewicht und entsprechenden gesundheitlichen Problemen führen. Auch hier zeigen sich nach wie vor in hohem Maße soziale Ungleichheiten, denn Fettleibigkeit gilt insbesondere als ‚Unterschichtenphänomen' und ist inzwischen auch selbst zu einer Determinante sozialer Ungleichheit geworden, indem es z.B. mit systematischen Benachteiligungen beim Zugang zu Beschäftigung einhergeht (vgl. Lindeboom et al. 2010).

Eine differenzierte Betrachtung der gesundheitlichen Entwicklung in einer Bevölkerung sollte sich aber nicht auf eine besonders typische Gruppe von Krankheiten beschränken, sondern sollte der Mehrdimensionalität von Gesundheit soweit wie möglich gerecht werden. Entsprechend unterscheidet Crimmins (2004) z.B. zwischen (a) Risikofaktoren, (b) Krankheiten, (c) Funktionsverlusten, (d) Behinderungen und (e) Tod. Beobachtet man etwa Veränderungen über die Zeit, ist es durchaus möglich, dass sich keine eindeutig positive oder negative Entwicklung *der* Gesundheit erkennen lässt, sondern dass positiven Veränderungen in der einen Dimension (z.B. Mortalität) eine negative Entwicklung auf einer anderen Dimension (z.B. Behinderung) gegenübersteht. So können etwa typische Alterserkrankungen wie Demenz erst dann zu einem quantitativ bedeutsamen Phänomen werden, wenn die Lebenserwartung in einer Bevölkerung ein bestimmtes Niveau erreicht hat (vgl. hierzu ausführlicher Kapitel II.2.5). Verschlechtert sich also die Gesundheit der Bevölkerung eines Landes, wenn der Anteil der Demenz- oder Krebskranken wächst – die Lebenserwartung aber gleichzeitig steigt (möglicherweise auch deshalb, weil durch neue Therapien ein längeres Überleben mit Krebs möglich geworden ist)? Oder wie steht ein Land da, in dem zwar der Bevölkerungsanteil mit Herz-Kreislauferkrankungen überdurchschnittlich hoch ist, die Krankheit im internationalen Vergleich aber nur unterdurchschnittlich häufig zu Funktionsverlusten oder Behinderungen führt (möglicherweise weil das Gesundheitssystem zwar Defizite bei der Prävention aufweist, nach Auftreten der Erkrankung aber sehr effektiv arbeitet)? Offensichtlich sind diese Fragen nicht frei von möglichen Zielkonflikten („adding years to life" vs. „adding life to years") und alles andere als einfach bzw. eindeutig zu beantworten – auch deshalb, weil die gesellschaftliche *Bewertung* unterschiedlicher Dimensionen von Gesundheit nicht immer gleich ausfallen muss.

II.2.3 Entwicklung der Lebenserwartung in Deutschland

Seit mindestens 200 Jahren steigt die jeweils höchste in einer Bevölkerung beobachtete durchschnittliche Lebenserwartung so kontinuierlich an, dass eine Lebenserwartung von 100 Jahren als erreichbar gilt und einige Autoren inzwischen sogar von „broken limits to life expectancy" sprechen (vgl. Oeppen/Vaupel 2002). Bis zur Mitte des 18. Jahrhunderts hatte es diesbezüglich in der Menschheitsgeschichte praktisch keinerlei Veränderungen gegeben. Warum die bis heute fortdauernde positive Entwicklung ausgerechnet ab ca. 1750 einsetzte, kann noch immer nicht sicher gesagt werden, obwohl es plausibel erscheint, dass eine im Allgemeinen positive wirtschaftliche Entwicklung und damit einhergehend eine bessere Ernährungslage einen wichtigen Anteil daran haben. Im Laufe der Zeit, insbesondere seit den späteren Dekaden des 19. Jahrhunderts, gewannen öffentliche Maßnahmen zur Verbesserung der Gesundheit an Bedeutung. In diesem Zusammenhang seien vor allem verbesserte Wohnbedingungen (einschließlich der Bereitstellung von sauberem Wasser) und Arbeitsbedingungen (einschließlich der Etablierung staatlicher Sozialversicherungssysteme) genannt. Seit den 1930er Jahren spielt schließlich vor allem der medizinische Fortschritt – Impfungen, Antibiotika, etc. – eine große Rolle bei der weiteren Verbesserung der Lebenserwartung (vgl. hierzu ausführlicher Cutler et al. 2006).

Abbildung II-9: Entwicklung der Lebenserwartung Neugeborener (nach Geschlecht) in Deutschland (auf Basis der Sterbetafeln 1871/1881-2013/2015

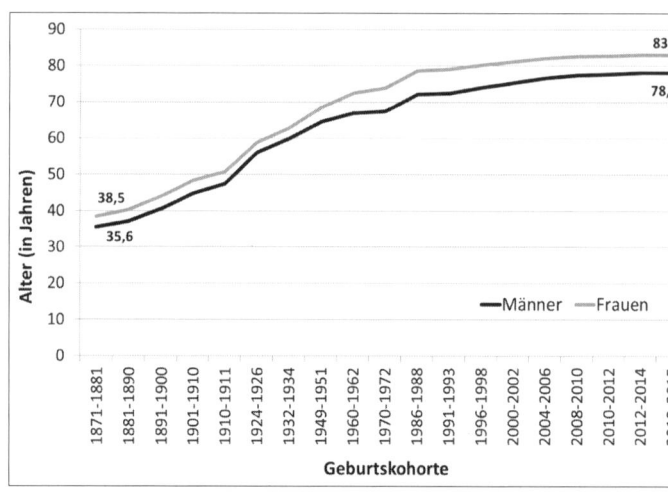

Quelle: Statistisches Bundesamt; eigene Darstellung

Die hier skizzierte allgemeine Entwicklung spiegelt sich auch in der Entwicklung der Lebenserwartung bei Geburt in Deutschland wider (vgl. Abbildung II-9). Wenn wir allerdings für die Jahrgänge 1871/1881 eine durchschnittliche Lebenserwartung von unter 40 Jahren verzeichnen, heißt das nicht, dass es seinerzeit keine alten Menschen gegeben hätte. Es ist die damals noch sehr hohe Säuglings- und Kindersterblichkeit, die sich stark negativ auf den Durchschnittswert der Lebenserwartung *bei Geburt* (e_0) auswirkt. Stellen wir dieser jedoch die *fernere* Lebenserwartung 60-Jähriger (e_{60}) gegenüber zeigt sich, dass Menschen, die bis dahin alle – im wahrsten Sinne des Wortes – Kinderkrankheiten und weiteren Lebensrisiken erfolgreich überstanden hatten, im Kaiserreich durchschnittlich noch etwa zwölf weitere Jahre zu leben hatten (vgl. Abbildung II-10).

Abbildung II-10: Entwicklung der Lebenserwartung 60-Jähriger (nach Geschlecht) in Deutschland (auf Basis der Sterbetafeln 1871/1881-2013/2015)

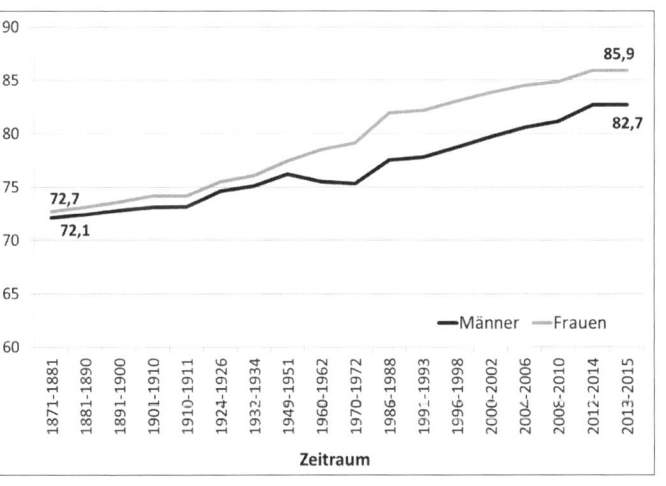

Quelle: Statistisches Bundesamt; eigene Darstellung

Vor allem der deutliche Rückgang der Säuglings- und Kindersterblichkeit hat dazu geführt, dass sich e_0 und e_{60} oder e_{65} in Deutschland heute nur noch relativ geringfügig voneinander unterscheiden. Während zwischen 1871/1881 und 2008/2010 e_0 um ca. 40 Jahre stieg, konnte bei e_{65} ein Fortschritt von etwa zehn Jahren erzielt werden.

Angesichts der inzwischen extrem niedrigen Sterblichkeit in jungen Jahren – das Niveau der Säuglingssterblichkeit des Jahres 1950 konnte bis heute um über 90 Prozent reduziert werden! – sind Fortschritte in der jüngeren Vergangenheit und Zukunft allerdings ausschließlich auf Erfolge bei der Reduktion von Mortalitätsrisiken im höheren Lebensalter zurückzuführen (bei den über 90-Jährigen beträgt die Sterblichkeit heute etwa 60 bis 70 Prozent der Mortalität des Jahres 1950; vgl. Luy 2004). Entsprechend zeigt sich auch eine deutliche Veränderung der *Altersstruktur der Gestorbenen*: Während zu Beginn des 20. Jahrhunderts noch fast die Hälfte aller weiblichen Gestorbenen höchsten zehn Jahre alt waren, lag Anfang des 21. Jahrhunderts der Anteil der mindestens 80-Jährigen an allen gestorbenen Frauen in Deutschland bei etwa Zweidrittel.

Abbildung II-11: Differenzen der Lebenserwartung bei Geburt in Ost- und Westdeutschland, 1960-2015*

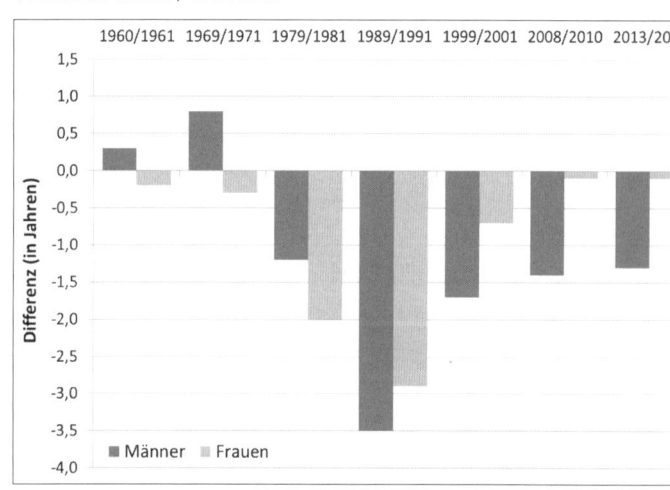

*Bei Balken im negativen Bereich haben Westdeutsche einen Überlebensvorteil gegenüber Ostdeutschen; bei Balken im positiven Bereich haben Ostdeutsche einen Überlebensvorteil gegenüber Westdeutschen.

Quelle: Statistisches Bundesamt; eigene Darstellung

Neben dem in allen Kennzahlen deutlich werdenden Überlebensvorteil von Frauen, der allerdings in Folge einer Angleichung der Lebensumstände bzw. Lebensweise (z.B. Erwerbsbeteiligung, Rauch-

verhalten) beider Geschlechter derzeit abnimmt (vgl. auch Kapitel
II.2.1), lässt sich für den Zeitraum seit Mitte der 1970er Jahre eine
zunächst wachsende, nach der Wiedervereinigung aber wieder relativ
rasch abnehmende Differenz in der Lebenserwartung Ost- und Westdeutscher beobachten (vgl. Abbildung II-11; hierzu ausführlich: Luy
2004). Die Ursachen insbesondere der wieder abnehmenden Übersterblichkeit in Ostdeutschland scheinen vielfältig zu sein und sind
daher im Einzelnen nur schwer eindeutig identifizierbar bzw. in ihrer
Bedeutung quantifizierbar. Diehl (2008) kommt aber auf Basis verschiedener Untersuchungen zu dem Schluss, dass vor allem Verbesserungen im Gesundheitssystem (insbesondere die Verfügbarkeit
westlicher High-Tech-Medizin) und den neuen ökonomischen Rahmenbedingungen eine wichtige Rolle zukommt. Darüber hinaus stellen aber auch Veränderungen im Lebensstil (z.B. Ernährung) sowie
eine Verminderung von psychosozialem Stress relevante lebensver-
längernde Einflussfaktoren dar.

Angesichts der positiven Entwicklung in Ostdeutschland darf aber
nicht vergessen werden, dass wirtschaftlicher und gesellschaftlicher
Wandel auch zu einem Rückgang der Lebenserwartung führen kann,
wie die sogenannte „Mortalitätskrise" in der ehemaligen Sowjetunion nach deren Zusammenbruch eindrücklich gezeigt hat.

II.2.4 Altersspezifische Betrachtung von Gesundheit und Mortalität

Im vorangegangenen Kapitel II.2.3 haben wir gesehen, dass nicht alle
Altersgruppen gleichermaßen zum Anstieg der Lebenserwartung in
Deutschland im Verlauf des 20. Jahrhunderts beigetragen haben. Dies
ist auch ein Hinweis darauf, dass Mortalitätsrisiken im Lebensverlauf
nicht gleichverteilt sind, sondern dass es hier erhebliche Schwankungen gibt – und dass die Wahrscheinlichkeit zu sterben nicht kontinuierlich mit dem Alter ansteigt. Betrachtet man *altersspezifische Sterbewahrscheinlichkeiten* (also die Zahl der Gestorbenen im Alter x
geteilt durch die Ausgangsbevölkerung im Alter x; vgl. beispielhaft
Abbildung II-12) zeigt sich, dass auf eine relativ hohe Säuglingsster-
lichkeit (deren absolute Bedeutung allerdings stark abgenommen hat)
ein heute fast bei null liegendes Niveau im Kindes- und jungen Erwachsenenalter folgt (das geringste Mortalitätsrisiko findet sich typischerweise in der Gruppe der acht bis 12-Jährigen). Bereits ab
Anfang 30 steigt die Sterbewahrscheinlichkeit jedoch – ausgehend
von einem sehr niedrigen Niveau – bis ungefähr zum Alter 80 nahe-

zu exponentiell an: Das Mortalitätsrisiko verdoppelt sich hier etwa alle acht Jahre. Der Anstieg der Sterbeziffern hat sich im Zeitverlauf allerdings in höhere Altersgruppen verschoben und abgeflacht, d.h. die altersspezifische Sterbewahrscheinlichkeit heute 85-jähriger Männer in Deutschland entspricht in etwa jener von 75-Jährigen in der Sterbetafel 1932/34.

Abbildung II-12: Altersspezifische Sterbewahrscheinlichkeiten von Männern verschiedener Geburtskohorten, Deutschland 1871-2010*

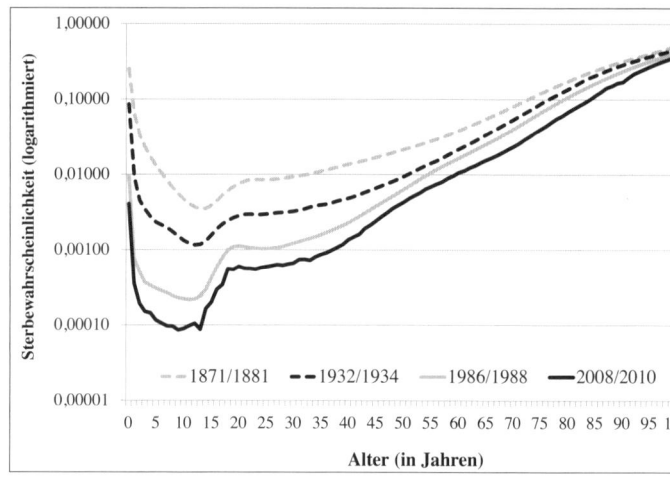

*Um die Unterschiede der Sterblichkeitsentwicklung speziell in den jungen und mittleren Altersgruppen sichtbar zu machen, wurden die Sterbewahrscheinlichkeiten in der Abbildung logarithmiert.

Quelle: Statistisches Bundesamt; eigene Darstellung

Interessant ist, dass sich jenseits des 80. Lebensjahres, d.h. in der Gruppe der *Hochaltrigen* (englisch: *oldest-old*), der weitere Anstieg der Sterbewahrscheinlichkeit verlangsamt und ab einem Alter von etwa 110 Jahren auf einem Plateau von 50 Prozent pro Jahr einpendelt (vgl. Maier et al. 2011), was mutmaßlich darauf zurückzuführen ist, dass Menschen, die 80 oder älter werden, eine für die Langlebigkeit *biologisch* besonders gut ausgestattete und damit hochselektive Population bilden. Dies zeigt sich auch darin, dass sich für jüngere Altersgruppen typische Mortalitätsunterschiede zwischen Gruppen mit

unterschiedlichem sozio-ökonomischen Status bei Hochbetagten
kaum oder gar nicht mehr feststellen lassen: Wer trotz Armut – und
einem dadurch bedingten höheren Sterberisiko in jüngeren Jahren –
älter als 80 wird, muss mindestens so fit sein, wie sein wohlhabender
Altersgenosse. In Folge des allgemeinen Anstiegs der Lebenserwartung scheint sich der hier skizzierte Selektionsprozess in spätere Le-
bensphasen zu verschieben, was dazu führt, dass heute in relativ alten
Bevölkerungssegmenten tendenziell zunehmende Ungleichheiten
hinsichtlich Gesundheit und Mortalität entlang sozio-ökonomischer
Merkmale beobachtet werden können.

Argumente, die auf die Rolle von Selektionsprozessen und biologischen Faktoren bei einer möglichen Reduktion des sozio-ökonomischen Gradienten der Gesundheit im höheren Lebensalter abzielen,
können durch ein institutionenbezogenes Argument ergänzt werden.
Im Rentenalter werden nämlich erwerbsbedingte soziale Ungleichheiten reduziert (z.B. durch die Beitragsbemessungsgrenze im deutschen Rentensystem), woraus die Erwartung einer entsprechenden
Verminderung gesundheitlicher Ungleichheiten abgeleitet werden
kann. Diesen verschiedenen Aspekten der sogenannten *age-as-level-
ler*-Hypothese stehen jedoch zwei konkurrierende Hypothesen gegenüber, die eine Kumulation oder zumindest eine Kontinuität von
Benachteiligungen über den gesamten Lebensverlauf postulieren. Bei
einer empirischen Überprüfung dieser Hypothesen ergeben sich unterschiedliche Befunde, je nachdem, welche Indikatoren des sozio-
ökonomischen Status' bzw. der Gesundheit herangezogen werden –
insgesamt zeigt sich jedoch sehr deutlich, dass gesundheitliche
Ungleichheiten zumindest bis zum Erreichen der Hochaltrigkeit bestehen bleiben (z.B. Schöllgen et al. 2010). Kontinuität findet sich
auch insofern, als nachgewiesen werden konnte, dass die Lebensbedingungen in der Kindheit – z.B. der sozio-ökonomische Status der
Eltern – die Gesundheit unabhängig von der individuellen Ressourcenausstattung im Erwachsenenalter bis ins hohe Alter beeinflussen
(z.B. Brandt et al. 2012).

II.2.5 Bevölkerungsalterung und Gesundheit

Jenseits der Frage, wie sich soziale Ungleichheiten in Gesundheit und
Mortalität im Lebensverlauf bzw. im Alternsprozess verändern (Kapitel II.2.4), stellt sich auch die mindestens ebenso bedeutsame Frage
nach den Herausforderungen einer älter werdenden Bevölkerung für
die gesundheitliche Entwicklung in einer Gesellschaft. Viele Krank-

heiten oder Behinderungen werden erst in relativ ‚alten' Populationen quantitativ bedeutsam (z.b. Demenz) und obwohl viele Krankheiten oder Behinderungen heute erst später als in der Vergangenheit auftreten, ist es schwer zu beurteilen, inwieweit die durch die gestiegene Lebenserwartung gewonnenen Jahre tatsächlich auch ein Mehr an gesunden Lebensjahren bedeuten oder ob wir nicht insgesamt mehr Jahre vor dem Tod in Krankheit verbringen. Die beiden Extrempositionen, die sich hier gegenüberstehen, werden als „compression of morbidity" und „failure of success" bezeichnet. Während Vertreter der Kompressionshypothese von der optimistischen Annahme ausgehen, dass sich chronische Erkrankungen und Behinderungen zunehmend auf eine kürzer werdende Phase vor dem Lebensende konzentrieren, zeichnen Verfechter der Gegenhypothese ein entsprechend pessimistisches Zukunftsszenario, in dem die „broken limits to life expectancy" nicht mehr als ein Pyrrhussieg wären (vgl. Crimmins 2004).

Bei einer empirischen Überprüfung dieser Hypothesen kommt es wieder sehr darauf an, welche Dimension von Gesundheit betrachtet wird. Insgesamt scheint es aber Anlass zu vorsichtigem Optimismus zu geben: Nicht nur die Lebenserwartung an sich, sondern auch die gesunde bzw. behinderungsfreie Lebenserwartung steigt an. Dies zeigt sich etwa daran, dass das Risiko pflegebedürftig zu werden in Deutschland im Zeitverlauf gesunken ist bzw. sich in ein höheres Lebensalter verlagert hat (vgl. Ziegler/Doblhammer 2008). Weil es zukünftig mehr Menschen in einem Alter mit hohem Pflegerisiko geben wird, steigt die absolute Zahl der Pflegebedürftigen zwar auch weiter an, aber nicht in dem Maße, wie es bei einer einfachen Fortschreibung früherer Trends der Fall gewesen wäre. Entsprechend erscheint es als wenig sinnvoll, die ‚Belastung' der jüngeren durch die ältere Generation mechanistisch rein auf Basis der Entwicklung der Altersstruktur einer Gesellschaft zu berechnen bzw. für die Zukunft fortzuschreiben.

Dies geschieht aber, wenn man den sogenannten *Altenquotienten* betrachtet, der sich ergibt, wenn man den Bevölkerungsanteil der 65 Jahre oder älter ist zu den 15- bzw. 20- bis 64-Jährigen in Beziehung setzt. In der englischen Bezeichnung des Altenquotienten – *old age dependency ratio* (OADR) – wird die Annahme deutlich, dass Menschen jenseits des 65. Lebensjahres nicht mehr in der Lage seien, einen eigenen produktiven Beitrag zur Gesellschaft zu leisten und stattdessen von dieser – finanziell, als Pflegefall, etc. – abhängig seien. Diese Annahme erscheint aber in heutigen (Industrie-)Gesellschaften vor dem Hintergrund der im vorliegenden Kapitel beschriebenen Entwicklungen als nicht mehr realistisch. Daher wurden von Scherbov und Sanderson (2010) zwei alternative Maßzahlen vorgeschlagen, bei deren Betrachtung sich eine deutlich geringere ‚Belastung' in Folge der Bevölkerungsalterung und damit eine deutlich positivere Perspektive für die Zukunft ergibt (vgl. Tabelle II-1). Die *prospective old age dependency ratio* (POADR) ergibt sich aus der Anzahl der Personen mit einer ferneren Lebenserwartung von 15 oder weniger Jahren in Relation zur Anzahl der Personen, die mindestens 20 Jahre alt sind und eine fernere Lebenserwartung von mehr als 15 Jahren aufweisen; die *adult disability dependency ratio* (ADDR) basiert auf der Beziehung zwischen der Gruppe derjenigen, die tatsächlich Hilfe benötigen und jenen, die Hilfe leisten können. Beide Maßzahlen haben den Vorteil, dass sie sich dynamisch an mögliche (und erwartbare) Fortschritte bei der Entwicklung der Lebenserwartung bzw. Pflegebedürftigkeit anpassen. Nichts anderes passiert übrigens bei der schrittweisen Anhebung der Regelaltersgrenze für den Renteneintritt auf 67 Jahre: Die Lebenserwartung steigt mit – und die erwartete durchschnittliche Renten*bezugsdauer* in Deutschland bleibt nahezu konstant.

Tabelle II-1: Entwicklung verschiedener Maßzahlen zur Bevölkerungsalterung in Deutschland, 2008 bis 2048*

	2008	**2028**	**2048**
OADR	0,33	0,48	0,63
POADR	0,21	0,25	0,34
ADDR	0,12	0,13	0,15

*OADR: old age dependency ratio, POADR: prospective old age dependency ration, ADDR: adult disability dependency ratio

Quelle: Scherbov & Sanderson (2010: Tabelle 1); eigene Darstellung

II.2.6 Zusammenfassung

Die Gesundheit gibt es nicht, sondern man kann und muss ihre verschiedenen Dimensionen (z.B. körperliches, seelisches und soziales Wohlbefinden) unterscheiden. Entsprechend identifiziert Crimmins (2004) als wesentliche Dimensionen der Gesundheit in einer Population (a) Risikofaktoren, (b) Krankheiten, (c) Funktionsverluste, (d) Behinderungen und (e) den Tod. Daher kann es zu sehr unterschiedlichen Befunden kommen, wenn man Veränderungen spezifischer Dimensionen der Gesundheit über die Zeit (oder Unterschiede zwischen Bevölkerungsgruppen und Ländern) betrachtet. So stehen dem nahezu universellen (aber nicht irreversiblen!) Trend einer stetig steigenden Lebenserwartung zwar in der Tendenz ebenfalls positive, aber insgesamt weniger eindeutige Entwicklungen bei der Entwicklung von Krankheiten, Behinderungen, etc. gegenüber.

Zukunftsszenarien alternder Gesellschaften müssen die positive Entwicklung der (gesunden) Lebenserwartung berücksichtigen, wenn sie die ‚Belastung' der jüngeren durch die ältere Generation – etwa durch Pflegebedürftigkeit – realistisch abschätzen wollen. Altersquotienten stellen hierfür keinen geeigneten Indikator dar, wenn sie mechanistisch fortgeschrieben werden. Gleichzeitig ist zu beachten, dass trotz des enormen Anstiegs der durchschnittlichen Lebenserwartung im Verlauf des 20. Jahrhunderts weiter – und bis ins hohe Lebensalter – deutliche Unterschiede hinsichtlich verschiedener Dimensionen von Gesundheit zwischen Bevölkerungsgruppen entlang klassischer sozialstruktureller Ungleichheitsmerkmale bestehen bleiben.

II.3 Migration und Integration

Das Entstehen und das Vergehen von Leben sind klar als natürliche Prozesse zu begreifen – und auch wenn wir in den beiden vorangegangenen Kapiteln gesehen haben, dass die menschliche Fortpflanzung und Lebenserwartung in hohem Maße sozial (d.h. von Ressourcen und Restriktionen) mitbestimmt werden, kommt hier biologischen Veranlagungen (und deren Interaktion mit sozialen Faktoren im Lebenslauf) eine wichtige Rolle zu. Entsprechend ergibt sich im Aggregat aus dem Zusammenspiel von Geburten und Sterbefällen die ‚natürliche Bevölkerungsbewegung'.

Die demographische Grundformel enthält jedoch noch eine dritte Komponente: die *Migration*. Migration kann als (relativ) dauerhafte Verlagerung des Lebensmittelpunktes an einen geographisch anderen Ort verstanden werden. Dabei ist es zunächst unerheblich, ob es sich um eine Wanderung zwischen Orten oder Regionen innerhalb einer geographischen Einheit (Binnenmigration) oder über Staatsgrenzen hinweg (internationale Migration bzw. Außenwanderung) handelt. Abzugrenzen ist Migration jedoch von allgemeineren Formen der

Mobilität, wie z.B. kleinräumiger Wohnmobilität (Umzüge innerhalb einer Gemeinde) oder dem Berufspendeln (z.B. Kley 2016).

Obwohl man angesichts der historischen Ausbreitung des homo sapiens vom heutigen Afrika über die gesamte Erde von einer ‚natürlichen' Neigung des Menschen zur Wanderung ausgehen könnte, werden Zu- und Abwanderung in der Demographie nicht als ‚natürliche' Bevölkerungsprozesse behandelt. Und auch auf der Mikroebene des Individuums kann man zwar argumentieren, dass es genetische Prädispositionen zu ‚risikoreichem' Verhalten geben mag, dass derlei Faktoren für die Erklärung von Migration aber von vergleichsweise geringer Bedeutung sind. Vielmehr – so legen es die meisten Theorien der Migration (vgl. Niephaus 2012: Kapitel III.3.1; Haug 2000) nahe – werden Migrationsentscheidungen im Lebensverlauf in Abhängigkeit von individuellen Ressourcen sowie Restriktionen (bzw. Opportunitäten) in der Herkunfts- und Zielregion getroffen (einschließlich der subjektiven Erwartungen hierüber; siehe Kapitel II.3.1 und II.3.2).

Auch wenn Wanderungs*volumen* (d.h. die Summe von Zu- und Fortzügen) und Wanderungs*saldo* (d.h. die Differenz von Zu- und Fortzügen) sich in der heutigen Bundesrepublik in einer Größenordnung bewegen, die dem natürlichen Bevölkerungsumsatz (d.h. der Summe der Geburten und Sterbefälle) bzw. dem natürlichen Bevölkerungssaldo (d.h. der Differenz von Geburten und Sterbefällen) nahe kommt (vgl. Kapitel II.3.4), spielen Wanderungsbewegungen für die *langfristige* Bevölkerungsentwicklung im Vergleich zur Entwicklung von Fertilität und Mortalität eine quantitativ verhältnismäßig kleine Rolle.[4] In bestimmten historischen Perioden oder bei einer regionalisierten Betrachtung kann der Migration jedoch durchaus eine größere Bedeutung zukommen: In wirtschaftlichen oder politischen Krisenzeiten (Hungersnöte, Kriege) kann es z.B. zu massiven Abwanderungen kommen, während entsprechende Boomzeiten (man denke an das extreme Beispiel eines Goldrausches) eine massive Zuwanderung und eine rasche Vervielfachung der vorherigen Bevölkerungszahl mit sich bringen können.

---

4   Um den Bevölkerungsrückgang in Folge der unterhalb des Bestandserhaltungsniveaus liegenden Fertilität rein quantitativ zu kompensieren (‚replacement migration'), bedürfte es bei gegebener Sterblichkeit in der Bundesrepublik einer Verdoppelung, in der Europäischen Union gar einer Vervierfachung der jährlichen Zuwanderung (Referenzjahr: 1995); vgl. Martin (2013).

Vielleicht noch wichtiger als die reine Zahl der Ein- und Auswanderer (bzw. deren Anteil an der Gesamtbevölkerung) sind aber *qualitative* Aspekte der Migration, die wesentlich ihre sozialen Konsequenzen – sowohl in der Herkunfts- als auch in der Zielregion – mitbestimmen: Welche Merkmale bzw. Ressourcen (z.B. Bildungsabschluss, Religionszugehörigkeit) weisen die Migranten auf? Auf welche kulturellen, sozialen und wirtschaftlichen Bedingungen (Restriktionen) treffen Migranten im Zielland? Die Beantwortung dieser Fragen ist wesentlich für die Frage, inwieweit die *Integration* von Migranten gelingt bzw. gelingen kann (vgl. Kapitel II.3.5).

II.3.1 Determinanten der Migration

Ob ein Mensch überhaupt eine Migrations*absicht* entwickelt, hängt von individuellen Lebensumständen und Präferenzen sowie von den wahrgenommenen Lebensbedingungen am Heimatort bzw. in der Herkunftsregion ab (vgl. Kley/Mulder 2010). Werden diese nicht als zufriedenstellend betrachtet, kann der Wunsch entstehen, „einfach nur weg" zu wollen. Die Gründe hierfür können ganz unterschiedlich sein: hohe Arbeitslosigkeit, poltische Unterdrückung, Provinzialität. Doch wohin soll die Reise gehen? „Irgendwohin, wo es besser ist" – d.h. es muss eine Zielregion geben, in der das Individuum *erwartet*, bessere Lebensbedingungen vorzufinden (niedrigere Arbeitslosigkeit, mehr politische Freiheit, weniger Provinzialität). Entsprechend wird in der Migrationsforschung häufig zwischen *push*-Faktoren (die das Individuum aus der Herkunftsregion heraustreiben) und *pull*-Faktoren (die es in die Zielregion hineinziehen) unterschieden.

Das Verhältnis von push- und pull-Faktoren bestimmt wesentlich die Stärke der Migrationsabsicht bzw. die Wahrscheinlichkeit, dass eine solche Absicht auch tatsächlich umgesetzt wird. Klassische ökonomische Ansätze zur Erklärung von Migration fokussieren in diesem Zusammenhang vor allem auf unterschiedliche Verdienst- und Beschäftigungsmöglichkeiten in der Herkunfts- und Zielregion (vgl. Haug 2000: Abschnitt 1). Doch selbst wenn z.B. hohe Lohnunterschiede zwischen zwei Orten, Regionen oder Ländern bestehen (oder die Interaktion anderer starker push- und pull-Faktoren einen hohen Nutzengewinn durch Migration erwarten lässt), wird das Individuum häufig mit institutionellen *Restriktionen* konfrontiert sein, die das Verlassen der Herkunftsregion bzw. die Zuwanderung in eine bestimmte Zielregion erschweren oder gar verhindern können. Dies gilt insbesondere bei Außenwanderungen, denn nicht jeder Staat erlaubt

seinen Bürgern die Ausreise (z.B. Nordkorea) und die meisten Staaten
regulieren die dauerhafte Einreise von Ausländern (z.T. in Abhängigkeit von deren Ressourcen, wie etwa beruflichen Qualifikationen).
Darüber hinaus sind die räumliche und kulturelle Distanz zwischen
Herkunfts- und Zielregion (z.B. Bayern vs. Mecklenburg-Vorpommern; Europa vs. Asien) wichtige Kontextfaktoren, die in das *Kosten-
Nutzen-Kalkül einer Migrationsentscheidung* eingehen.

Auf der Akteursebene erweist sich neben migrationsrelevanten
Persönlichkeitsmerkmalen (z.B. Risikobereitschaft) vor allem die
Verfügbarkeit bestimmter *Ressourcen* für die Erklärung von Binnen-
migration und Außenwanderungen als bedeutsam:

• Wie sich die individuelle *Humankapitalausstattung* auf die Migrationsneigung auswirkt, hängt davon ab, welche *zusätzliche* Bil-
  dungsrendite das Individuum in Folge einer Wanderung erwarten
  kann (vgl. Haug 2000: Abschnitt 1.5). Wenn der in der Zielregion
  zu erwartende – im Vergleich zur Herkunftsregion durchschnittlich
  höhere – Lohn für Zuwanderer relativ unabhängig vom in der
  Herkunftsregion erworbenen Humankapital ist (etwa weil der Zugang zu gutbezahlten Jobs den Besitz einheimischer Bildungszer-
  tifikate voraussetzt), besteht für Geringqualifizierte ein höherer
  Anreiz zur Migration als für Hochqualifizierte. Letztere können
  i.d.R. bereits in der Herkunftsregion mit einer verhältnismäßig
  guten Rendite ihrer Humankapitalinvestition (vgl. Kapitel III.1)
  rechnen und werden erst dann eine überdurchschnittliche Migrationsneigung aufweisen, wenn die Nachfrage nach ihren spezifischen Qualifikationen auf dem Arbeitsmarkt der Zielregion einen
  im Vergleich zur Herkunftsregion höheren Ertrag ihrer vorherigen
  Humankapitalinvestition erwarten lässt (wenn z.B. Fachkräftemangel herrscht).
  Vor allem wenn es sich um eine Außenwanderung handelt, sollte
  es besser Qualifizierten außerdem leichter fallen, vorhandene Mi-
  grationsabsichten zu realisieren, da etwa der Erhalt einer dauerhaf-
  ten Aufenthaltsgenehmigung (inklusive Arbeitserlaubnis) in vielen
  Ländern wahrscheinlicher ist, wenn Einwanderungswillige berufliche Qualifikationen mitbringen, die im Zielland stark nachgefragt
  werden. Gleichzeitig kann eine höhere Humankapitalausstattung
  dazu beitragen, die Kosten der Migration zu reduzieren, wenn z.B.
  durch entsprechende Sprachkenntnisse eine leichtere Integration
  in die Zielgesellschaft möglich ist (siehe auch Kapitel II.3.5).

• Die individuelle Ausstattung mit *Sozialkapital* kann sich negativ
  und positiv auf Migration(-sabsichten) auswirken. Enge familiäre

oder freundschaftliche Bindungen in der Herkunftsregion können ein starkes Migrationshemmnis darstellen, insbesondere wenn hieraus Verpflichtungen resultieren wie z.b. die Pflege der Eltern. Gleichzeitig kann aber gerade auch der Wunsch oder die Notwendigkeit, die Familie wirtschaftlich zu unterstützen, ein starkes Motiv für eine Migration in eine Zielregion mit besseren Erwerbschancen sein. Bereits vorhandene soziale Netzwerke in einer potentiellen Zielregion können zudem die Migrationswahrscheinlichkeit erhöhen, sei es als Motiv (weil z.b. der Partner dort lebt) oder als kostensenkender Faktor, etwa wenn zuvor dorthin migrierte Freunde oder Verwandte bei der Wohnungs- oder Arbeitssuche helfen (vgl. Haug 2000, Abschnitt 2.3 und 2.4).

• Die Verfügbarkeit *ökonomischen Kapitals* ist insofern bedeutsam, als – insbesondere bei Fernwanderungen – finanzielle Mittel notwendig sind, um überhaupt von der Herkunfts- in die Zielregion zu migrieren (im Extremfall zur Bezahlung einer Schleuserbande). Darüber hinaus sollte die Migrationswahrscheinlichkeit steigen, wenn das Individuum über ein gewisses Startkapital für den Aufbau einer neuen Existenz in der Zielregion verfügt.

Individuelle Ressourcen und die Bewertung der regionalen Lebensbedingungen durch die Akteure verändern sich jedoch im *Lebensverlauf*, dessen Bedeutung im Hinblick auf den Prozess der Migration wir im folgenden Abschnitt näher betrachten wollen.

II.3.2 Migration als Prozess im Lebensverlauf

Bei der Betrachtung *altersspezifischer Migrationsraten* zeigt sich in der Regel ein deutliches Muster, bei dem die Wahrscheinlichkeit zu migrieren unter jungen Erwachsenen am höchsten ist (vgl. hierzu beispielhaft Abbildung II-13). Dieses Muster, dessen Form bei Binnen- und Außenwanderungen sehr ähnlich aussieht, ist kein Zufall sondern Produkt der *Interdependenz von Migrationsentscheidungen mit anderen Dimensionen des individuellen Lebensverlaufs* – insbesondere Bildungs- und Erwerbsverläufen sowie der Familienbiographie.

Die eigene – d.h. nicht direkt durch Migrationsentscheidungen der Eltern bedingte – Migrationskarriere beginnt für viele Menschen mit dem *Beginn einer Berufsausbildung* bzw. eines Studiums, da dieser Schritt häufig mit der Notwendigkeit oder Chance eines Ortswechsels einhergeht: Mit einem eigenen Einkommen (Ausbildungsvergütung, Bafög, Auslandsstipendium) verfügt das Individuum z.B. über mehr Ressourcen, um anderswo einen eigenen Haushalt zu gründen, und nicht alle Berufs- oder Studienwünsche lassen sich am Heimatort realisieren. Auch im weiteren Verlauf der frühen Erwerbsphase sind Wohnortwechsel – unabhängig davon, ob sie innerhalb eines Landes oder über Landesgrenzen hinweg stattfinden – wahrscheinlicher als in späteren Phasen (vgl. hierzu auch die Ausführungen zum ‚Humankapital' im vorangegangenen Abschnitt).

Abbildung II-13: Zahl der Wanderungen über Gemeindegrenzen pro 1.000 Einwohner im jeweiligen Alter (nach Geschlecht), Deutschland 2015

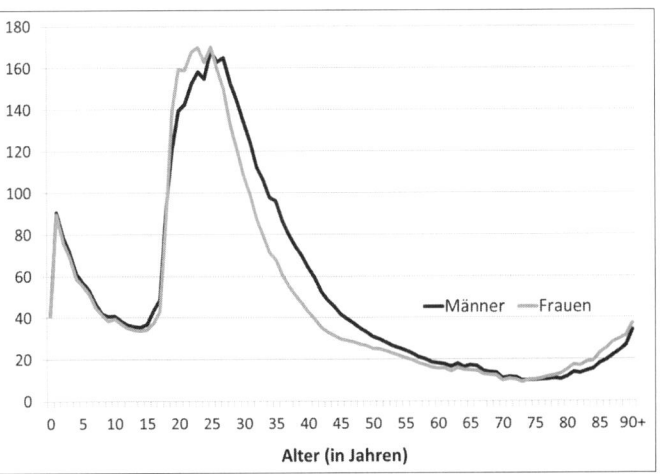

Quelle: Bundesinstitut für Bevölkerungsforschung; Daten: Statistisches Bundesamt; eigene Darstellung

Migrationsentscheidungen sind zudem im *familiären Kontext* zu betrachten. Insbesondere die Phase der Familiengründung geht häufig mit einer Neubewertung der regionalen Lebensbedingungen einher (vgl. Hunink/Wagner 1989): Junge Familien ziehen tendenziell von der Stadt ins städtische Umland, weil das Kind ‚im Grünen' aufwachsen soll oder weil es der dortige Immobilienmarkt eher möglich macht, ein Eigenheim zu beziehen. Oder während früher im Lebenslauf eine als zu groß wahrgenommene räumliche Nähe zu den eigenen Eltern vielleicht gar ein Argument für das Verlassen der Heimatregion war, kann sich bereits die Planung der Geburt eines eigenen Kindes positiv auf die Wahrscheinlichkeit einer *Rückwanderung* auswirken, denn Großeltern spielen oft eine wichtige Rolle bei der Kinderbetreuung

(vgl. hierzu auch die Ausführungen zum ‚Sozialkapital' im vorangegangenen Abschnitt).

Auch im weiteren Lebensverlauf gibt es familiäre und berufliche
Ereignisse, deren Eintritt die Neigung zu Nah- oder Fernwanderungen beeinflussen: Kommt es z.b. zur Auflösung einer Partnerschaft,
steigt nicht nur die Wahrscheinlichkeit für residentielle Mobilität,
sondern auch für eine Abwanderung in eine andere Region; und geographisch mobilere Arbeitslose können hoffen, schneller wieder einen Job zu finden (was jedoch nicht allein auf bessere Opportunitäten
in der Zielregion – Bayern vs. Mecklenburg-Vorpommern; Deutschland vs. Griechenland – sondern auch auf die im Durchschnitt bessere Ressourcenausstattung der Mobilen zurückzuführen ist). Insgesamt ist das mittlere Erwachsenenalter jedoch durch sehr niedrige
Migrationsraten gekennzeichnet: nach Berufseinstieg und Familiengründung lässt man sich, falls möglich, relativ dauerhaft nieder.

Zum Teil ändert sich dies wieder im höheren Erwachsenenalter,
wobei vor allem zwei Ereignisse bedeutsam erscheinen: Erstens lässt
sich nach dem *Renteneintritt* ein leichter Anstieg der Wanderungsra-
ten beobachten. Dies kann zum einen auf die Rückwanderung ehemaliger ‚Gastarbeiter' zurückgeführt werden (die ihren Wohnsitz
mehrheitlich, soweit sie bis zum Renteneintritt in der Zielregion geblieben sind, allerdings nicht wieder in die ursprüngliche Herkunftsregion verlagern). Zum anderen gibt es Migranten, die sich gezielt
einen Altersruhesitz im In- oder Ausland suchen und etwa von der
Stadt aufs Land oder aus dem kalten Norden in den sonnigen Süden
ziehen. Zweitens ziehen nicht nur erwachsene Kinder – vor allem im
Kontext der eigenen Familiengründung – wieder in die Nähe der
Eltern, sondern die Wahrscheinlichkeit, dass Eltern in die Nähe eines
erwachsenen Kindes ziehen, steigt mit dem Verlust des Partners oder
in Erwartung bzw. bei Eintritt von *Pflegebedürftigkeit*. Freilich werden die hohen altersspezifischen Migrationsraten des frühen im höheren Erwachsenenalter nicht mehr erreicht.

Eine Lebensverlaufsperspektive auf Migration zeigt, wie wichtig
es ist, diese als Prozess zu betrachten. Migration ist in der Regel kein
plötzlich eintretendes Ereignis, sondern die Entscheidung darüber
wird vorbereitet durch eine Phase des Abwägens der Vor- und Nachteile, woraus möglicherweise eine Migrationsabsicht entsteht die in
konkretere Planungen und erst dann ggf. in eine tatsächliche Abwanderung aus der Herkunftsregion mündet (vgl. Kley/Mulder 2010).
Weder wenn es zu einer *Erst*wanderung kommt, noch wenn sich das
Individuum (oder ein Haushalt) zum Zeitpunkt t gegen eine Migrati-

on entscheidet, ist der gerade skizzierte Prozess aber endgültig abgeschlossen: denn möglicherweise wird die zum Zeitpunkt t zunächst
verworfene Migrationsabsicht zum Zeitpunkt t+1 doch noch realisiert, oder auf eine Erstwanderung folgen weitere Migrationsschritte,
z.B. eine Rückwanderung in die Herkunftsregion. So wechseln etwa
nach Berechnungen des Bundesinstituts für Bevölkerungsforschung
Menschen in Deutschland über den gesamten Lebensverlauf hinweg
durchschnittlich fast fünfmal den Wohnort.

II.3.3 Migration im globalen Kontext

Nach Angaben der Vereinten Nationen gab es im Jahr 2010 weltweit
ca. 214 Millionen internationale Migranten – was einem Anteil von ca.
drei Prozent der Weltbevölkerung entspricht (Pison 2010). Offensichtlich führt also der in den beiden vorangegangenen Abschnitten kurz
skizzierte Entscheidungs- und Handlungsprozess bei den meisten Menschen zu dem Ergebnis, dass sie *nicht* auswandern. Dennoch: Obwohl
der *Anteil* internationaler Migranten an der Weltbevölkerung in den
vergangenen Jahrzehnten kaum angestiegen ist, hat deren *absolute Zahl*
deutlich zugenommen – und wird weiter steigen: von 232 Millionen im
Jahr 2013 auf geschätzte 400 Millionen in 2050 (Martin 2013).
    Dabei lässt sich auch eine Verschiebung der weltweiten Migrati-
onsströme in dem Sinne beobachten, dass heute die Industrieländer
des globalen Nordens häufiger als in der Vergangenheit Zielregion
internationaler Migranten geworden sind, deren Zahl sich dort zwischen 1985 und 2005 – nicht zuletzt als Folge der Globalisierung –
mehr als verdoppelt hat (Martin 2013). Bei den Zuwanderern in Industriestaaten handelt es sich jedoch keineswegs ausschließlich um
Migranten aus wirtschaftlich weniger entwickelten Staaten des globalen Südens: Betrachtet man alle Industrieländer weltweit, standen
im Jahr 2005 den 61 Millionen Zuwanderern aus Entwicklungslän
dern 53 Millionen Einwanderer aus anderen Industriestaaten gegenüber (Pison 2010: Abbildung 2).
    Dass internationale Migration häufig keine transkontinentale Fern-
wanderung, sondern Migration in ein benachbartes Ausland ist, spiegelt sich auch darin wieder, dass die Zahl der Migranten, die von
einem Entwicklungsland in ein anderes wandern, mit 62 Millionen
sogar leicht über der Zahl jener liegt, die aus einem Entwicklungs- in
ein Industrieland migrieren. Dies dürfte u.a. darauf zurückzuführen
sein, dass die große Mehrheit aller *Flüchtlinge* aus Entwicklungsländern stammt und auch in solchen Schutz sucht (vgl. Martin 2013).

Viele der Herausforderungen, die insbesondere die Zuwanderung von
Flüchtlingen für die Aufnahmeländer mit sich bringt, stellen sich also
gerade auch in Entwicklungsländern, obwohl diese für deren Bewältigung wirtschaftlich und infrastrukturell deutlich schlechter gerüstet
sind als Industrieländer.

II.3.4 Migration in Deutschland

Deutschland als Einwanderungsland
Die Geschichte der Bundesrepublik ist auch eine Geschichte der
Einwanderung, die sich in verschiedene Phasen einteilen lässt (z.B.
Münz/Ulrich 1998: Tabelle 2; vgl. auch Abbildung II-14). Mit dem
Ende des Zweiten Weltkrieges setzte ein Strom von *Flüchtlingen* und
Vertriebenen aus den ehemaligen deutschen Ostgebieten ein, der bis
Anfang der 1950er Jahre 12 Millionen Menschen in das Gebiet der
heutigen Bundesrepublik brachte. Hinzu kamen 3,8 Millionen *Über-
siedler*, die von 1949 bis zum Bau der Berliner Mauer im Jahr 1961
die Deutsche Demokratische Republik Richtung Westdeutschland
verließen. Diese erste große Phase der Zuwanderung nach (West-)
Deutschland in der Nachkriegszeit ist also durch Migranten mit deutscher Staatsbürgerschaft geprägt (deren soziale und wirtschaftliche
Integration dennoch nicht immer problemlos verlief).

In der zweiten großen Zuwanderungsphase, zwischen 1955 und 1973,
kam es dann in erheblichem Maße zu einer Einwanderung ausländischer
Staatsbürger nach Deutschland. In Westdeutschland geschah dies vor
allem durch die gezielte Anwerbung von *Arbeitsmigranten*, insbesondere aus Italien, Spanien, Griechenland, der Türkei sowie aus Portugal und
Jugoslawien. Auch in Ostdeutschland wurden ausländische Arbeitskräfte angeworben, zunächst überwiegend aus Osteuropa, später aus Kuba,
Mozambique und Vietnam. In beiden Landesteilen sorgte ein ‚Rotati-
onssystem' dafür, dass die Arbeitsmigranten nicht dauerhaft im Land
blieben. In Westdeutschland führte dieses System dazu, dass bis zum
Anwerbestopp im Jahr 1973 zwar rund 14 Millionen ausländische ‚Gastarbeiter' einreisten, sich von diesen aber nur etwa drei Millionen dauerhaft – und mit ihren bis in die 1980er Jahre nachziehenden Familien – in
der Bundesrepublik niederließen (vgl. Niephaus 2012: 127). Diese Phase der Zuwanderung war stark durch Konjunkturzyklen beeinflusst (vgl.
etwa den negativen Wanderungssaldo im Rezessionsjahr 1967; Abbildung II-14): Sie begann mit dem ‚Wirtschaftswunder' der 1950er Jahre
und endete mit dem Anwerbestopp in Folge der ersten ‚Ölkrise' 1973
(Münz/Ulrich 1998; vgl. auch Kapitel III.3).

Abbildung II-14: Zu- und Fortzüge sowie Wanderungssaldo ausländischer
Staatsbürger über die bundesdeutschen Außengrenzen, 1954-2015

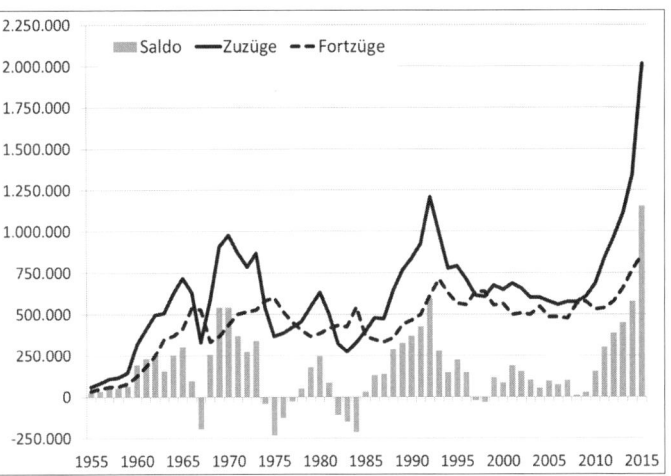

Quelle: Statistisches Bundesamt; eigene Darstellung

Eine dritte große Zuwanderungswelle fand Ende der 1980er und
Anfang der 1990er Jahre statt. Sie ist vor allem auf zwei Gruppen von
Migranten zurückzuführen: Asylsuchende und Spätaussiedler. Wie in
anderen europäischen Staaten stieg auch in der Bundesrepublik die
Zahl der *Asylsuchenden* im Verlauf der 1980er Jahre deutlich an. Lag
die Zahl der Asylanträge in der Bundesrepublik während der ersten
Hälfte des Jahrzehnts noch bei 20.000 bis 50.000 pro Jahr, wurde
1988 die 100.000er Marke überschritten und 1992 mit 438.000 An-
trägen ein Höhepunkt erreicht, u.a. in Folge des Bürgerkrieges im
ehemaligen Jugoslawien. Die Zahl der 1994 in Deutschland lebenden
Flüchtlinge und Asylsuchenden – viele von ihnen nur geduldet und
ohne dauerhafte Aufenthaltsgenehmigung – wird auf etwa 1,7 Millionen geschätzt (Münz/Ulrich 1998: 40). Die zweite Gruppe bilden
deutschstämmige *Spätaussiedler*, vor allem aus Polen, Rumänien und
der ehemaligen Sowjetunion. Allein 1989/90 kamen knapp 800.000
Spätaussiedler in die Bundesrepublik, bis 1995 folgten nochmal mehr
als eine Million. Bei ihnen handelt es sich insofern um eine besondere Gruppe von Menschen, die als anerkannte Spätaussiedler ohne
Wartezeit die deutsche Staatsbürgerschaft erhalten. Der starke Anstieg sowohl der Zahl der Asylsuchenden als auch der Spätaussiedler

führte jedoch relativ rasch zu einer Verschärfung der relevanten gesetzlichen Bestimmungen, insbesondere der Anerkennungskriterien, sodass die Zuwanderung in die Bundesrepublik nach 1992 wieder deutlich zurückging (vgl. Abbildung II-14).

Seit Beginn der 2000er Jahre und der Osterweiterung der Europäischen Union hat schließlich die Zuwanderung aus den Staaten Mittel- und Osteuropas an Bedeutung gewonnen (vgl. Dietz 2004). So stammten 2010 laut Angaben des Statistischen Bundesamtes ca. 42 Prozent aller Zuwanderer in die Bundesrepublik aus den zwölf neuen EU-Staaten (vor allem aus Polen, Rumänien und Bulgarien), während 17 Prozent aus den alten EU-Mitgliedsländern und 14 Prozent aus Asien kamen. Ausmaß und Struktur der Zuwanderung aus den mittel- und osteuropäischen EU-Staaten – tendenziell jüngere und besser ausgebildete Migranten – erscheinen dabei für die bundesrepublikanische Aufnahmegesellschaft weniger als ‚Bedrohung', sondern, falls deren Integration gelingt (vgl. Kapitel II.3.5), eher als Chance in einer Situation demographischer Alterung, insbesondere für den Arbeitsmarkt.

Die gilt z.T. auch für die gut eine Million Menschen, die 2016 in Deutschland als Geflüchtete erfasst waren. Allerdings ist bei dieser Personengruppe eine deutliche Polarisierung zu beobachten: zwar hat knapp die Hälfte der registrierten Asylbewerber mit guten Bleibeaussichten das Gymnasium oder eine Hochschule besucht; ihnen steht jedoch ein Viertel gegenüber, das nur eine Grundschule oder gar keine Schule besucht hat (Brücker et al. 2016). Deren Integration in den deutschen Arbeitsmarkt dürfte sich als besonders langwierig erweisen.

Deutschland als Auswanderungsland
Die Geschichte der Bundesrepublik ist auch eine Geschichte der Auswanderung und es wird die Frage gestellt, inwieweit sich Deutschland gar zu einem Auswanderungsland entwickelt habe (z.B. Erlinghagen et al. 2009; Ette/Sauer 2010: Kapitel 3). Dabei erscheinen einige Anmerkungen zur Messung sowie zur historischen Dimension des Phänomens angebracht:
• Bis in die frühen 1890er Jahre war Deutschland (bzw. das Deutsche Reich) ein Auswanderungsland. Allein während der letzten großen Auswanderungswelle zwischen 1880 und 1893 verließen 1,8 Millionen Menschen das Land nach Übersee, insbesondere in die USA (vgl. Ette/Sauer 2010: Kapitel 3.1.1) – z.T. aus politischen, häufig aber auch aus wirtschaftlichen Gründen.
• Heute handelt es sich bei Wanderungen über die deutschen Außengrenzen überwiegend um Fortzüge ausländischer Staatsbürger. Im

Jahr 2015 standen 860.000 Fortzügen ausländischer Staatsangehöriger nur 138.000 Auswanderer mit deutscher Staatsbürgerschaft gegenüber (vgl. Abbildung II-14 und Abbildung II-15).

• Eine Betrachtung der Entwicklung der Fortzüge deutscher Staatsbürger muss berücksichtigen, dass die höheren Fortzugszahlen nach 1991 (vgl. Abbildung II-15) zum Teil darauf zurückgeführt werden können, dass sich seit der Wiedervereinigung der Gebietsstand der Bundesrepublik vergrößert hat und entsprechend Fortzüge aus West- *und* Ostdeutschland betrachtet werden.

Abbildung II-15: Zu- und Fortzüge deutscher Staatsbürger sowie Wanderungssaldo über die bundesdeutschen Außengrenzen, 1954-2015

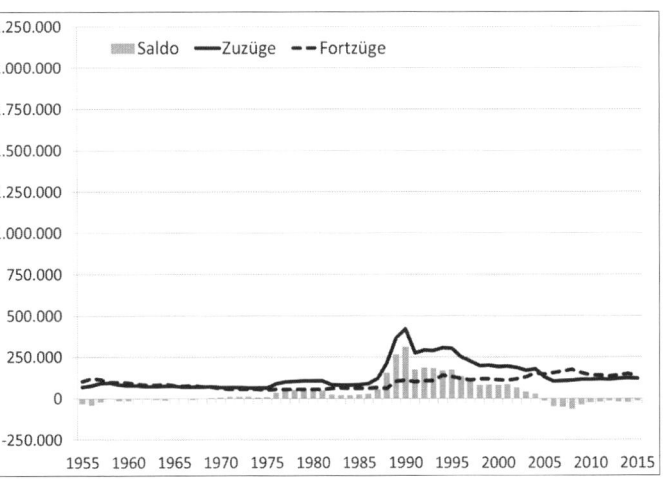

Quelle: Statistisches Bundesamt; eigene Darstellung

Dennoch lässt sich in den vergangenen Jahrzehnten nicht nur absolut, sondern auch relativ zur Gesamtbevölkerung ein deutlicher Anstieg der Fortzüge deutscher Staatsangehöriger feststellen. Während Mitte der 1970er Jahre noch jährlich ca. 50.000 Deutsche auswanderten, wurde 2008 mit 175.000 Personen ein vorläufiger Höhepunkt erreicht. Betrachtet man die hier skizzierte Entwicklung in der Bundesrepublik im Vergleich mit anderen Industriestaaten (vgl. Ette/Sauer 2010: Kapitel 3.3), zeigt sich auch dort ein ähnlicher Trend zu einem höheren Niveau der Auswanderung eigener Staatsbürger, wobei Deutschland einen durchschnittlichen Platz belegt.

Zwar sind die USA traditionell das wichtigste Ziel*land* deutscher Auswanderer, in den vergangenen Jahrzehnten hat sich Europa jedoch zur wichtigsten Ziel*region* für fast 70 Prozent der deutschen Migranten entwickelt. Hier sind vor allem die Schweiz und Österreich, aber auch Frankreich und – seit Ende der 1990er Jahre – insbesondere Polen hervorzuheben (vgl. Ette/Sauer 2010: Kapitel 4.4). Fragt man schließlich danach, *wer* die deutschen Auswanderer sind, so stellt man in Übereinstimmung mit den in Kapitel II.3.1 und II.3.2 vorgestellten Überlegungen fest, dass es überdurchschnittlich viele jüngere, sehr gut ausgebildete und unverheiratete Männer sind, die Deutschland verlassen (vgl. Erlinghagen et al. 2009; siehe auch Ette/ Sauer 2010: Kapitel 4.2).

Der hohe Anteil von Hochschulabsolventen und Führungskräften in der Gruppe der Auswanderer hat zu Äußerungen geführt, dass sich Deutschland einem sogenannten ‚brain drain‘, d.h. einer Abwanderung der ‚klügsten Köpfe‘ gegenüber sehe (z.B. Diehl/Dixon 2005). Diese Sorge erscheint allerdings nur sehr bedingt berechtigt: Deutschland weist im internationalen Vergleich nicht nur ein niedriges Niveau der Auswanderung Hochqualifizierter auf, sondern die große Mehrheit der deutschen Migranten mit Hochschulabschluss kehrt nach einem temporären Auslandsaufenthalt (etwa zur wissenschaftlichen Weiterqualifikation) wieder nach Deutschland zurück (‚brain circulation‘). Bei den Führungskräften liegt die Rückwanderungsquote immerhin noch bei ca. einem Drittel (vgl. hierzu ausführlich Ette/Sauer 2010: Kapitel 5 und 7). Auch Erlinghagen et al. (2009) kommen – unter Berücksichtigung von Aspekten der Lebenszufriedenheit – zu dem Schluss, dass Auswanderung vor allem mit spezifischen Phasen im individuellen Lebensverlauf zusammenhängt und nicht Ausdruck einer generellen Unzufriedenheit mit den Lebensbedingungen in Deutschland ist.

Binnenmigration in Deutschland
Die große Mehrheit der Wanderungsbewegungen findet *innerhalb* Deutschlands, also als Binnenmigration statt. Je kleinräumiger die regionale Abgrenzung erfolgt, desto größer die Zahl der Zu- und Fortzüge (vgl. Tabelle II-2). Insgesamt wird das Binnenwanderungsgeschehen in Deutschland stark durch regionale Unterschiede auf den Arbeits- und Wohnungsmärkten sowie durch infrastrukturelle Unterschiede (z.B. das Fehlen oder Vorhandensein von Universitäten) bestimmt. Kleinräumige Bevölkerungsbewegungen zwischen *Gemeinden* finden häufig als Stadt-Umland-Wanderungen statt, die vor allem durch unterschiedliche Phasen im Lebenslauf – z.B. die Familien-

gründung – determiniert werden (vgl. Kapitel II.3.2). Großräumigere
Bevölkerungsbewegungen zwischen *Bundesländern* sind durch zwei
Haupttrends gekennzeichnet: erstens durch eine hohe Zahl von Zu-
zügen in die wirtschaftlich prosperierenden südlichen Länder (insbesondere Bayern und Baden-Württemberg); und zweitens durch eine
hohe Abwanderung von Ost- nach Westdeutschland.

*Tabelle II-2: Binnenwanderungen über Gemeinde-, Kreis- und Bundeslandes-
grenzen (je 1.000 Einwohner), Deutschland 1991, 2000 und 2009*

	1991	**2000**	**2009**
Gemeindegrenzen	43	47	44
Kreisgrenzen	31	33	31
Bundeslandesgrenzen	14	14	13

Quelle: Statistisches Bundesamt (2011a: 16); eigene Darstellung

Im Kontext der deutschen Wiedervereinigung ist es nicht nur zu einem deutlichen Rückgang der Fertilität (vgl. Kapitel II.1.3) und einem Anstieg der Lebenserwartung (vgl. Kapitel II.2.3) in Ostdeutschland gekommen, sondern es hat auch, beginnend mit der Grenzöffnung
der DDR am 9. November 1989, ein deutlicher Abwanderungspro-
zess stattgefunden (z.B. Heiland 2004). Zwischen 1991 und 2015
verließen etwa 4,4 Millionen Menschen die neuen Bundesländer
Richtung Westen. Auch wenn dem immerhin 3,3 Millionen West-Ost-
Migranten gegenüber stehen, bedeutet dies einen erheblichen absoluten Bevölkerungsverlust durch Abwanderung. Dieser Verlust wird
noch deutlicher, wenn man die Zahl der Binnenmigranten in Bezug
zur deutlich kleineren Gesamtbevölkerung in Ost- vs. Westdeutschland setzt (vgl. Abbildung II 16).
Der negative Wanderungssaldo der neuen Bundesländer war zu
Beginn und zum Ende der 1990er Jahre am größten und variierte mit
der wirtschaftlichen Lage in Ost und West. Die Bedeutung wirtschaftlicher Faktoren wird auch deutlich, wenn man die *Selektivität* der
Abwanderung aus den neuen Bundesländern betrachtet (vgl. Mai/
Schon 2005): Es wandern vor allem jüngere Ostdeutsche aus struk-
turschwachen ländlichen Regionen ab. Auffallend ist des Weiteren der
hohe Anteil junger Frauen, die den Osten insgesamt, und innerhalb
Ostdeutschlands die Landkreise zugunsten städtischer Destinationen
verlassen. Dieser Trend, der vor allem mit dem hohen Bildungsniveau

und den beruflichen Präferenzen ostdeutscher Frauen erklärt wird, hat
dazu geführt, dass heute in etlichen ostdeutschen Landkreisen in der
Altersgruppe der 18 bis 24-Jährigen über 20 Prozent weniger Frauen
als Männer leben, was für die betroffenen Regionen langfristig erhebliche negative demografische, soziale und wirtschaftliche Konsequenzen erwarten lässt (vgl. Stedtfeld/Kühntopf 2012).

*Abbildung II-16: Zahl der Wanderungen zwischen West- und Ostdeutschland,
1991–2015*

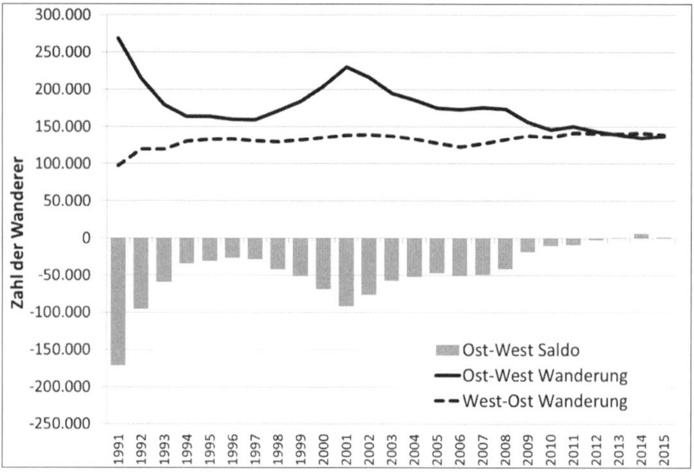

Quelle: Statistisches Bundesamt (2008: 16) und (2011a: 17); eigene Darstellung

II.3.5 Integration von Menschen mit Migrationshintergrund

Wie wir in Kapitel II.3.4 ausgeführt haben, hat die Bundesrepublik
seit ihrer Gründung viele Millionen Zuwanderer aufgenommen – viele von ihnen dauerhaft. In verschiedenen historischen Phasen sind
dabei Migranten aus sehr unterschiedlichen Ländern und Kulturkrei-
sen nach Deutschland gekommen, was sich heute in einer großen
Vielfalt der ethnischen Wurzeln hier lebender Migranten widerspie-
gelt. Die Mehrheit der in der Bundesrepublik lebenden Migranten und
ihrer Angehörigen stammt nach wie vor aus den Hauptanwerbeländern
der Jahre 1955 bis 1973, insbesondere aus der Türkei. Die Mehrheit
der ‚neuen' Zuwanderer seit etwa 1990 (einschließlich deutscher Spätaussiedler) stammt aus Osteuropa, vor allem aus Polen und Russland.

Wenn man sich mit der Frage der Integration von Migranten in eine Aufnahmegesellschaft befassen will, reicht es allerdings nicht aus, allein auf die Staatsangehörigkeit oder das Geburtsland zu schauen.[5] So haben z.B. Spätaussiedler zwar ohne Wartezeit die deutsche Staatsbürgerschaft erhalten, was aber Schwierigkeiten bei der sozialen Integration (etwa auf Grund von Sprachproblemen) nicht ausschließt. Und die Kinder ausländischer Zuwanderer ('Ausländer der zweiten Generation') mögen zwar selbst in Deutschland geboren sein, ohne dass dies aber unbedingt dazu geführt hätte, dass sie sich stark mit ihrem Geburtsland identifizieren oder die deutsche Staatsbürgerschaft erworben hätten. Wenn es um Integration geht, erscheint es also sinnvoll, neben dem Herkunftsland auch nach dem *Migrationshintergrund* zu fragen. Wie Abbildung II-17 zeigt, ergibt sich dann ein sehr komplexes Bild von Ausländern verschiedener Generationen, Eingebürgerten, und (Spät-)Aussiedlern, die zusammen fast 20 Prozent der Bevölkerung in der Bundesrepublik ausmachen.

Abbildung II-17: Menschen mit Migrationshintergrund in Deutschland, 2005

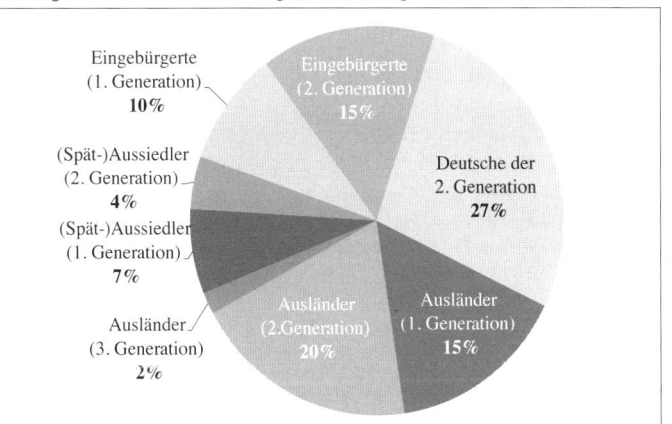

Quelle: Statistisches Bundesamt; eigene Darstellung

---

[5] Aus Platzgründen fokussieren wir im vorliegenden Kapitel auf die Integration von Migranten ausländischer Herkunft in *nationale* Aufnahmegesellschaften. Dies soll aber nicht darüber hinwegtäuschen, dass eine erfolgreiche Sozialintegration von Binnenmigranten in *lokale* Gemeinschaften – man stelle sich einen Bayern auf Rügen vor – keineswegs voraussetzungslos ist.

Da es keine einheitliche Definition des Begriffs ‚Integration‘ gibt, lässt sich auch nicht einfach bestimmen, wann Menschen mit Migrationshintergrund tatsächlich als in die Aufnahmegesellschaft integriert gelten können. Zwei zentrale Elemente, die sich in verschiedenen Definitionen wiederfinden, sind (a) Chancengleichheit bzw. gleiche Teilhabechancen und (b) die Angleichung von Lebenslagen oder Lebensverhältnissen zwischen Menschen mit und ohne Migrationshintergrund (z.B. Worbs 2010). Integration verlangt aber nicht zwangsläufig, die eigene kulturelle Identität (Religion, Muttersprache, etc.) vollständig aufzugeben.

Für eine differenziertere Betrachtung von Integrationsprozessen erscheint ein *mehrdimensionales Integrationsmodell* geeignet, dass es erlaubt, nicht notwendig parallel laufende Teilprozesse gemeinsam zu betrachten. So unterscheidet z.B. Hartmut Esser (2001) vier zentrale Dimensionen der Sozialintegration: *Kulturation* (kulturelle Integration, z.B. Erwerb von Wissen und Fertigkeiten), *Platzierung* (strukturelle Integration, z.B. Einnahme von Positionen und Erwerb von Rechten), *Interaktion* (soziale Integration, z.B. Aufbau interethnischer Netzwerke und Beziehungen) und *Identifikation* (identifikatorische Integration, z.B. Entwicklung von Zugehörigkeitsgefühlen). Zwar ist prinzipiell eine erfolgreiche Platzierung auf dem Arbeitsmarkt auch ohne erfolgreiche Integration im Sinne der anderen genannten Dimensionen denkbar (man denke etwa an einen brasilianischen ‚Legionär‘ in der Fußballbundesliga); es erscheint allerdings sehr plausibel, dass insbesondere der Spracherwerb als zentrales Element der Kulturation eine wichtige Vorbedingung für weitere Integrationsschritte – z.B. eine interethnische Partnerschaft (Interaktion) – darstellt. Die Identifikation stellt möglicherweise den schwierigsten Integrationsschritt dar; hierbei ist allerdings zu beachten, dass in stark individualisierten Gesellschaften die Identifikation mit dem eigenen Land mitunter nur verhältnismäßig schwach ausgeprägt oder an spezifische Situationen (z.B. Fußballländerspiele) gebunden ist.

In den vergangenen Jahren hat es in Deutschland vermehrt Bemühungen gegeben, den Stand und die Veränderung der Integration von Migranten mittels statistischer Kenngrößen abzubilden (*Integrationsmonitoring*; vgl. Worbs 2010). Insgesamt ergibt sich hieraus ein Bild, das Defizite auf allen Dimensionen der Sozialintegration zeigt (siehe Tabelle II-3): Zugewanderte sind im Durchschnitt schlechter gebildet (Kulturation), häufiger arbeitslos (Platzierung) und nehmen weniger am öffentlichen Leben teil (Interaktion). Es lassen sich jedoch deutliche Unterschiede zwischen verschiedenen Gruppen von Zuwanderern feststellen: Während Personen aus anderen EU-Ländern (ohne Südeuropa) und Aussiedler insgesamt als gut integriert gelten können, weisen Menschen mit türkischen Hintergrund die mit Abstand schlechtesten Integrationswerte auf – und dies, obwohl sie meist schon lange in Deutschland leben (vgl. Noll/Weick 2011).

Tabelle II-3: Ausgewählte Indikatoren der Integration verschiedener Herkunftsgruppen* in Deutschland (Anteilswerte in %)

	deutsche Staatsangehörigkeit	bikulturelle Ehen	ohne Bildungsabschluss	Akademiker	Arbeitslosenquote	Vertrauensberufe[a]
Einheimische	100	5	1	19	10	17
Aussiedler	100	18	3	16	15	8
EU-25, ohne Südeuropa	42	61	3	29	13	13
Südeuropa (GR, IT, ES, PT)	18	25	17	16	14	6
Türkei	32	5	30	13	23	4

[*]Zuwanderer (1. Generation) und in Deutschland Geborene (2. Generation und höher)
[a] Berufe, denen in der Gesellschaft besonderes Vertrauen entgegengebracht wird oder die eine hohe soziale Verantwortung tragen, z.B. Ärzte, Anwälte, Polizeibedienstete oder Lehrer.
Quelle: Berechnungen von Woellert et al. (2009: 49) auf Basis des Mikrozensus 2005

Zwar lassen sich – wie in anderen Zuwanderergruppen auch – Fortschritte bei den in Deutschland geborenen Menschen türkischer Abstammung beobachten, aber auch sie sind vergleichsweise schlecht integriert. Neben dem niedrigen Bildungsniveau der ersten Generation türkischer Migranten in Deutschland, dass z.T. intergenerationell ‚vererbt' wurde, scheint hierfür vor allem die Größe der türkischen Gemeinde in der Bundesrepublik mitverantwortlich zu sein. Vor allem in den Städten erlaubt sie, eine von der Aufnahmegesellschaft einigermaßen unabhängige Existenz zu führen: Es ist kaum notwendig, die deutsche Sprache zu erlernen (was sich auch negativ auf die Integrationschancen der nachfolgenden Generation auswirkt) oder mit Deutschen zu interagieren – weder auf dem Arbeitsmarkt noch auf dem Partnermarkt, wie etwa der geringe Anteil binationaler Ehen zeigt (z.B. Nauck 2007). Neben solchen Enklavenökonomien und den ebenfalls bereits angesprochenen Bildungsdefiziten ist aber auch eine *Diskriminierung* durch die Bevölkerung der Aufnahmegesellschaft ein weiteres Integrationshemmnis (vgl. Pager/Shepherd 2008). Insofern kann die Abschottung ethnischer Gruppen oder auch ein geringerer Bildungserfolg von Kindern aus Migrantenfamilien nicht nur als Ursache von Integrationsproblemen verstanden werden. Denkbar ist auch, dass diese Phänomene als eine (un-)bewusste Reaktion auf die und damit Folge der Einschränkung der jeweiligen Handlungsspielräume durch die Diskriminierung der einheimischen Bevölkerung (z.B. in Form von Lehrern, Vermietern oder Arbeitgebern) verstanden werden können (Diskriminierung als Restriktion).

Insgesamt kann man feststellen, dass man in Deutschland zwar von einer erfolgreichen *Teil*integration sprechen kann, dass es aber nach wie vor „Ungenutzte Potenziale" und in einigen – wichtigen – ethnischen Gruppen erhebliche Integrationsdefizite gibt (vgl. Woellert et al. 2009). Hier kann eine aktive *Integrationspolitik*, in deren Mittelpunkt Aspekte der Integration berücksichtigende Bildungsmaßnahmen stehen sollten, gegensteuern.

II.3.6 Zusammenfassung

Auch wenn die absolute Zahl internationaler Migranten (2013: ca. 232 Millionen Menschen) in den vergangenen Jahrzehnten deutlich zugenommen hat, ist ihr Anteil an der Weltbevölkerung mit etwa drei Prozent weitgehend stabil geblieben. Die Industrieländer des globalen Nordens sind dabei zwar häufiger als in der Vergangenheit Zielregion internationaler Migranten geworden; bei diesen handelt es sich jedoch keineswegs ausschließlich um Migranten aus wirtschaftlich weniger entwickelten Staaten des globalen Südens. Außerdem ist zu beachten, dass Migranten – unabhängig von ihrer Herkunft – eine selektive Bevölkerungsgruppe sind: Ob ein Individuum eine Wanderungsabsicht entwickelt bzw. diese realisiert, hängt nicht nur von (institutionellen) Restriktionen, sondern auch von der individuellen Ressourcenausstattung ab. Wer z.B. über mehr Humankapital verfügt, weist i.d.R. eine höhere Migrationsneigung auf. Entsprechend handelt es sich bei Migranten tendenziell um eine Positivselektion (bezogen auf die Bevölkerung der Herkunftsregion). Des Weiteren ist zu berücksichtigen, dass Migrationsentscheidungen stark im Kontext anderer Entwicklungen und Ereignisse im Lebenslauf – z.b. Familiengründung, Berufskarriere – getroffen werden. Entsprechend lässt sich ein klares altersspezifisches Wanderungsmuster mit der höchsten Migrationswahrscheinlichkeit im jungen Erwachsenenalter identifizieren.

Welche Folgen Migration hat, hängt stark davon ab, wie erfolgreich die Integration von Migranten gelingt. Integration heißt nicht, die eigene kulturelle Herkunft vollständig aufzugeben, sondern bedeutet im Wesentlichen die Herstellung von Chancengleichheit und Angleichung der Lebensverhältnisse von Menschen mit und ohne Migrationshintergrund. In dieser Hinsicht kann bisher nur von einer Teilintegration der ca. 16 Millionen Menschen mit Migrationshintergrund in Deutschland gesprochen werden.

III Bildung – Soziale Beziehungen – Arbeit – Einkommen

In Kapitel I wurde bereits auf die besondere Bedeutung von Ressourcen als Determinante sozialer Ungleichheit hingewiesen. Ferner ist deutlich gemacht worden, dass es in diesem Zusammenhang drei voneinander zu unterscheidende Arten von Ressourcen gibt: Ökonomisches Kapital, Humankapital und Sozialkapital. In allen Fällen kann hierbei von Kapital gesprochen werden, da der Aufbau dieser Ressourcen für das Individuum zunächst mit Kosten verbunden ist, um dann im Bedarfsfall auf diese Ressourcen zurückgreifen zu können. So verzichtet zum Beispiel eine Person auf den Kauf eines Autos und investiert dieses Geld lieber in Aktien oder eine Eigentumswohnung (Ökonomisches Kapital), um gegebenenfalls in Zukunft bei Bedarf die Aktien oder die Wohnung mit Gewinn zu veräußern und dann den entsprechenden Geldwert zur Verfügung zu haben. Oder eine Person verzichtet darauf, erwerbstätig zu sein und investiert ihre Zeit stattdessen in eine Vergrößerung ihres Wissens durch ein Studium (Humankapital). Hier trägt sie die vielfach berechtigte Hoffnung, in Zukunft auf das vergrößerte Humankapital – sprich: größeres Wissen – zurückzugreifen und dadurch einen besser bezahlten oder auch interessanteren Job zu bekommen. Oder eine Person verzichtet auf Freizeit und hilft einem Freund bei dessen Umzug. Hierdurch wird die Freundschaftsbeziehung (und damit das Sozialkapital) ausgebaut und gestärkt. Auf diese Sozialkapitalinvestition kann bei Bedarf in Zukunft zurückgegriffen werden und man kann den Freund dann im Gegenzug um Hilfe bitten.

Wenn man an der Sozialstruktur einer Gesellschaft interessiert ist und etwas über die Art und das Ausmaß sozialer Ungleichheit erfahren möchte, ist von zentraler Bedeutung, wie Ressourcen auf die einzelnen Gesellschaftsmitglieder verteilt sind. Hierbei haben Ressourcen eine Art ‚*Doppelgesicht*': Sie wirken zum einen handlungsstrukturierend und sind somit *(a) Vorbedingung* der Entscheidung von Akteuren. Zum anderen sind unterschiedliche Ressourcenverteilungen aber auch *(b) Ergebnisse* sozialer Prozesse, und bestimmen daher (auch), welche Personengruppen in einer Gesellschaft über welche Ressourcen verfügen. Die Ressourcenverteilung strukturiert individuelles Handeln, individuelles Handeln erzeugt eine bestimmte Ressourcenverteilung, die wiederum individuelles Handeln strukturiert usw. Methodisch könnte man auch sagen, als Vorbedingung der Entscheidung von Akteuren interessieren uns Ressourcen als erklärende oder *unabhängige Variablen*; als Ergebnis sozialer Prozesse sind Ressourcen dann als zu erklärende oder *abhängige Variablen* zu verstehen.

Während in Kapitel I wiederholt auf die Rolle von Ressourcen als Vorbedingung der Entscheidung von Akteuren eingegangen worden ist, beschäftigt sich dieses Kapitel an erster Stelle mit der Frage nach der sozial strukturierten *Verteilung von Ressourcen* bzw. der sozialen Ungleichheit im *Zugang zu Ressourcen*. Fragen nach sozialen Bildungsungleichheiten stehen im Zentrum von Kapitel III.1 und zielen auf Ursachen und Ausmaß der Ungleichverteilung von Humankapital. Kapitel III.2 thematisiert Ungleichheiten hinsichtlich der Art und des Umfangs sozialer Beziehungen. Hierbei geht es darum, inwieweit Menschen über mehr oder weniger Zugang zu sozialer Unterstützung durch Mitmenschen (z.B. durch Freunde oder Nachbarn) verfügen, sodass hier die Ungleichverteilung von Sozialkapital im Fokus steht. Kapitel III.3 bezieht sich anschließend auf Ungleichheiten bei der Beteiligung an Erwerbsarbeit, hinsichtlich des Risikos von Arbeitslosigkeit und bezüglich der Entlohnung. Die Beteiligung an Erwerbsarbeit ist ein wesentlicher Faktor, wenn es um die gesellschaftliche Teilhabe von Menschen geht. Der hier erzielte Verdienst ist dabei – wenn auch nicht der einzige – so doch ein wesentlicher Faktor. Insofern besteht eine enge Verbindung zu Fragen materieller Ungleichheiten, die in Kapitel III.4 anschließend unter der Überschrift „Einkommen, Vermögen und Armut" erörtert werden und auf die Ungleichverteilung von Ökonomischem Kapital abhebt.

III.1 Bildung und Humankapital

Im Verlauf des Bildungsprozesses eignen sich Individuen „Wissen" an. Dabei zielt der Begriff des „Wissens" ab auf „die Gesamtheit von Orientierungen, über die die Handelnden verfügen, um handeln zu können. Wissen umfasst nicht nur kognitive Kenntnisse darüber, was in dem je relevanten Weltausschnitt der Fall ist und wie das kausal mit anderem zusammenhängt, sondern auch intersubjektiv vermittelte Kenntnisse über geltende normative Vorgaben" (Schimank 2007: 732). *Wissen* bezieht sich hier folglich nicht allein auf Faktenwissen (z.B. historische Daten), das in der Alltagssprache in der Regel damit verbunden wird, sondern geht darüber hinaus und bezieht sich sowohl auf Fertigkeiten und das Beherrschen bestimmter Arbeitstechniken als auch auf die Kenntnisse über ‚Spielregeln', die im menschlichen

Miteinander gelten. Wissen beschreibt hier also die Kompetenzen, die eine Person zur Bewältigung von Aufgaben bzw. zum Lösen von Problemen besitzt.

Wissen verstanden als *Problemlösungskompetenzen* besteht zu einem (kleineren) Teil aus *angeborenen Fähigkeiten*. So verfügt ein Zwei-Meter-Mann zunächst einmal aufgrund seiner Körperlänge über ein größeres Potential, das Problem „Wie bekomme ich einen Basketball in den Korb" zu lösen, als ein Mann, der nur 1,60 Meter groß ist. Solche genetisch bedingten Unterschiede sind jedoch von untergeordneter Bedeutung, denn den Großteil unserer Fähigkeiten eignen wir uns im Laufe unseres Lebens an. Zum einen lernen wir durch *Erfahrung* und zum anderen lernen wir, indem andere Menschen (Eltern, Freunde, Lehrer) ihr Wissen an uns weitergeben. Im letzteren Fall sprechen wir auch von *Erziehung und Sozialisation*. Häufig erfolgt ein Teil dieser Wissensvermittlung im Rahmen standardisierter Lernprogramme in Bildungsorganisationen (Kindergärten, Schulen, Universitäten).

III.1.1 Bildung als Investition: Humankapitaltheorie

Wissen ist von zentraler Bedeutung für jedes Individuum, denn durch ein Mehr an Wissen vergrößert der Einzelne seinen Handlungsspielraum. Wenn ich eine bessere Schulbildung oder Berufsausbildung habe, bin ich deutlich seltener von Arbeitslosigkeit bedroht oder kann aus einer breiteren Palette von Karrieremöglichkeiten wählen. Beispielsweise kann ich mich mit einem entsprechend guten Abitur entscheiden, ob ich Medizin studieren möchte oder aber eine Lehre als Bankkaufmann oder Schreiner beginnen will. Diese Option habe ich nicht mit einem Realschulabschluss, geschweige denn ohne jeden Schulabschluss, denn mein Handlungsspielraum (hier: Berufswahl) ist geringer. Allerdings ist die Wissensaneignung mit *Kosten* verbunden. Solche Kosten entstehen hierbei nicht nur durch Studienbeiträge oder den Kauf von Büchern (direkte Kosten). Vielmehr muss man hierbei auch berücksichtigen, dass die Wissensaneignung ,Zeit' kostet. Der ,Preis' der Zeit bemisst sich nun daran, was eine Person hätte verdienen können, wenn Sie gearbeitet hätte, anstatt sich zu bilden (sprich: ein Buch zu lesen oder den Unterricht zu besuchen). Ökonomen sprechen in diesem Zusammenhang auch von *Opportunitätskosten*. So kostet der Besuch einer Vorlesung nicht nur das Fahrgeld zur Uni oder die Anschaffung eines Lehrbuchs. Zu berücksichtigen ist auch der entgangene Lohn, den ein Studierender hätte erzielen können, wenn er 90 Minuten (also die Zeit der Vorlesung) gearbeitet hätte, statt die Vorlesung zu besuchen.

Seine Kompetenzen durch Lernen zu vergrößern und dadurch seinen Handlungsspielraum zu erweitern, scheint aus individueller Sicht zunächst auf jeden Fall lohnenswert. Allerdings muss hierbei berücksichtigt werden, dass die Wissensaneignung mit Kosten verbunden ist. Insofern muss das Individuum hier eine *Investitionsentscheidung* treffen: Welches und wieviel Wissen möchte ich erwerben und welchen Preis (z.B. Kursgebühren, Bücher, Opportunitätskosten) muss ich dafür bezahlen? Letztlich muss sich das Individuum entscheiden, ob sich die Investition in sein *Humankapital* lohnen wird. Es geht also um eine Abwägung von heute entstehenden Kosten und zukünftig zu erwartendem Nutzen. Dies ist der Grundgedanke der Humankapitaltheorie (vgl. hierzu ausführlich Sesselmeier et al. 2010: Kapitel 11), der vereinfacht in Abbildung III-1 dargestellt ist. Dort ist auf der x-Achse die Lebenszeit eines Individuums abgetragen, wobei die Zeit hier erst zum Zeitpunkt t_0 mit dem Ende der Schulzeit beginnt. Es sind zwei weitere Zeitpunkte im Lebensverlauf abgetragen, nämlich das Ende der Ausbildungszeit (t_1) und der Beginn des Ruhestandes (t_2). Auf der y-Achse sind unterschiedliche Lohnhöhen abgetragen (L_0, L_1 und L_2). Ein Individuum – nennen wir es in unserem Beispiel Herr Meier – beendet seine Schulzeit zum Zeitpunkt t_0 und hat nun zwei Möglichkeiten: Entweder übernimmt er sofort einen regulären Job als ungelernte Kraft und erhält dafür einen Lohn in Höhe von L_0, oder er entscheidet sich für eine Ausbildung und bekommt dafür das (geringere) Lehrlingsgehalt in Höhe von L_1. Wovon hängt seine Entscheidung ab? Einerseits kann er sofort ‚gutes Geld‘ verdienen, jedoch ist klar, dass er als ungelernte Kraft wahrscheinlich bis zur Rente (Zeitpunkt t_2) keine Karriere machen kann und (vereinfacht gesprochen) immer gleich viel verdienen wird (immer ein Gehalt von L_0). Dem steht ein Lohnverzicht während der Ausbildungszeit (t_0 bis t_1) gegenüber, wobei Herr Meier dann als qualifizierte Kraft nach Ausbildungsende bis zum Rentenbeginn allerdings einen höheren Lohn (L_2) erzielen könnte, als wenn er die ganze Zeit als Ungelernter arbeiten würde. Wie wird sich Herr Meier entscheiden? Die Entscheidung hängt davon ab, ob der spätere im gesamten Berufsleben erzielte Lohngewinn die Ausbildungskosten zu Beginn der Karriere übertrifft. Geometrisch bedeutet dies, dass Herr Meier sich dann für die Ausbildung entscheidet, wenn der Flächeninhalt des Rechtecks 2 (Gewinn gegenüber der Alternative „Ungelernt") größer ist als der Flächeninhalt des Rechtecks 1 (Kosten gegenüber der Alternative

„Ungelernt"). Man kann auch sagen, dass sich für Herrn Meier die Frage stellt, ob sich seine Humankapitalinvestition in der Jugend im weiteren Verlauf seines Lebens amortisieren wird. Wenn Menschen damit rechnen, dass sie sich durch eine Ausbildung insgesamt in ihrem Leben besser stellen werden, sollten sie in Bildung investieren, auch wenn dies (zunächst) mit Kosten verbunden ist.

Abbildung III-1: Grundgedanke der Humankapitaltheorie

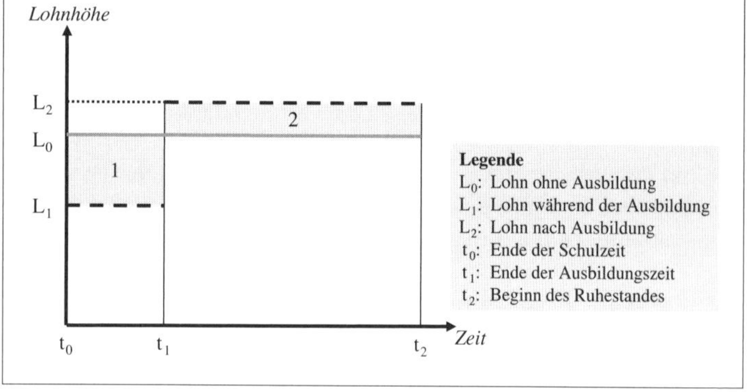

Quelle: eigene Darstellung in Anlehnung an Sesselmeier et al. (2010: 146)

Ausgehend von diesen Grundannahmen der Humankapitaltheorie scheint die Entscheidung recht simpel, ob und wie viel Zeit und Geld Menschen in Bildung investieren: Sie müssen einfach nur Kosten und Nutzen abwägen und ihre Investition optimieren. Allerdings wäre dies nur dann eine einfache Entscheidung, wenn man davon ausginge, dass Menschen allwissend sind und somit die Kosten und den späteren Nutzen genau kennen würden. Dies ist in der Realität aber nicht so, denn sowohl die genauen Ausbildungskosten als auch die genauen Ausbildungserträge sind im Vorfeld unbekannt. Wie immer agieren Menschen auch bei Bildungsentscheidungen unter *Unsicherheit*. Sie müssen ihre Entscheidungen an ihren Erwartungen orientieren. Mit welchen Kosten rechnen sie und welche Erträge erwarten Sie? Anders ausgedrückt ergeben sich aus individueller Sicht zwei Grundprobleme bei der Wissensaneignung: Erstens stellt sich die Frage, welches Wissen ich brauche, um mein Leben erfolgreich(er) gestalten zu können. Sollte ich mich z.B. für die ‚falsche' Berufsausbildung entscheiden, die mich doch nicht vor Arbeitslosigkeit schützt, habe ich mich

‚verspekuliert'; es besteht die Gefahr der *Fehlinvestition*. Zweitens stellt sich die Frage, ob bzw. bis zu welchem Grad sich die Wissensaneignung lohnt. So ist denkbar, dass ich mich für ein überflüssiges Aufbaustudium entscheide, durch das ich für meinen Job überqualifiziert bin; vorstellbar ist aber auch, dass ich eine Weiterbildung auslasse und sich im Nachhinein herausstellt, dass sich dadurch meine Karrierechancen deutlich verbessert hätten. Diese beiden Beispiele machen deutlich, dass auch die Gefahr der *Über- oder Unterinvestition* besteht. Bei der Wissensaneignung (also bei der Investition in Humankapital) geht es folglich nicht um eine Maximierung sondern vielmehr um eine *Optimierung des individuellen Wissensbestandes*. Aufgrund der menschlichen Natur als lediglich eingeschränkt (intentional) rationales Wesen, das seine Entscheidungen immer unter Unsicherheit fällen muss, ist dieses Optimum im Vorfeld (a priori) nur schwer bestimmbar.

Wichtig zu begreifen ist, dass es sich bei Humankapital um Wissen und Fertigkeiten handelt, also eine menschliche Eigenschaft, die untrennbar mit dem Körper des Besitzers des Humankapitals verbunden ist.

III.1.2 Determinanten der Bildungsentscheidung: Ressourcen, Restriktionen und Lebensverlauf

An dieser Stelle ist erneut zu betonen, dass es der Sozialstrukturanalyse nicht um Einzelfälle geht. Wie sich Herr Meier nun entscheidet, ob er eine Ausbildung macht oder nicht und wie er seine Bildungskosten und seinen Bildungsnutzen kalkuliert, ist für den Sozialforscher unerheblich. Vielmehr interessieren uns systematische Bildungsungleichheiten bestimmter Gruppen von Menschen. Wir gehen davon aus, dass die individuelle Bildungsentscheidung durch bestimmte Unterschiede in den Entscheidungssituationen der Individuen *systematisch beeinflusst* wird (ausführlichere Darstellungen finden sich bei Baumert et al. 2003, Becker 2011 und Ditton 2010). Vor dem Hintergrund der Humankapitaltheorie geht es also darum, ob bspw. Migranten Bildungskosten und Bildungserträge systematisch (d.h. im Durchschnitt) anders bewerten als Einheimische und dadurch systematisch (im Durchschnitt) zu anderen Bildungsentscheidungen kommen.

Beginnen wir zunächst mit möglichen bzw. zu erwartenden systematischen Einflüssen der individuellen Ressourcenausstattung auf die individuelle Bildungsentscheidung. Hierbei muss man berücksichtigen, dass Bildungsentscheidungen häufig gar nicht von dem Lernenden selbst bzw. alleine getroffen werden, sondern dass sie oft *stellvertretend durch Eltern* gefällt werden. Denn bei den Lernenden handelt es sich oftmals um Kinder, die nicht oder nur eingeschränkt entscheidungsfähig sind. Aber selbst bei Jugendlichen oder auch jungen Erwachsenen werden die elterliche Meinung und der elterliche Wille immer noch einen nicht unerheblichen Einfluss haben (z.b. bei der Entscheidung für oder gegen ein Studium). Handlungstheoretisch bedeutet dies, dass wir verstehen müssen, ob und wie die Ressourcenausstattung des Lernenden bzw. seiner Eltern die Bildungsentscheidung beeinflusst. Die Ressourcenausstattung ist hierbei nicht nur als direkte Voraussetzung wichtig, z.b. wenn man an die finanziellen Mittel denkt, über die Eltern verfügen müssen, um Nachhilfestunden zu bezahlen. Wichtig ist auch, dass die Ressourcenausstattung die (unsicheren) Erwartungen an den Erfolg bestimmter Bildungswege beeinflussen kann. Wenn in einer Familie das Geld knapp ist, ist zu vermuten, dass sich Eltern im Durchschnitt seltener für einen weiterführenden Schulbesuch entscheiden. Denn ein weiterführender Schulbesuch wäre mit Kosten verbunden. Der Jugendliche müsste weiter finanziell unterstützt werden. Hier scheint die Alternative eines möglichst frühen Übertritts in das Erwerbsleben besonders lohnend, denn der Erfolg weiterer Bildungsinvestitionen ist unsicher und dieses Risiko ist bei einer schlechten finanziellen Lage wesentlich schwerer tragbar.

Die Ressourcenausstattung beeinflusst also sowohl die *Bildungsvoraussetzung* als auch die *Bildungsbewertung*. Dies wird häufig auch als *primärer und sekundärer Herkunftseffekt* bezeichnet (Boudon 1974):

(1) Der Begriff des *primären Herkunftseffektes* bezieht sich auf die Bildungsvoraussetzungen, die durch die soziale Herkunft beeinflusst werden. Dies umfasst nicht nur Einschränkungen aufgrund der materiellen Lebensumstände, ob also die Eltern Geld für Nachhilfe oder Sprachreisen besitzen oder aber, ob die elterliche Wohnung größer oder kleiner ist oder an einer lauten Straße liegt und damit dann die räumlichen Lernbedingungen zusammenhängen. Auch die Fähigkeiten und Möglichkeiten der Eltern ihre Kinder z.B. beim Lernen aktiv zu unterstützen, sind im Durchschnitt bei Familien mit niedrigem sozialen Status geringer – was wenig verwundert, da sich im sozialen Status der Eltern in der Regel auch deren eigenes Bildungsniveau niederschlägt. Insofern geht von primären Herkunftseffekten eine langfristige Wirkung aus, die nicht nur generell auf den gesamten Bildungsverlauf eines Kindes einwirkt, sondern eine Ursache für die Weitergabe von Defiziten an die folgende Generation sein kann.

(2) Der Begriff des *sekundären Herkunftseffektes* bezieht sich demgegenüber auf die Bildungsbewertung, die sich je nach sozialer Herkunft unterscheiden kann. Entscheidendes Argument hierbei ist, dass Menschen mit unterschiedlichem sozialen Status die Kosten und Nutzen bestimmter Bildungsinvestitionen unterschiedlich bewerten. Geht man einmal davon aus, dass Eltern zunächst daran interessiert sind, dass ihre Kinder kein schlechteres Leben haben sollen als sie selbst (also nicht sozial absteigen sollen), dann sind Bildungsentscheidungen daran ausgerichtet, ob sie geeignet sind, den Statuserhalt des Kindes zu sichern. Unter dieser Voraussetzung geht es für Eltern mit einem Hauptschulabschluss darum, dass ihr Spross auch zumindest den Hauptschulabschluss schafft, während es für das Arztehepaar zum Statuserhalt wichtig ist, dass ihr Nachkomme zumindest das Abitur besteht. Sind Eltern sogar am Aufstieg ihrer Kinder interessiert („Meine Tochter soll es einmal besser haben!"), so kommt ein weiteres Problem hinzu: Ausgehend von primären Herkunftseffekten ist die zu überwindende Aufstiegsdistanz für Kinder aus sozial schwachen Elternhäusern wesentlich höher als bspw. aus Akademikerfamilien. Gemessen an der Ausgangslage müssten Familien von Bildungsaufsteigern relativ betrachtet erheblich mehr Kosten für die Lernerfolge ihrer Kinder aufwenden als sozial besser gestellte Familien. In diesem Fall würden aber auch die potenziellen Folgen einer Fehl- oder Überinvestition schwerer wiegen, weshalb Bildungsinvestitionen und damit verbunden Bildungsaufstiege unterbleiben, obwohl sie prinzipiell möglich gewesen wären (z.B. wenn das Kind eigentlich leistungsstark ist).

Primäre und sekundäre Herkunftseffekte sind insgesamt also ressourcenabhängig; das ist im Grunde genommen gemeint, wenn in diesem Zusammenhang vom Einfluss des „sozialen Status" gesprochen wird. So sind sowohl die Bildungsvoraussetzungen als auch die Bildungsbewertung erstens vom Ökonomischen Kapital der Eltern bzw. der Lernenden abhängig: Kann ich meinem Kind Nachhilfeunterricht bezahlen? Ist eine Sprachreise möglich? Kann ich privaten Musikunterricht finanzieren? Sie sind zweitens aber auch vom Humankapital der Eltern abhängig: Kann ich meinem Kind bei den Hausaufgaben helfen? Weiß ich, wie Bildungswege funktionieren, z.B. weil ich selbst eine Universität besucht oder ein Schuljahr im Ausland verbracht habe? Und drittens spielt auch das Sozialkapital eine Rolle: Wenn ich schon nicht selbst helfen kann, habe ich denn evtl. einen Freund, der mein Kind beim Lernen unterstützen kann? Habe ich Bekannte, die meinem Kind einen interessanten Praktikumsplatz vermitteln können? Kann ich dafür sorgen, dass mein Kind bei meinem Arbeitgeber einen Ausbildungsplatz erhält?

In einem nächsten Schritt stellt sich die Frage nach den Restriktionen, die von außen die individuelle Bildungsentscheidung systematisch beeinflussen. Unter diesem Aspekt wollen wir uns vor allem auf die Rolle von Bildungsorganisationen konzentrieren. Hierbei ist zu unterscheiden zwischen der Verfügbarkeit von bzw. dem *Zugang zu organisierten Bildungsangeboten* einerseits und der *Bewertung von Leistungen innerhalb von Bildungsorganisationen* andererseits:

(1) Der Zugang zu organisierten Bildungsangeboten wird durch *räumliche und rechtliche Gelegenheitsstrukturen* beeinflusst. Je nach Ausgestaltung des Bildungssystems können sich die Bildungschancen z.B. zwischen dem ländlichen Raum und der Großstadt unterscheiden, da auf dem Land möglicherweise bestimmte Bildungsangebote (Gymnasium, Universität) fehlen bzw. aufgrund größerer räumlicher Distanzen die individuellen Bildungskosten (z.B. Fahrtkosten) steigen. Dies kann sich aber auch auf kleinräumigere Angebote beziehen, z.B. die Verfügbarkeit eines Kinderhorts oder einer Ganztagesbetreuung im Stadtteil. Und in einem föderalen Bildungssystem wie in der Bundesrepublik Deutschland kann es auch unterschiedliche räumliche Gelegenheitsstrukturen je nach Bundesland geben. Rechtliche Gelegenheitsstrukturen hängen davon ab, ob und inwiefern es rechtliche Zugangsbeschränkungen zu Bildungsangeboten gibt, bspw. durch Leistungsanforderungen, die im Vorfeld zu erbringen sind. Hierzu können Eignungstests oder auch Mindestnotenvorgaben (z.B. numerus clausus) gehören.

(2) Die Bewertung von Leistungen innerhalb von Bildungsorganisationen richtet sich nach der Bedeutung von *Vorurteilen und Stereotypen von Lehrkräften*, die die jeweilige Bildungsorganisation als „Agenten" vertreten. Durch die Nutzung standardisierter Testverfahren wird zwar versucht, bewusste oder unbewusste Diskriminierung durch Lehrer zu verhindern, jedoch kann dies nur zum Teil Erfolg haben. Lehrkräften bleibt immer ein mehr oder weniger großer Spielraum der Leistungsbewertung. Dabei kann eine Diskriminierung durchaus in bester Absicht geschehen, etwa bei Entscheidungen, die den weiteren Bildungsverlauf betreffen. Wenn bspw. vom Lehrer angenommen wird, das Kind oder der Jugendliche hätte bei zukünftigen Ausbildungsproblemen zu wenig moralische und auch aktive Unterstützung aus dem Elternhaus oder auch dem weiteren Umfeld, so könnte dadurch seine Bewertung des (zukünftigen) Leistungspotentials beeinträchtigt werden. Lehrer meinen hier also paradoxer

Weise durch negative Bewertungen oder das Unterlassen von Ermutigung im Sinne des Schülers zu handeln, um ihm vermeintliche oder tatsächliche Schwierigkeiten in der Zukunft zu ersparen. Bei ressourcenstarken Familien hingegen wird eher genügend Unterstützungspotential vermutet, sodass es dann zu systematischen Unterschieden bezüglich des weiteren Bildungsweges kommt, der durch die Beurteilung von Lehrern mit verursacht worden ist. Möglich ist auch, dass Eltern mit einem höheren sozialen Status Lehrer eher zu positiven Beurteilungen drängen, z.B. weil sie im persönlichen Gespräch Druck aufbauen (können).

Außerdem sind Lebensverlaufseffekte zu erwarten. So besteht eine Wechselwirkung aktueller Bildungsentscheidungen mit vorgelagerten Bildungserfahrungen (also „Vorher-Nachher-Interdependenz"), die Kinder oder Jugendliche entweder bereits selbst oder aber deren Eltern (z.B. in ihrer eigenen Schul- und Ausbildungszeit) gemacht haben. Zudem gibt es Wechselwirkungen zwischen dem Bildungsverlauf und anderen Lebensbereichen („Interdependenz unterschiedlicher Lebensbereiche"). So kann es Zusammenhänge zwischen dem Bildungs- und dem Familienverlauf gehen, z.B. weil Teenagermütter aufgrund ihrer Schwangerschaft eine Ausbildung abgebrochen haben. Hier sind auch Zusammenhänge zwischen dem Erwerbsverlauf der Eltern und Bildungsentscheidungen zu vermuten, z.B. bei Arbeitslosigkeit eines Elternteils.

III.1.3 Empirische Fakten zur Bildungsungleichheit in Deutschland

Grundsätzliche Funktion des Bildungssystems
Wenn man zunächst einmal vom Idealfall ausgeht, dass Chancengleichheit in unserer Gesellschaft im Allgemeinen und im deutschen Bildungssystem im Besonderen gewährleistet ist, dann bedeutet dies, dass es keine ungerechten sozialen Bildungsungleichheiten geben dürfte. Es bedeutet hingegen *nicht*, dass es überhaupt keine sozialen Bildungsungleichheiten geben dürfte. Das Ziel von Chancengleichheit ist die Gewährung gleicher Möglichkeiten, jedoch auf keinen Fall die Sicherstellung gleichen Erfolgs. Dies ist auch durchaus sinnvoll, denn wenn alle unabhängig von tatsächlichen Leistungen und Fähigkeiten jedes Bildungszertifikat erhalten würden, hätten diese Zertifikate keinen Sinn mehr und wären wertlos. Aber auch unabhängig von dieser Entwertung von Zertifikaten wäre der völlig uneingeschränkte Zugang zu allen Ausbildungszweigen für jeden kontraproduktiv

und ineffizient. Da nicht nur jedes Individuum, sondern auch jedes Unternehmen und auch die Gesellschaft insgesamt nur ein bestimmtes Maß an Ressourcen zur Verfügung hat, muss eine Entscheidung getroffen werden, wie viele Ressourcen als Investition in den Aufbau anderer oder weiterer Ressourcen fließen soll. Würde eine Gesellschaft allen, die dies wünschen und unabhängig von irgendeiner Vorleistung ein kostspieliges Medizinstudium ermöglichen, würden hier Ressourcen verschwendet, weil zum einen zu viele Ärzte produziert würden, die am Ende nicht alle eine Beschäftigung fänden. Zum anderen würde Geld in die Ausbildung ungeeigneter Kandidaten gesteckt, die früher oder später das Studium abbrechen. Ähnlich wäre das Ergebnis, wenn man Unternehmen zwingen würde, jeden Bewerber auf einen Ausbildungsplatz zu nehmen. Schließlich haben Beschränkungen des Bildungszugangs auch lenkende Wirkung auf individuelle Bildungsentscheidungen und können helfen, eine falsche Berufswahl zu verhindern.

Entsprechend kommen dem *Bildungssystem* insgesamt *vier Funktionen* zu: Erstens soll das Bildungssystem eine *Qualifikations- und Ausbildungsfunktion* übernehmen. Hierbei geht es darum, dass Menschen Faktenwissen aber auch Fertigkeiten und Kompetenzen vermittelt werden. Darüber hinaus hat das Bildungssystem zweitens eine *Zertifizierungsfunktion*. Hierbei sollen die Bildungsträger nach zuvor festgelegten Standards bestimmte Kenntnisse und Fähigkeiten prüfen und bei Erfolg dem Prüfling diese Kompetenzen auch auf Basis eines allgemein anerkannten Zertifikates bescheinigen. Drittens hat das Bildungssystem aber auch die zentrale *Funktion der Selektion und Platzierung*, d.h. die Träger des Bildungssystems entscheiden idealer Weise allein auf Basis von Leistung, wer welche (weiteren) Bildungschancen hat oder aber auch, wer welchen Beruf ausüben darf. Dies führt dann zur vierten Funktion, und zwar der *Legitimationsfunktion*. Solange das Bildungssystem nach transparenten, von allen (oder zumindest der großen Mehrheit) akzeptierten Regeln für Qualifikation, Zertifizierung und Selektion sorgt, ist das Bildungssystem Garant für die Legitimation dieser so erzeugten sozialen Ungleichheit. Zusammenfassend kann man sagen, dass das Bildungssystem soziale Ungleichheit erzeugen soll – allerdings unter der Voraussetzung von Chancengleichheit.

Allerdings konnten im vorausgegangenen Abschnitt dieses Kapitels bereits einige gewichtige theoretische Gründe genannt werden, warum es höchst unwahrscheinlich ist, dass Bildungsunterschiede in Deutschland lediglich tatsächliche Leistungsunterschiede widerspiegeln. Offensichtlich ist Chancengleichheit nur eingeschränkt gegeben. Im Folgenden soll daher ein Blick auf ausgewählte empirische Fakten ein Bild vermitteln, ob und inwiefern Bildungsungleichheiten in Deutschland bestehen, und wie sich Bildungsungleichheiten im Zeitverlauf möglicherweise geändert oder gewandelt haben.

Der Prozess der Bildungsexpansion
In Deutschland hat Ende der 1950er Jahre ein Prozess begonnen, der bis heute andauert und der zu wesentlichen Veränderungen im Bildungssystem aber auch in der Bildungsstruktur und im Hinblick auf Bildungsungleichheiten geführt hat. Dieser Prozess wird als *Bildungsexpansion* bezeichnet, die sich zunächst vor allem in einer organisatorischen Reform des Schul- und später auch Hochschulsystems und dem Ausbau des Bildungswesens insbesondere durch die Erhöhung der Zahl der Schulen sowie der Neugründung von Universitäten zeigte. Ferner sollte auch die Qualität der Bildung z.B. durch eine verbesserte Lehrerausbildung, aber auch neu ausgerichtete, pädagogische und didaktische Konzepte erhöht werden.

   Ausgangspunkt dieser Entwicklung war die Tatsache, dass sich nahezu in allen westlichen Industriestaaten im Zuge der raschen wirtschaftlichen Erholung nach Ende des Zweiten Weltkrieges zeigte, dass der rasante technische Fortschritt auch höhere Qualifikationsanforderungen an einen wachsenden Teil der in der Produktion beschäftigten Arbeiter stellte. Gleichzeitig nahm schon damals die Bedeutung eher wissensbasierter Dienstleistungen zu. Somit bestand aus *wirtschaftlichen Gründen* ein hoher und weiter steigender Bedarf an qualifizierten Arbeitskräften, weshalb ein Ausbau des Bildungssystems notwendig wurde. In der Bundesrepublik Deutschland kam nach dem Mauerbau am 13. August 1961 noch verschärfend hinzu, dass der Zustrom junger, gut ausgebildeter DDR-Bürger von heute auf morgen versiegte. Bis dahin hatte die westdeutsche Gesellschaft durch diese Zuwanderung aus dem Osten profitiert, nun verschärfte sich durch den Mauerbau der Mangel an geeigneten Arbeitskräften.

   Hinzu kamen *politische Ursachen*, die den Prozess der Bildungsexpansion noch beschleunigten. Denn am 4. Oktober 1957 gelang es der Sowjetunion, den ersten künstlichen Satelliten („Sputnik") auf eine Erdumlaufbahn zu bringen. Dies löste im Westen einen regelrechten Schock aus („Sputnik-Schock"). Dort interpretierte man diese technische Glanzleistung des sozialistischen Gegners im Kalten Krieg als ein Warnsignal. Man befürchtete, auf wissenschaftlichem und technischem Gebiet vom Ostblock abgehängt zu werden,

was – so glaubte man – langfristig wiederum fatale Folgen hinsichtlich einer militärischen Unterlegenheit aufgrund rückständiger
Wehrtechnik hätte haben können. Um dem wirkungsvoll entgegen-
wirken zu können, bräuchte man – so die damalige Diagnose – eine
erheblich größere Zahl besser qualifizierter Menschen als bisher. In
den westlichen Staaten war es somit auch Ziel der folgenden Bildungsexpansion, im Kalten Krieg die Vorherrschaft im Bereich von
Wissenschaft und Technik gegenüber dem Ostblock zurückzugewin-
nen bzw. zu sichern.

Die ökonomisch und politisch motivierte Argumentation zum Ausbau des Bildungswesens zielte vor allem auf bislang nicht genutzte
„Bildungsreserven" ab. Das in den Köpfen der Kinder und Jugendlichen schlummernde Leistungspotential sollte stärker erschlossen werden, um es produktiv nutzbar zu machen. Erst im Verlaufe der 1960er
Jahre traten zu den bereits erwähnten wirtschaftlichen und politischen
Begründungen für eine Reform und einen Ausbau des deutschen Bildungssystems noch *ethische und demokratietheoretische Argumente*.
Denn nach der wirtschaftlichen Erholung und dem Wiederaufbau nach
dem Krieg zeigte sich im Laufe der 1960er Jahre, dass von Chancen-
gleichheit im Bildungssystem nach wie vor keine Rede sein konnte.
Insbesondere auf dem Land waren die Bildungsmöglichkeiten beson-
ders schlecht. Gleichzeitig waren Arbeiterkinder de facto von höherer
Bildung ausgeschlossen. Diese deutlichen regionalen und sozialen
Bildungsungleichheiten vertrugen sich nicht mit dem demokratischen
Versprechen von Chancengleichheit und gleichen gesellschaftlichen
Beteiligungsmöglichkeiten der Bundesrepublik. Der faktische Aus-
schluss von Bildungsmöglichkeiten wurde so nicht nur von einer
wachsenden Zahl von Menschen als eine Verletzung elementarer Menschenrechte gewertet, sondern diese ungleiche Verteilung von Bildungschancen als Bedrohung der noch jungen bundesdeutschen Demokratie verstanden. Gerade angesichts der noch nicht allzu lange
zurückliegenden Erfahrung mit der NS-Diktatur bei einer gleichzeitigen totalitären Bedrohung durch den „real existierenden Sozialismus"
in Osteuropa musste eine möglichst große Zahl von Menschen für die
Demokratie gewonnen werden. Nur diejenigen, die erkennen, welche
Vorteile an Freiheit und Lebenschancen die Demokratie ihnen bietet,
werden im Zweifel diese Demokratie auch verteidigen – so die damaligen Überlegungen. Insofern war die Bildungsexpansion sicher vor
allem in ihren Anfängen wirtschaftlich und politisch motiviert, bekam
aber im Laufe der 1960er Jahre auch eine bürgerrechtliche Fundierung
(vgl. für einen Überblick Hadjar/Becker: 2011).

Entwicklung, Ausmaß und sozialstrukturelle Folgen der Bildungsexpansion

Allein durch den Ausbau des Bildungswesens haben sich die individuellen Gelegenheitsstrukturen für Kinder, Jugendliche und Eltern deutlich verändert. Eine verbesserte Bildungsinfrastruktur machte bestimmte weiterführende Schulen oder auch Universitäten für viele Menschen räumlich überhaupt erst erreichbar. Insofern haben sich die Restriktionen, die von außen die individuelle Bildungsentscheidung beeinflussen, in Form geänderter Rahmenbedingungen deutlich gewandelt. Allein diese Veränderungen des Angebots an verfügbaren Bildungseinrichtungen lassen erwarten, dass nun eine wachsende Zahl von Schülern bzw. deren Eltern sich für eine weitere Investition in Bildung entscheiden.

Doch größere Möglichkeiten müssen nicht zwangsläufig auch von den einzelnen Akteuren genutzt werden. Hierbei ist auch die individuelle Ressourcenausstattung als weiterer zentraler Faktor zu berücksichtigen. Nur weil bspw. eine neue Universität gegründet worden ist, muss dieses Angebot nicht zwangsläufig auch zu einer höheren Nutzung führen. Hohe Transportkosten, Studiengebühren oder aber entgangener Lohn („Opportunitätskosten") können dazu führen, dass die verbesserten Möglichkeiten nicht genutzt werden. Insofern ist auch die Verbesserung der Ressourcenausstattung insbesondere finanzschwacher Akteure ein weiteres, wesentliches Anliegen der Bildungsexpansion gewesen. Eine Maßnahme bestand darin, Schulen und Universitäten in eher ländlichen Regionen oder auch Regionen mit einer hohen Zahl an Industriearbeitern auszubauen oder sogar neu zu gründen, damit durch die bessere Erreichbarkeit vom Herkunftsort die finanzielle Belastung der Lernenden reduziert und dadurch ihre Ressourcen geschont werden. Beispielhaft für diese Entwicklung sind die Universitätsneugründungen in Regensburg und in Bochum im Jahr 1962, um Bildungsreserven aus der ländlichen Region Ostbayern bzw. dem hochindustrialisierten Ruhrgebiet zu erschließen. Neben der indirekten Schonung finanzieller Ressourcen wurde auch die direkte Belastung von Lernenden reduziert, so z.B. durch eine schrittweise Durchsetzung der Schulgeld- und Lernmittelfreiheit im Verlauf der 1950er und frühen 1960er Jahre. Gleichzeitig versuchte man auch, die finanziellen Ressourcen einkommensschwacher Schüler und Studenten direkt durch Zuschüsse zu verbessern, so z.B. durch die Einführung von Finanzhilfen an Studenten durch das „Honnefer Modell" 1957, das 1971 dann durch das BAföG abgelöst wurde (vgl. Wolf 2006).

Entsprechend unserem Modell eingeschränkt rationaler Akteure ist zunächst einmal durchaus plausibel, dass die Ziele der Bildungsexpansion aufgrund der vorgestellten Maßnahmen langfristig auch erreicht werden konnten. So sollte sich im Zeitverlauf nicht nur (a) die Bildungsbeteiligung insgesamt erhöhen, sondern (b) die Qualifikationsstruktur der Gesamtgesellschaft sollte sich verbessert und (c) soziale Bildungsungleichheiten im Zeitverlauf verringert haben. Denn durch die veränderten Restriktionen bei gleichzeitig verbesserter Ressourcenausstattung sollten die Akteure (also Schüler bzw. deren Eltern) zu anderen (positiveren) *Erwartungen* über den Nutzen von Investitionen in ihre Bildung kommen. Gerade für finanzschwache Menschen müssten sich im Schnitt (!) durch die Bildungsexpansion die Investitionsanreize verstärkt haben und deshalb müsste man zunächst aus theoretischer Sicht auch mit einer abnehmenden Bedeutung der primären und sekundären Herkunftseffekte rechnen. Anhand ausgewählter empirischer Befunde gilt es im weiteren Verlauf, die sozialstrukturellen Folgen der Bildungsexpansion in der Bundesrepublik Deutschland darzustellen. Es ist dann zu klären, ob und inwieweit die ursprünglich mit der Bildungsexpansion verknüpften Ziele tatsächlich erreicht wurden und welche weiteren, damals nicht bedachten Folgen sich ergeben haben.

Abbildung III-2 macht eindrucksvoll deutlich, welche langfristigen Veränderungen sich hinsichtlich der Verteilung von Schülerinnen und Schülern auf unterschiedliche Schulformen ergeben haben. Besuchten 1955 noch mehr als 70 Prozent der damals 13-jährigen Schülerinnen und Schüler die Hauptschule (bis 1968 „Volksschule"), so reduzierte sich dieser Anteil bis 2015 kontinuierlich auf 12 Prozent. Demgegenüber nahm die Bedeutung von Realschule und Gymnasium vor allem bis Mitte der 1980er Jahre von etwa 9 bzw. 15 Prozent auf etwa 27 Prozent erheblich zu. In den letzten 30 Jahren stagnierte der Anteil der Realschüler, wohingegen der Anteil an Gymnasiasten auf etwa 35 Prozent im Jahr 2015 weiter gewachsen ist. Mitte der 1970er Jahre trat als neue Form die Gesamtschule hinzu, die seit ihrer Einführung bis Mitte der 1990er Jahre einen steten Zuwachs erlebte und auf der mittlerweile etwa 15 Prozent der Schüler unterrichtet werden. Diese Entwicklung ist ein deutliches Zeichen der sich vollziehenden Bildungsexpansion mit der Zunahme höherwertiger Bildungswege, sodass heute rund die Hälfte der Schüler das Gymnasium oder aber die Gesamtschule besucht, auf der ja auch das Abitur abgelegt werden kann.

Abbildung III-2: Schulbesuch 13jähriger Schülerinnen und Schülern nach Schul-form (Anteile in %), Deutschland 1955-2015*

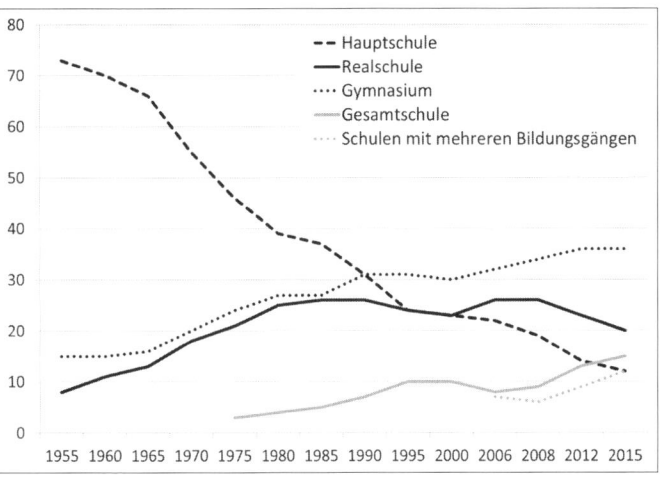

* bis 1990: Westdeutschland

Quelle: bis 2000 GESIS/Zuma Berichterstattung Soziale Indikatoren; ab 2006 KMK
(2016: XVI); eigene Darstellung

Ein weiterer wesentlicher Aspekt der Bildungsexpansion war die
Ausweitung der Zahl der Studienplätze an Fachhochschulen und Universitäten. Durch Erweiterung bestehender und die Gründung einer
ganzen Reihe neuer Hochschulen konnte das Angebot an Studienplät-
zen rasant ausgeweitet werden, was sich auch in der deutlichen Zunahme der Studierendenzahlen seit den 1950er Jahren zeigt. Wie
Abbildung III 3 zeigt, waren 1950 etwa 130.000 Männer und Frauen
an westdeutschen Hochschulen eingeschrieben. Diese Zahl hat sich
bis 1990 auf etwa 1,5 Millionen mehr als verzehnfacht. Dieser zunehmende Trend hielt auch im vereinigten Deutschland an, sodass im
Jahr 2015 2,8 Millionen Studierende gezählt werden können. Diese
deutliche Zunahme der Studierendenzahlen ist ein besonders ein-
drucksvolles Beispiel für die fundamentalen Veränderungen in der
deutschen Bildungslandschaft seit Beginn der Bildungsexpansion.
Abbildung III-3 macht aber zudem auf einen weiteren Aspekt aufmerksam: Frauen waren vor allem die Gewinnerinnen der Bildungsexpansion. Kam 1950 eine Studentin auf fünf männliche Kommili-

tonen, ist das Verhältnis heute nahezu ausgeglichen. *Im Zuge der Bildungsexpansion haben also gerade Frauen ihre Bildungsbeteiligung enorm ausbauen können.*

Abbildung III-3: Zahl der Studierenden (nach Geschlecht), Deutschland 1947-2015*

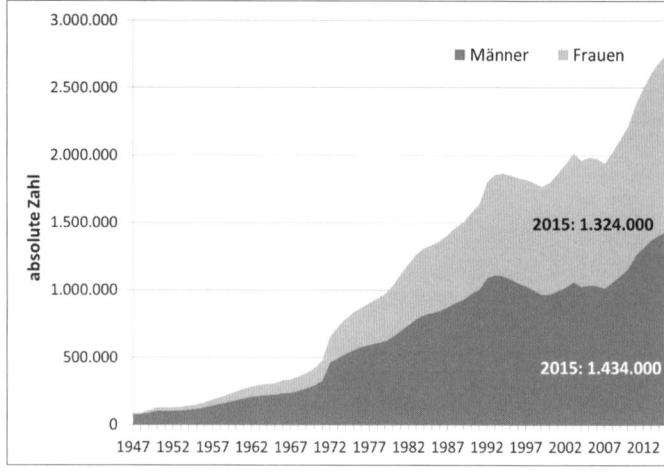

* bis 1991: Westdeutschland

Quelle: Statistisches Bundesamt; eigene Darstellung

Im Zuge der Bildungsexpansion hat sich nicht nur die Wertigkeit der Bildungsabschlüsse erhöht, sondern auch die Zeit deutlich verlängert, die junge Menschen heute im Bildungssystem lernen. Insofern ist als ein weiteres Resultat der Bildungsexpansion auch der im Lebensverlauf später, das heißt in einem höheren Alter als früher stattfindende Übergang von der Ausbildung in den Beruf festzustellen (vgl. dazu die Ausführungen im Kapitel III.3). Längere Ausbildungszeiten gingen schließlich auch mit höherwertigen Abschlüssen einher und so hat sich langfristig auch die Qualifikationsstruktur der deutschen Bevölkerung deutlich gewandelt. 1976 war mit 48,2 Prozent noch knapp die Hälfte der bundesrepublikanischen Bevölkerung ohne abgeschlossene Berufsausbildung. Ein etwa gleich großer Anteil (47 Prozent) hatte eine Lehre oder Ähnliches erfolgreich absolviert, wohingegen nur knapp fünf Prozent einen akademischen Abschluss vorzuweisen hatten. Im Jahr 2015 hat sich auf der einen Seite dieser Akademikeranteil mit

16,3 Prozent mehr als verdreifacht und der Anteil der Absolventen
einer Berufsausbildung ist um rund 10 Prozentpunkte auf 57,1 Prozent
gestiegen. Auf der anderen Seite machen Ungelernte heute nur noch
ein gutes Viertel der Bevölkerung aus. Bei dieser Zeitreihe ist allerdings zu berücksichtigen, dass ab 1991 gesamtdeutsche Zahlen aufge-
führt werden und dies einen Teil der deutlichen Anteilsverschiebungen
zwischen 1985 und 1991 erklärt. Hintergrund ist, dass die Bevölkerung
der DDR im Vergleich zur alten Bundesrepublik schon damals im
Schnitt deutlich besser qualifiziert war – ein Umstand der auch noch
25 Jahre nach der Vereinigung nachweisbar ist. Wie Abbildung III-4
zeigt, ist auch im Jahr 2010 der Anteil Ungelernter in den neuen Bundesländern mit etwa 15 Prozent kaum mehr als halb so groß wie in den
alten Bundesländern. Gleichwohl ist die langfristige Veränderung in
Gesamtdeutschland nicht allein auf das Hinzukommen der besser qualifizierten Ostdeutschen zu verstehen. Vergleicht man das Jahr 1976
mit den Werten für 2015 aus den alten Bundesländern, zeigt sich auch
hier eine *deutliche Verbesserung der gesamten Qualifikationsstruktur*.
Auch wenn sich insgesamt die Qualifikationsstruktur in den vergange-

*Abbildung III-4: Qualifikationsstruktur der Bevölkerung nach höchstem erreich-
ten Berufsabschluss (Anteile in %), Deutschland 1976-2015**

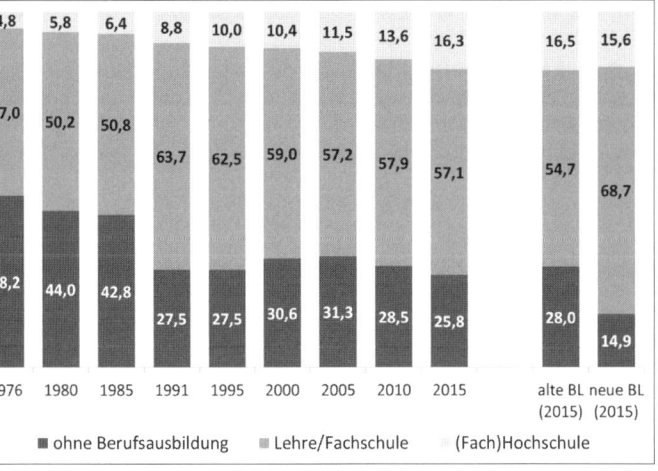

* bis 1985: Westdeutschland

Quelle: Statistisches Bundesamt; eigene Darstellung

nen Jahrzehnten deutlich verbessert hat, gibt es dennoch einen nicht
unerheblichen Teil von Menschen, die im Bildungssystem scheitern.
So haben im Jahr 2015 knapp 6 Prozent der 15- bis 17-jährigen die
Schule ohne Hauptschulabschluss verlassen (KUK 2016: XXVIII).
Angesichts der äußerst schlechten Berufsaussichten von Geringquali-
fizierten (vgl. dazu Kapitel III.3) ist dies eine erschreckend hohe Zahl.

Soziale Herkunft, Migrationshintergrund und Bildungsungleichheit
Wie der vorherige Abschnitt zeigen konnte, hat die Bildungsexpansion in der Tat zu einer erhöhten Bildungsbeteiligung und Verbesserung des Qualifikationsniveaus der Bevölkerung geführt. Ein weiteres Ziel des Aus- und Umbaus des Bildungssystems war es zudem,
herkunftsbedingte Bildungsungleichheiten abzubauen. Wie exemplarisch anhand der Studierendenzahlen deutlich gemacht werden konnte (vgl. nochmals Abbildung III-3), konnten zumindest im Bereich
der Schul- und Hochschulbildung die ehedem ausgeprägte Benachteiligung von Mädchen und Frauen in den vergangenen 60 Jahren
deutlich abgebaut werden. Insofern hat hinsichtlich der Gleichberechtigung von Männern und Frauen die Bildungsexpansion starke
Fortschritte erzielt, obwohl dieser Aspekt ironischerweise zumindest
zu Beginn dieses Prozesses Ende der 1950er und Anfang der 1960er
Jahre gar nicht zu den anvisierten Zielen zählte. Erst in der zweiten
Hälfte der 1960er Jahre gelangten dann auch geschlechtsspezifische
Bildungsbenachteiligungen in das Blickfeld.

Stärker im Fokus stand im Gegensatz dazu von Beginn an die Be-
mühung, *Bildungsreserven aus eher bildungsfernen Schichten* und Elternhäusern mit geringerem sozialen Status zu erschließen. Auch wenn
hier in den unterschiedlichen Bereichen des Bildungssystems Barrieren
abgebaut werden konnten, zeigt Abbildung III-5 dennoch, dass es auch
aktuell noch deutliche Zusammenhänge zwischen der sozialen Herkunft (hier gemessen am höchsten Bildungsabschluss der Eltern) und
der Art der Bildungsbeteiligung von Kindern (hier gemessen am Schultyp) existieren. Zunächst ist ganz links in Abbildung III-5 die Zusammensetzung der Grundschüler hinsichtlich ihrer sozialen Herkunft als
Referenz abgetragen. Da eine Schulpflicht besteht und im Primarbe-
reich nur die Grundschule als Schultyp existiert, bildet die herkunfts-
bezogene Struktur der Grundschüler relativ gut die allgemeine Verteilung innerhalb der Kinder und Jugendlichen ab. Demnach haben die
Eltern von 45 Prozent der Grundschüler im Jahr 2014 das Abitur oder
die Fachhochschulreife, 34 Prozent der Kinder haben Eltern mit einem
Realschulabschluss, 16,7 Prozent haben Eltern mit einem Hauptschul-

abschluss und bei lediglich 3,8 Prozent der Grundschüler haben die Eltern keinerlei Schulabschluss. Im Vergleich dazu ist deutlich erkennbar, dass unter den Hauptschülern die Kinder aus einem Elternhaus mit Abitur bzw. Fachhochschulreife deutlich unter- und aus einem Elternhaus mit Hauptschulabschluss bzw. ohne Schulabschluss deutlich überrepräsentiert sind (14,5 zu 43,8 bzw. 10 Prozent). Bei den Gymnasiasten ist das Verhältnis genau umgekehrt; nur 8.6 Prozent der Gymnasiasten kommen aus einer Familie, in der die Eltern höchstens einen Hauptschulabschluss haben, wohingegen mehr als 60 Prozent der Gymnasiasten Eltern mit einer Hochschulzugangsberechtigung haben.

Abbildung III-5: Zusammensetzung der Schülerschaft unterschiedlicher Schultypen nach höchstem Schulabschluss der Eltern, Deutschland 2014

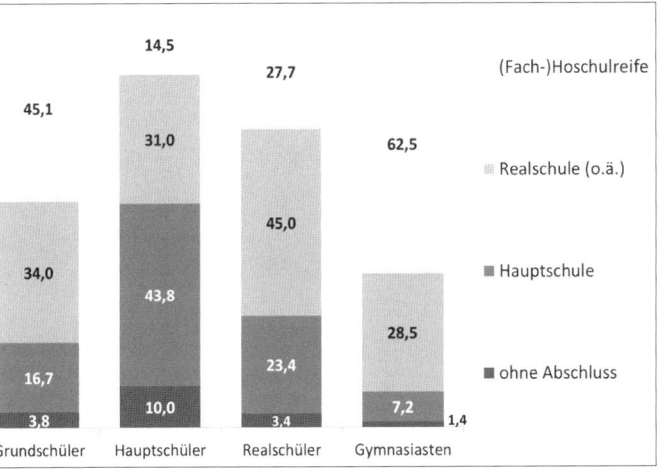

Quelle: Mikrozensus; entnommen aus Krüger-Hemmer (2016: 87); eigene Darstellung

Bildungsbenachteiligung von *Kindern und Jugendlichen mit Migrationshintergrund* waren aus naheliegenden Gründen in den 1950er und 1960er Jahren noch kein Thema, da die bedeutsame Zuwanderung von Arbeitsmigranten aus Süd- und Südosteuropa gerade erst begonnen hatte (vgl. dazu die Kapitel II.3 und III.3). Erst allmählich wurde die Wanderungsgeschichte als eigenständige Benachteiligungsdimension wahrgenommen und anerkannt. Betrachtet man in diesem Zusammenhang exemplarisch die Zusammensetzung der Schülerschaft in verschiedenen Schultypen nach dem Migrationshintergrund der Kinder und Jugendlichen und nimmt auch hier wieder als Vergleichsmaßstab die Anteile unter den Grundschülern, so zeigt sich, dass Schüler mit Migrationshintergrund in den Hauptschulen über- und in Gymnasien unterrepräsentiert sind (Abbildung III-6). Ein differenzierter Blick nach Herkunftsregionen zeigt: Gemessen an einem Anteil von 6,8 Prozent an den Grundschülern gelingt es mit einem Anteil von 4,5 Prozent nur vergleichsweise wenigen türkischstämmigen Kindern, das Gymnasium zu besuchen, während sie mit einem Anteil von 14 Prozent der Haupt-schüler dort deutlich überrepräsentiert sind. Hier schneiden andere Mi-grantengruppen zum Teil deutlich besser ab. Ein ähnliches Bild zeigt sich dann auch im Hinblick auf migrationsspezifische Ungleichheiten im Ausbildungssystem und hinsichtlich der Qualifikationsstruktur ins-gesamt. Allerdings muss man hierbei bedenken, dass es eine starke Korrelation zwischen Bildungsstatus und Migrationsstatus der Eltern gibt, sodass ein Teil der migrationsspezifischen Bildungsunterschiede sich durch den schlechteren Bildungsstatus zugewanderter Eltern erklä-ren lässt. Gleichwohl bleiben zusätzliche negative Effekte, die allein durch den Migrationshintergrund erklärt werden können; außerdem können sich gleichzeitig in unterschiedlichen Dimensionen auftretende Benachteiligungen auch gegenseitig verstärken.

Abbildung III-6: Zusammensetzung der Schülerschaft unterschiedlicher Schul-typen und Migrationshintergrund, Deutschland 2014

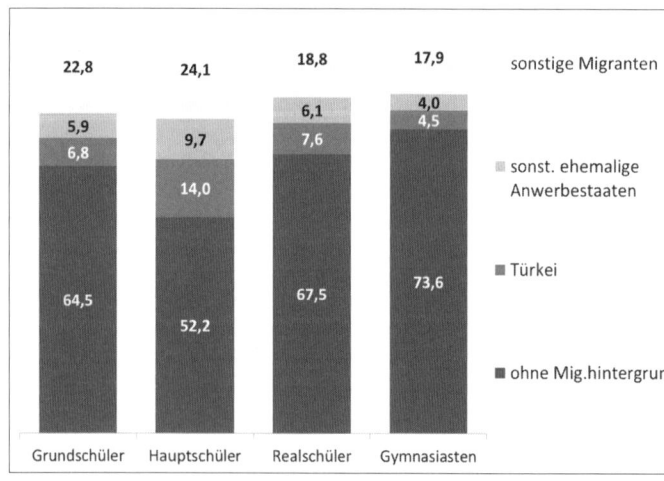

Quelle: Mikrozensus; entnommen aus Krüger-Hemmer (2016: 87); eigene Darstellung

Die bisherigen Resultate sprechen dafür, dass es trotz der unbestrittenen Veränderungen im Zuge der Bildungsexpansion offensichtlich nach wie vor *primäre und/oder sekundäre Herkunftseffekte* gibt, die aktuell beobachtbare Bildungsungleichheiten erklären können. In diesem Zusammenhang sind im Kontext des deutschen Bildungssystems bestimmte Übergangsphasen innerhalb der Schullaufbahn besonders relevant. Auch wenn es hier in jüngerer Vergangenheit durchaus erste Reformbemühungen gegeben hat, werden in Deutschland beim Übergang von der Grundschule in die weiterführenden Schultypen schon sehr früh im Bildungsverlauf wichtige Weichen für den weiteren Bildungs- und schließlich auch Berufserfolg gestellt. Nachdem einmal eine Zuordnung zu den Schultypen Hauptschule, Realschule und Gymnasium erfolgt ist, lässt sich dies später nur noch selten revidieren. In Deutschland ist es je nach Bundesland unterschiedlich, wie bindend die *Lehrerempfehlung* für einen weiterführenden Schultyp ist oder aber wie dominant der *Elternwille* hier sich durchsetzen kann. De facto wird sowohl das Urteil der Lehrer als auch der Elternwille die Wahl des weiterführenden Schultyps nach Beendigung der Grundschule bestimmen.

Ungeachtet der Diskussion, ob eine Zuordnung zu unterschiedlichen Ausbildungszweigen oder -systemen so früh in der Kindheit sinnvoll ist oder nicht, ist es dennoch grundsätzliche Aufgabe des Bildungssystems, Kinder entsprechend ihres Leistungsvermögens zu selektieren. Abbildung III-7 zeigt jedoch, dass diese Zuordnung in der Regel nicht ausschließlich leistungsgerecht erfolgt, sondern auch durch die soziale Herkunft der Eltern maßgeblich bestimmt wird. Diese Ergebnisse sind ein Teilbefund der sogenannten IGLU-Studien („Internationale Grundschul-Lese-Untersuchung"), die im Jahr 2006 durchgeführt wurde und an der außer Deutschland über 40 Staaten weltweit teilgenommen haben (im Folgenden nehmen wir hier nur Bezug auf die deutschen Befunde). Innerhalb der IGLU-Studie wurde mit entsprechenden Tests unter anderem die Lesefähigkeit bzw. Leseleistung der Grundschüler gemessen und mit einem Punktesystem bewertet. Abbildung III-7 zeigt die Punktzahl der Kinder, die diese im Durchschnitt erreichen mussten, damit eine Gymnasialempfehlung von Lehrern ausgesprochen wurde bzw. damit Eltern ihr Kind auf das Gymnasium schicken. Dabei werden die Ergebnisse differenziert für die soziale Herkunft der getesteten Kinder dargestellt.

Betrachtet man zunächst den linken Teil der Abbildung III-7, so wird deutlich, dass die aus Sicht der Lehrer notwendige Leistungsfähigkeit von Grundschülern hinsichtlich einer Empfehlung des

Gymnasiums als weiterführende Schule deutlich mit der sozialen Herkunft der Eltern zusammenhängt. Reicht für Kinder von Spitzenmanagern ein Leseleistungswert von knapp 540, müssen Kinder un- oder angelernter Arbeiter im Durchschnitt einen Wert von über 610 Punkten erbringen, damit die Lehrer eine Gymnasialpräferenz äußern. Dieser Befund zeigt exemplarisch, dass die *Diskriminierung sozial schwächerer Schüler durch die Schule* (hier vertreten durch die Lehrer) zu Bildungsungleichheiten beträgt. Gleichwohl ist anzunehmen, dass diese systematische Benachteiligung wohl kaum bewusst geschieht. Wie weiter oben bereits erörtert ist hier vielmehr zu vermuten, dass Lehrkräfte je nach Elternhaus unterschiedliche Unterstützungspotentiale vermuten und diese bei ihrer Empfehlung unbewusst vorwegnehmen. Ein weiterer Faktor, der die Lehrer beeinflusst, können tatsächliche oder befürchtete Interventionen besser gestellter Eltern sein, sollte ihr Kind keine Empfehlung für das Gymnasium bekommen.

Abbildung III-7: Durchschnittlich zu erreichende Leistungsschwelle (Leseleistung) für die „Gymnasialpräferenz" von Lehrern und Eltern (nach sozialer Herkunft der Schüler), Deutschland 2006

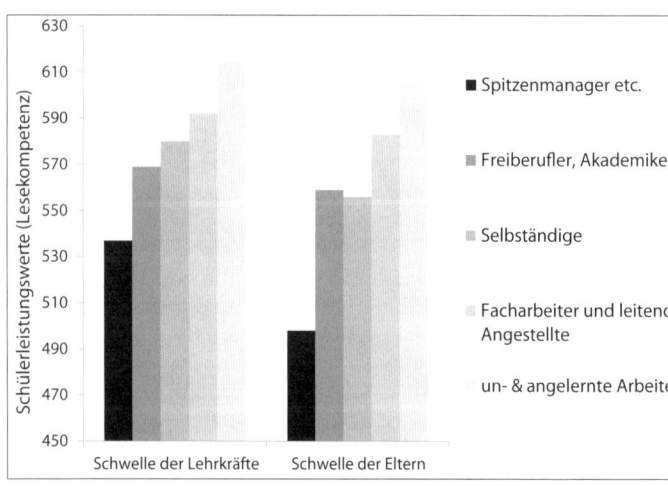

Quelle: IGLU 2006; entnommen aus Arnold et al. (2007: 288); eigene modifizierte Darstellung

Abbildung III-7 macht aber noch einen anderen interessanten Aspekt deutlich: *Eltern haben je nach eigenem Bildungshintergrund unterschiedlich hohe Leistungsanforderungen* an ihre Kinder, bevor sie ihnen den Besuch eines Gymnasiums zutrauen. Während Spitzenmanager von ihren Sprösslingen im Durchschnitt nur einen Leseleistungswert von 500 erwarten, müssen Kinder von un- und angelernten Arbeitern schon einen Wert von mehr als 600 Punkten erreichen, damit ihre Eltern sie aufs Gymnasium schicken. Dies sind eindeutige Hinweise auf die Relevanz sekundärer Herkunftseffekte, denn offensichtlich schätzen die Eltern mit einem geringeren sozialen Status die Erfolgsaussichten für ihre Kinder tendenziell schlechter ein als besser gestellte Eltern.

Neben dem Übergang von der Grundschule in die jeweiligen Zweige der weiterführenden Schulen ist im weiteren Bildungsverlauf dann der Übergang von der Sekundarstufe I in die Sekundarstufe II und weiter dann der Übergang von der Sekundarstufe II in das Studium relevant. Dabei sind diese folgenden Weichenstellungen natürlich bedingt durch die zuvor erfolgte Selektion. Tabelle III-1 zeigt nun die Übergangsquoten von Schülern bei diesen beiden erwähnten Übergängen und unterscheidet hierbei hinsichtlich des Bildungsstatus der Eltern zwei Gruppen: Zum einen die Kinder, bei denen zumindest ein Elternteil einen akademischen Abschluss hat und zum anderen die Kinder aus nicht-akademischem Elternhaus. Es zeigt sich, dass nur knapp die Hälfte (43 Prozent) der Kinder aus nicht-akademischem Elternhaus in die Oberstufe (Sekundarstufe II) wechseln, dies jedoch vier von fünf Kindern (79 Prozent) mit akademischem Hintergrund tun. Besonders interessant ist dann jedoch die weitere Selektion beim Übergang in das Studium. Selbst wenn Kinder aus nicht-akademischem Elternhaus es in die Sekundarstufe II geschafft haben und hier in den meisten Fällen auch das Abitur erreichen dürften, wechseln nur 37 Prozent von ihnen im Anschluss an die Schule in einen Studium, während unter den Akademikerkindern neun von zehn Abiturienten (84 Prozent) ein Studium aufnehmen. Dies ist ein weiteres Indiz für nach wie vor wirksame sekundäre Herkunftseffekte.

Tabelle III-1: Übergansquoten (in %) von Sekundarstufe I in Sekundarstufe II bzw. von Sekundarstufe II ins Studium (nach höchstem Ausbildungsabschluss der Eltern), Deutschland 2009

	Nicht-Akademiker	Akademiker
Übergang Sek I in Sek II	43	79
Übergang Sek II in Studium	37	84

Quelle: Middendorff et a. (2013: 112); eigene Darstellung

III.1.4 Zusammenfassung

Wissen – verstanden als der Bestand an Kenntnissen und Fertigkeiten – wird im Wesentlichen vermittelt durch Bildung, die zum einen durch Erfahrung erworben und zum anderen durch Dritte vermittelt wird. Im Zuge der gesellschaftlichen Modernisierung spielt die institutionalisierte Vermittlung von Wissen in Bildungsorganisationen (z.B. Schulen, Universitäten) eine zunehmend wichtige Rolle. Vordergründig kann man davon ausgehen, dass sich durch ein Mehr an Wissen der individuelle Handlungsspielraum des Einzelnen vergrößert und insofern Wissen eine Ressource ist, auf die man zurückgreifen kann und muss, um sein Leben erfolgreich meistern zu können. Daher kann man bei Wissen auch von Humankapital reden.

Entsprechend der Humankapitaltheorie geht es aus individueller Sicht nicht darum, den eigenen Wissensbestand zu maximieren, sondern vielmehr in Abwägung von Kosten (Bildungsinvestitionen) und Nutzen (Bildungserträge) zu entscheiden, wie viel und welche Bildung die jeweils richtige ist. Allerdings ist diese Bildungsinvestitionsentscheidung durch Unsicherheit geprägt: Der Einzelne weiß nicht genau, welche Bildungskosten aber auch welche Bildungserträge in der ungewissen Zukunft zu erwarten sind. Die individuelle Bildungsentscheidung eines solchen „homo socio-oeconomicus" orientiert sich folglich an Erwartungen hinsichtlich der möglichen Kosten und möglichen Erträge bestimmter Bildungsalternativen.

Welche Erwartungen Menschen bezüglich der Vor- und Nachteile bestimmter alternativer Bildungsentscheidungen haben, wird dabei durch (1) spezifische Erfahrungen im Lebensverlauf (also z.B. zurückliegende Bildungserfahrungen), durch (2) ihre Ressourcenausstattung (also z.b. über wie viel Geld verfügt wird oder aber ob soziale Unterstützungsnetze bestehen) und (3) die jeweils bestehenden Restriktionen systematisch (also nicht zufällig) beeinflusst. Ungleichheiten bezüglich des jeweils bestehenden Wissens sind nur zu einem relativ kleinen Teil biologisch verursacht (Talent); bei dem weit überwiegenden Teil zu beobachtender Bildungsungleichheiten zwischen Menschen handelt es sich um soziale Ungleichheit, d.h. die zu beobachtende Ungleichheit ist durch die Gesellschaft (also den Menschen selbst) ‚gemacht‘.

Aus theoretischer Perspektive lassen sich solche sozialen Bildungsungleichheiten mit primären und sekundären Herkunftseffekten begründen: Die individuelle Bildungsentscheidung hängt zunächst von den existierenden Rahmenbedingungen ab, d.h. davon welche Ressourcen bereits bestehen, auf die man bei der Investition zurückgreifen kann. Wer über weniger Geld verfügt, weniger eigenes Wissen besitzt oder über ein weniger gebildetes soziales Umfeld verfügt, der wird auch weniger in seine Bildung bzw. die Bildung seiner Kinder investieren wollen bzw. können (primärer Herkunftseffekt). Gleichzeitig sind Kinder aus sozial schlechter gestellten Familien tatsächlich oder vermeintlich anderen Restriktionen und folglich höheren Bildungskosten als Kinder aus besser gestellten Haushalten ausgesetzt. Dies führt dazu, dass die Rendite der Humankapitalinvestition (un)berechtigter Weise aufgrund der (angenommenen) höheren Bildungskosten negativer eingeschätzt wird und daher eher unterbleibt. Eine Einschätzung, ob sich eine Bildungsinvestition zukünftig auszahlt, ist für sozial Benachteiligte zusätzlich durch eine größere Unkenntnis über die möglichen Bildungserträge erschwert (sekundärer Herkunftseffekt). Neben diesen Herkunftseffekten, die direkt auf die Entscheidung der Individuen selbst einwirken, können auch Ungleichbehandlungen innerhalb von Bildungsorganisationen (z.B. in Form von Diskriminierung) Bildungsungleichheiten verursachen bzw. verstärken.

Herkunftsbedingte soziale Bildungsungleichheiten unabhängig von der individuellen Leistung bzw. Leistungsfähigkeit sollen in demokratischen Marktwirtschaften eigentlich nicht bestehen. Primärc und sekundäre Herkunftseffekte müssen durch die Sicherstellung einer umfassenden Chancengleichheit vermieden werden. Das bedeutet folglich nicht, dass es keine soziale Bildungsungleichheit geben soll und darf. Im Gegenteil: In demokratischen Marktwirtschaften übernimmt gerade das Bildungssystem die Aufgabe, für eine nach bestimmten gesamtgesellschaftlich festgelegten Leistungskriterien Ungleichheit zu erzeugen. Wesentliche Voraussetzung ist hierbei aber, dass Chancengleichheit besteht.

In der Bundesrepublik Deutschland waren soziale Bildungsungleichheiten aufgrund nicht existierender Chancengleichheit Ende der 1950er Jahre (nach wie vor) hoch. Angesichts der ökonomischen und politischen Veränderungen der 1950er und 1960er Jahre schienen diese nicht leistungsbezogenen herkunftsabhängigen Bildungsungleichheiten weder gerecht noch ökonomisch sinnvoll. Um Bildungschancen zu erhöhen und Bildungsreserven zu erschließen wurde das Bildungssystem reformiert und ausgebaut. In der Folge kam es zur sogenannten Bildungsexpansion.

Im Zuge der Bildungsexpansion kam es tatsächlich zu einer deutlichen Aufwärtsverschiebung der Qualifikationsstruktur: Immer mehr Menschen verfügen über einen vergleichsweise hohen Bildungsabschluss, während der Anteil schlecht ausgebildeter Menschen in den vergangenen Jahrzehnten deutlich zurückgegangen ist. Damit einher gingen insgesamt verlängerte Ausbildungszeiten. Dieser Prozess führte dazu, dass sich die Bildungschancen für alle verbessert haben. Dabei konnten besonders Mädchen und Frauen von der Bildungsexpansion profitieren. Sie haben in den vergangenen 60 Jahren den Bildungsvorsprung der Männer in vielen Bereichen aufgeholt. Zwar konnten im Laufe der Bildungsexpansion auch Kinder aus eher sozial benachteiligten Familien von der Bildungsexpansion profitieren. Gleichwohl bestehen nach wie vor nachweisbare primäre und sekundäre Herkunftseffekte, die zu unerwünschten (‚ungerechten‘) sozial bedingten Bildungsungleichheiten führen. Der Bildungshintergrund und die ethnische Herkunft der Eltern sind auch nach 60 Jahren der Bildungsexpansion nach wie vor wesentliche Faktoren bei der systematischen Benachteiligung von Kindern und Jugendlichen – sei es durch mangelnde Ressourcen, ungleiche Restriktionen oder auch (unbewusste) Diskriminierung.

III.2 Soziale Beziehungen und Sozialkapital

Neben Humankapital gibt es mit Sozialkapital eine weitere Ressource, die den Handlungsspielraum von Individuen vergrößern kann, dadurch für die erfolgreiche Gestaltung des Lebens wichtig und somit ein bedeutsamer Faktor für die Erklärung sozialer Ungleichheit ist (Lin 2000; vgl. auch unterschiedliche Beiträge in Diewald/Lüdecke 2007). Anders als bei Humankapital gibt es jedoch unterschiedliche

Definitionen, was unter Sozialkapital zu verstehen ist. So sprechen manche Autoren von Sozialkapital, wenn es um zwischenmenschliches Vertrauen geht; manche verstehen unter Sozialkapital, inwieweit sich Menschen gemeinschaftlich engagieren (z.b. im Ehrenamt) oder ob sie Mitglied in einem Verein sind (Krisi 2007 gibt einen differenzierten Überblick über den schillernden Begriff des Sozialkapitals). Auch wenn Vertrauen oder aber die Beteiligung an sozialen Aktivitäten (Ehrenamt, Verein etc.) durchaus im Zusammenhang mit Sozialkapital stehen (vgl. Kapitel III.2.4 unten), wird hier jedoch eine andere, engere Definition verwendet. Wir verstehen unter *Sozialkapital* ausschließlich *tragfähige zwischenmenschliche Beziehungen*.

III.2.1 Beziehungen als Investition: Sozialkapitaltheorie

Der Aufbau und die Pflege zwischenmenschlicher Beziehungen sind nicht kostenlos. Um z.B. Freundschaften zu schließen, muss zumindest Zeit investiert werden – Zeit, die dann für andere Verwendungszwecke (z.B. Fernsehen, Arbeiten usw.) nicht mehr zur Verfügung steht. Folglich existieren also *Opportunitätskosten* durch entgangene freie Zeit oder aber entgangenen Lohn (vgl. dazu auch die Ausführungen in Kapitel III.1). Neben Zeit muss darüber hinaus manchmal auch Geld investiert werden, wenn im Zusammenhang mit dem Aufbau und der Pflege zwischenmenschlicher Beziehungen z.B. Fahrtkosten anfallen. Und um neue Menschen kennenzulernen ist ebenfalls nicht selten Geld notwendig, um z.B. bestimmte Freizeitaktivitäten zu finanzieren (Eintritt in ein Konzert, Mitgliedsbeitrag in einem Verein usw.). Diese Kosten der Anbahnung und Aufrechterhaltung zwischenmenschlicher Beziehungen sind insofern als *Investitionen* zu verstehen, weil auch hier (ähnlich der Humankapitalinvestition) die heute entstehenden Kosten dem zukünftig zu erwartenden Nutzen gegenüberstehen.

Aber wo liegt der *Nutzen* sozialer Beziehungen? Hier gibt es drei wesentliche Elemente, die soziale Beziehungen wertvoll machen. Erstens braucht der Mensch als soziales Wesen die Nähe anderer Menschen. Fehlt der *emotionale Austausch* mit anderen, hat dies negative Konsequenzen. Vereinsamte Personen haben so z.B. eine geringere Lebenszufriedenheit und sind eher krank. Zweitens sind soziale Beziehungen bei der *Bewältigung des Alltags* von großem Nutzen. Freunde helfen z.B. beim Umzug, Großeltern hüten ihre Enkelkinder oder ein Bekannter nimmt mich mit dem Auto mit. Durch diese kostenlosen Hilfeleistungen kann Geld gespart werden – es muss kein Umzugsunternehmen, kein Babysitter und kein Taxi bezahlt werden. Drittens sind soziale Beziehungen wichtige *Quellen für Informationen*. Beispielsweise ist es möglich, dass ich durch einen Vereinskollegen von einer freien Arbeitsstelle erfahre oder dass ein Nachbar berichtet, wo es besonders günstige Schnäppchen zu erstehen gibt.

Individuen stehen also immer wieder vor der Entscheidung, ob und wie viel sie in den Aufbau und die Aufrechterhaltung sozialer Beziehungen – sprich in „Sozialkapital" – investieren wollen und können. Und wie auch bei der Investitionsentscheidung in Humankapital findet diese Abwägung unter *Unsicherheit* statt: Das Individuum weiß im Vorfeld nicht, welchen Nutzen die Investition in Sozialkapital in der Zukunft tatsächlich haben wird. Auch die genauen Kosten sind unbekannt und nur abschätzbar. Insofern besteht auch hier sowohl die Gefahr der *Fehlinvestition* als auch der *Über- bzw. Unterinvestition*. Investiere ich in die ‚richtigen' Freunde? Stecke ich zu viel oder zu wenig Zeit in den Aufbau von neuen Bekanntschaften? Hierbei geht es für den einzelnen um eine *Optimierung des individuellen Sozialkapitals*. Da der Mensch lediglich eingeschränkt (intentional) rational handelt und seine Entscheidungen immer unter Unsicherheit fällen muss, ist dieses Optimum im Vorfeld (a priori) nur schwer bestimmbar.

Es ist bislang deutlich geworden, dass wir zwischenmenschliche Beziehungen als *Austauschverhältnis* begreifen. Sozialkapital ist deshalb Kapital, weil der Investor zunächst in *Vorleistung* tritt, dafür jedoch die Erwartung hat, *zukünftig Gegenleistungen* von seinem Austauschpartner zu erhalten. Da häufig kein unmittelbarer (sofortiger) Tausch von Leistung und Gegenleistung (also z.B. Ware gegen Geld) vorliegt, sondern Sozialkapitalinvestitionen tendenziell langfristig ausgerichtet sind, basiert dieses spezielle Austauschverhältnis in der Regel auf dem Prinzip der *Reziprozität*. Reziprozität meint hier, dass Menschen versuchen, Leistung und Gegenleistung zumindest langfristig auszubalancieren. Reziprozität ist dabei neben der Schaffung von Normen und Gesetzen eine zweite, sehr effektive Form, wie Menschen Unsicherheit reduzieren können (vgl. Axelrod 1984). Denn das Prinzip der Reziprozität basiert im Wesentlichen auf der einfachen Regel, Gleiches mit Gleichem zu vergelten, das sehr gut geeignet ist, gegenseitiges *Vertrauen* aufzubauen. Und Vertrauen reduziert Unsicherheit (vgl. für einen ausführlichen Überblick Stegbauer 2011).

Um sich das Prinzip der Reziprozität zu veranschaulichen, stelle man sich folgendes Beispiel vor: Person A macht auf einer Party die neue Bekanntschaft von Person B. Man unterhält sich nett und findet sich sympathisch. Da der letzte Bus weg ist, fragt Person B, ob A sie nach Hause fahren würde. Für Person A wäre dies zwar ein kleiner Umweg, aber sie fand B so nett, dass sie zustimmt. Anders ausgedrückt signalisiert A kooperatives Verhalten gegenüber B und macht den ersten Schritt in dieser ganz neuen, an diesem Abend entstandenen Beziehung zwischen A und B. A tritt in Vorleistung, indem er durch den Umweg etwas Zeit und Geld verliert, ohne zu wissen, ob B sie tatsächlich auch sympathisch gefunden oder nur so getan hat (Unsicherheit!). Sollte B tatsächlich nur eine flüchtige Begegnung bleiben, hält sich der Verlust von A jedoch in Grenzen. Sollte A und B sich z.B. in der nächsten Woche wiedertreffen, könnte A fragen, ob nun B sie nach Hause fahren kann. Nun wird sich zeigen, ob diese neue Beziehung von Dauer ist. Reagiert B mit der von A erwarteten Gegenleistung (B antwortet also mit kooperativem Verhalten), so kann dies der Beginn einer wunderbaren Freundschaft sein. Reagiert B jedoch ablehnend, wird es wahrscheinlich nicht zu einer weiteren Intensivierung dieser Beziehung kommen. A hat zwar Verluste gemacht, jedoch halten diese sich in sehr überschaubaren Grenzen.

Dieses Beispiel soll deutlich machen, dass sich zwischenmenschliche Beziehungen allmählich entwickeln. Reziprozität bedeutet folglich in diesem Zusammenhang ein schrittweises Annähern. Wenn kooperatives Verhalten immer wieder mit kooperativem Verhalten beantwortet wird, so sorgt dies für einen schrittweisen Aufbau gegenseitigen Vertrauens. Stellen wir uns in diesem Zusammenhang vor, Person B hätte Person A am ersten Abend nicht um eine Mitfahrgelegenheit, sondern um ein Darlehen von 5.000 Euro gebeten. Es ist kaum vorstellbar, dass A der neuen, flüchtig bekannten Person B nach einer ersten Plauderei 5.000 Euro leiht. Unter der bestehenden Unsicherheit ist das Risiko (bzw. der mögliche Verlust) zu groß, als dass Person A sich darauf einlassen würde. Besteht eine Freundschaft jedoch lange genug, ist das mit der Zeit aufgebaute Vertrauen unter Umständen so groß, dass dann auch größere Geldsummen unter Freunden verliehen werden. Insofern ist Vertrauen an sich nicht als Sozialkapital zu verstehen – es ist jedoch ein wirkungsvolles Instrument, um die Unsicherheit bei Sozialkapitalinvestitionen zu reduzieren.

Wie bereits erwähnt, liegen Investition in und die Nutzung von Sozialkapital zum Teil zeitlich sehr weit auseinander. Hierbei ist es dann notwendig, dass zusätzlich zur Absicherung durch gegenseitiges Vertrauen *Reziprozitätsnormen* die Unsicherheit weiter reduzieren. So investieren beispielsweise Eltern in ihre Kinder eben auch in der Hoffnung, später von ihren Kindern ‚etwas‘ zurückzubekommen (vgl. Kapitel II.1.5). Auch wenn im Laufe der letzten 100 Jahre aufgrund des Ausbaus z.b. von gesetzlichen Rentenversicherungssystemen die Bedeutung von Kindern als finanzielle Absicherung im Alter zumindest in industrialisierten Ländern abgenommen hat, besteht nach wie vor vielfach die Erwartung der Hilfe im Alltag (z.b. Hilfe beim Einkauf) oder zumindest der emotionalen Unterstützung. Da hier die Vorleistungen der Eltern z.T. erheblich sind, wird hier der Aufbau von Vertrauen durch direkte Reziprozität kaum möglich sein. Vielmehr kommen dann Reziprozitätsnormen ins Spiel (generalisierte Reziprozität), die garantieren (sollen), dass auch nach einer längeren Zeit noch Gegenleistungen zu erbringen sind (vgl. Stegbauer 2011). Solche Reziprozitätsnormen können informellen Charakter besitzen, z.b. in der Form, dass es der ‚Anstand' gebietet, sich als Erwachsener um seine betagten Eltern zu kümmern. Diese Reziprozitätsnormen finden aber auch ihren Niederschlag in formellen Gesetzen, so z.b. im Unterhaltsrecht, das bestimmt, inwieweit erwachsene Kinder z.B. die Pflegekosten ihrer Eltern übernehmen müssen.

III.2.2 Wie wertvoll ist Sozialkapital?

Der Wert, den Sozialkapital für ein Individuum besitzen kann, hängt von der *Tragfähigkeit* der entsprechenden sozialen Beziehungen ab. Die Tragfähigkeit lässt sich hierbei aus der Art der konkreten Beziehung zwischen Individuen ableiten. Mit anderen Worten: Der *Wert von Sozialkapital ist nicht generell festgelegt*, sondern ergibt sich aus der konkreten Situation. Um die Tragfähigkeit einer sozialen Beziehung zu beurteilen, lassen sich vier Kriterien anlegen:

(1) Spezifität: Das Kriterium der Spezifität versucht zu erfassen, ob es spezifische Ereignisse oder Felder gibt, wo eine soziale Beziehung relevant wird. Beispielsweise besteht unter Kollegen, die sich zu einer Fahrgemeinschaft zusammengeschlossen haben, eine soziale Beziehung mit relativ hoher Spezifität, da sich ihr Austausch auf die Mitnahme im Auto konzentriert und beschränkt; das Leihen größerer Geldsummen oder aber die Pflege bei Krankheit ist in dieser spezifischen Beziehung nicht vorgesehen und durch dieses Sozialkapital nicht abgedeckt. Beziehungen zwischen Eltern und Kindern sind ein Beispiel für eine relativ geringe Spezifität. Eltern helfen ihren Kindern (im Rahmen ihrer Möglichkeiten) mit Rat und Tat in sehr vielen Situationen. Die elterliche Hilfe ist insofern unspezifisch, da sie kaum auf ein bestimmtes Feld beschränkt ist.

(2) Qualität: Mit dem Kriterium der Qualität soll etwas über die Güte der sozialen Beziehung ausgesagt werden. Dieses Kriterium zielt auf die emotionale Verbundenheit zwischen den Interaktionspartnern ab. Zwischen Vereinskameraden besteht so im Vergleich zu engen Freunden eine geringere (emotionale) Qualität der Beziehung.

(3) Reichweite: Das Kriterium der Reichweite beschreibt, ob durch eine soziale Beziehung neue Informationen gewonnen werden können. Ein Netzwerk kann noch so groß sein – wenn es ausschließlich aus Menschen besteht, die sich in ähnlichen Lebenssituationen befinden (z.B. Familienmitglieder, Nachbarn), ist es unwahrscheinlich, dass in dieses Netzwerk neue Informationen gelangen. Bei einer geringen Reichweite sozialer Beziehungen handelt es sich also um relativ geschlossene Austauschverhältnisse relativ ähnlicher Personen.

(4) Belastbarkeit: Das Kriterium der Belastbarkeit fragt danach, wieviel Einseitigkeit ('Kredit') eine soziale Beziehung zulässt. Einen flüchtigen Bekannten kann man sicher nicht allzu oft um einen Gefallen bitten, wenn man zwischenzeitlich nicht auch Kooperation zeigt und etwas für ihn tut. Bei guten Freunden oder Verwandten dürfte hingegen eine größere Belastbarkeit gegeben sein und die Einseitigkeit der reziproken Beziehung wird über einen längeren Zeitraum (wenn auch nicht ewig) toleriert.

Diese vier Kriterien können helfen, soziale Beziehungen weiter in *starke und schwache sozialer Bindungen* ("strong ties" und "weak ties"; Granovetter 1973) zu unterteilen (vgl. Tabelle III-2):

- *Starke Bindungen* zeichnet eine geringe Spezifität und eine geringe Reichweite dafür aber eine hohe Qualität und Belastbarkeit aus. Ein Beispiel hierfür ist die Beziehung zwischen Eltern und ihren Kindern: Was Eltern für ihre Kinder tun und umgekehrt, ist sehr vielfältig (geringe Spezifität), allerdings ist die emotionale Qualität der Beziehung tendenziell hoch (hohe Qualität). Da sich die sozio-ökonomischen Lebensbedingungen von Eltern und Kindern deutlich ähneln dürften, ist eine solche Beziehung von geringer Reichweite, wohingegen die Eltern-Kind-Beziehung langfristig auch einseitig belastet werden kann, ohne dass sie aufgekündigt wird (hohe Belastbarkeit).

- *Schwache Bindungen* zeichnet eine hohe Spezifität und eine hohe Reichweite dafür aber eine geringe Qualität und Belastbarkeit aus. Ein Beispiel hierfür ist die Beziehung zwischen zwei Mannschaftskollegen im Sportverein: Die Beziehung ist deutlich auf bestimm-

te Bereiche beschränkt, z.b. kleine Hilfsdienste oder den Austausch von Informationen (hohe Spezifität). Dem gegenüber ist die
emotionale Qualität der Beziehung eher gering (geringe Qualität).
Dafür handelt es sich bei solchen Verbindungen tendenziell um
Beziehungen mit hoher Reichweite, d.h. die Wahrscheinlichkeit ist
recht groß, dass der Vereinskollege aus anderen Lebensverhältnissen kommt und daher über ‚frische‘ Informationen verfügt. Hingegen ist eine solche schwache Bindung wenig belastbar; einseitige Belastungen werden nicht lange toleriert.

Tabelle III-2: Tragfähigkeitskriterien sozialer Beziehungen (starke und schwache Bindungen)

	strong ties	weak ties
Spezifität	–	+
Qualität	+	–
Reichweite	–	+
Belastbarkeit	+	–

Quelle: eigene Darstellung

Vor diesem Hintergrund wird somit deutlich, dass sowohl starke als
auch schwache Bindungen Vor- und Nachteile haben und es auf die
konkrete Lebenssituation ankommt, welcher Typ sozialer Beziehungen ‚nützlicher‘ oder ‚wertvoller‘ ist bzw. erscheint (vgl. Wegener
1987). So dürften starke Bindungen hilfreich bei der Absicherung
gegen vielfältige elementare Lebensrisiken sein, deren Eintreffen
vom Einzelnen nicht oder kaum vorhergesagt werden kann. Wer weiß
schon, ob und wann er einmal pflegebedürftig wird oder ob er finanzielle Unterstützung aufgrund von Langzeitarbeitslosigkeit braucht?
In solchen Situationen ist gerade die geringe Spezifität bei gleichzeitig hoher Qualität und Belastbarkeit der sozialen Beziehung von Vorteil. Demgegenüber sind schwache Bindungen hilfreich z.B. bei der
Gewinnung neuer Informationen über offene Jobangebote oder aber,
wenn schnell ein Computerproblem zu lösen ist. Qualität und Belastbarkeit spielen hier keine große Rolle, wohingegen gerade die vergrößerte Reichweite hier von Vorteil ist, um damit an neue Informationen heranzukommen, die eine Person und ihr direktes Umfeld
(Familie, enge Freunde etc.) nicht besitzen.

III.2.3 Determinanten des Aufbaus sozialer Beziehungen: Ressourcen, Restriktionen und Lebensverlauf

Angesichts der unterschiedlichen Vorteile starker und schwacher Bindungen müsste es eigentlich für jeden sinnvoll sein, in einen ausgewogenen Sozialkapitalmix zu investieren. Auf den zweiten Blick sollte es jedoch deutliche sozialstrukturelle Unterschiede hinsichtlich der individuellen Strategie der Investition in Sozialkapital geben. Hierbei ist insbesondere auf eine Wechselwirkung mit anderen Ressourcen, nämlich der Verfügbarkeit von Human- und insbesondere Ökonomischem Kapital, zu achten.

Eine geringe Ausstattung mit Human- und Ökonomischem Kapital begrenzt die Möglichkeiten des Aufbaus schwacher Bindungen auf direktem Wege. Wenn das Geld für Mitgliedsbeiträge oder den Besuch kultureller Veranstaltungen fehlt, ist auch das Knüpfen von Bekanntschaften erschwert. Ferner sollte der Aufbau reziproker Beziehungen dann erleichtert sein, wenn eine Person als (potentieller) Austauschpartner besonders attraktiv ist. Diese Attraktivität dürfte mit den Fähigkeiten und dem Leistungsvermögen einer Person zunehmen. Menschen mit besonderen Fähigkeiten oder auch mit einem besseren Gesundheitszustand sollte es daher leichter fallen, Sozialkapital zu bilden. Umgekehrt könnte es für Menschen mit einem geringeren sozio-ökonomischen Status schwieriger sein, Sozialkapital aufzubauen (vgl. hierzu auch die Ausführungen zum Partnermarkt in Kapitel II.1.1).

Unabhängig von diesen grundsätzlichen Schwierigkeiten ist auch denkbar, dass es je nach Ausstattung mit Humankapital und Ökonomischem Kapital *unterschiedliche Prioritäten* hinsichtlich des Aufbaus schwacher und starker Bindungen gibt. Zwar kann kein Mensch genau sagen, ob er in Zukunft z.B. einmal pflegebedürftig oder aber langzeitarbeitslos sein wird und daher auf die Unterstützung enger Freunde oder der Familie angewiesen sein könnte. Jedoch ist je nach sozio-ökonomischem Status diese Unsicherheit zum einen unterschiedlich groß und zum anderen von unterschiedlicher Bedeutung. Wohlhabende Akademiker werden z.B. um ihr relativ geringes Langzeitarbeitslosigkeitsrisiko wissen und gleichzeitig durch finanzielle Rücklagen für dennoch auftretende Notfälle vorgesorgt haben. Ärmere Menschen hingegen haben nicht nur ein größeres Risiko, in Probleme zu geraten, sondern sie sind außerdem nicht ausreichend in der Lage, für schlechte Zeiten vorzusorgen. Dies führt dazu, dass eingeschränkt rationale Akteure in Abhängigkeit von ihrem sozio-ökonomischen Status den Nutzen von starken und schwachen Bindungen unterschiedlich bewerten und folglich zu unterschiedlichen Investitionsentscheidungen kommen (vgl. Wegener 1987). Sozial schwache Personen werden eher auf starke Bindungen setzen (müssen), da diese für sie wertvoller sind bzw. erscheinen als schwache Bindungen. Denn wenn etwa ein akuter finanzieller Engpass auftritt, sind starke Bindungen zu Familienmitgliedern hilfreich, um ein kurzfristiges Darlehen zu bekommen; Bekannte aus dem Sportverein sind in einer solchen Situation weniger hilfreich. Mit steigendem sozioökonomischen Status (also z.B. mit zunehmendem Bildungsstand und Einkommen) nimmt dann die Bedeutung starker Bindungen zu Gunsten schwacher Bindungen ab. Wenn man z.B. über genug eigenes Einkommen verfügt, können genug eigene Ersparnisse für Notzeiten gebildet werden und man kann starke Bindungen zugunsten der Pflege von Bekanntschaften zurückstellen. Insgesamt ist dies allerdings aus Perspektive der sozialen Ungleichheit insofern problematisch, als dass eine einseitige Betonung starker Bindungen bei ohnehin benachteiligten Menschen zu einer *Verschärfung sozialer Ungleichheit* führen kann. Wer langzeitarbeitslos ist, gleichzeitig aber vor allem starke Bindungen mit tendenziell ähnlich benachteiligten Personen pflegt, der könnte z.B. von wichtigen Informationen über neue Jobangebote abgeschnitten sein, die besser über schwache Bindungen zu erlangen sind.

Unabhängig von der unterschiedlichen Ressourcenausstattung der Individuen sind zusätzlich die auf die Individuen einwirkenden Restriktionen von Bedeutung. Hinsichtlich dieser Restriktionen sind zum einen Reziprozitätsnormen und zum anderen die bestehende Infrastruktur gemeint. Was wird an gegenseitiger Solidarität zwischen Eltern und Kindern vom Umfeld erwartet? Welche rechtlichen Verpflichtungen gibt es? Unterstützt ein Gemeinwesen den Aufbau neuer Kontakte durch Förderung entsprechender Einrichtungen wie Jugendclubs oder Sportvereine? Sowohl Reziprozitätsnormen als auch infrastrukturelle Rahmenbedingungen wirken somit zusätzlich auf individuelle Sozialkapitalinvestitionsentscheidungen als *Kontextbedingungen* ein. Hier ist mit *regionalen Unterschieden* zum Beispiel zwischen städtischen und ländlichen Gebieten aber auch mit Unterschieden zwischen einzelnen Gesellschaften oder Ländergruppen zu rechnen (vgl. z.B. van Oorschot et al. 2006). Erklärbar werden solche Unterschiede zum einen durch die langfristige *kulturelle und wohlfahrtsstaatliche Entwicklung* innerhalb von Regionen, Nationalstaaten oder Ländergruppen. Zum anderen dürften auch kurzfristige Veränderungen z.B. hinsichtlich des *wirtschaftlichen Strukturwandels* einer Region individuelle Investitionsentscheidungen in Sozialkapital beeinflussen (einen komprimierten Literaturüberblick bieten Freitag/ Traunmüller 2008: 238). Es ist anzunehmen, dass z.B. Reziprozitätsnormen in einem Dorf stärker ausgebaut sind bzw. durch die soziale Nähe besser überwacht und sanktioniert werden können als in der Stadt. Und in Ländern bzw. Regionen mit einer hohen wirtschaftlichen Leistungskraft oder auch einem gut ausgebauten Sozialstaat können durch die Existenz einer guten sozialen Infrastruktur (Sporthallen, Büchereien, Schulen etc.) die Gelegenheiten zum Aufbau von Sozialkapitel besser sein als in Gebieten mit wenigen solcher Einrichtungen.

Hinzu kommt, dass sich zum einen der Wert von Sozialkapital im *Lebensverlauf* wandeln kann. Kontakte zwischen Eltern und Kindern werden z.B. wertvoller, wenn die Enkelkinder geboren werden, nehmen dann mit zunehmendem Alter der Enkelkinder wieder ab, um dann bei zunehmender Pflegebedürftigkeit der Eltern wieder zuzunehmen. Ein anderes Beispiel wäre, dass schwache Bindungen im Karriereverlauf unterschiedlich wichtig sind. Während zu Beginn und am Ende der Karriere Beziehungen eine untergeordnete Rolle spielen, gewinnen sie insbesondere im mittleren Karriereverlauf an Bedeutung (vgl. McDonald/Elder 2006 für einen komprimierten Literaturüberblick). Damit dürfte aber auch eine im Lebensverlauf sich wandelnde Investitionsstrategie einhergehen. Selbst wenn Sozialkapital auf langfristigen Austausch und Reziprozität fußt, so sollten sich Leistungen und Gegenleistungen durchaus in Phasen häufen, in denen Sozialkapital auch verstärkt genutzt wird. Außerdem sollten die Investitionen im Lebensverlauf abnehmen und zwar zum einen, weil Amortisationszeiten aufgrund der begrenzten verbleibenden Lebensspanne bis zum Tod verringert werden, zum andern, weil bereits stabile Austauschbeziehungen mit verlässlichen Partnern bestehen und somit in die Qualität jedoch nicht mehr so stark in die Quantität sozialer Beziehungen investiert wird. Ausnahmen könnten hier Bereiche sein, in denen generationsübergreifende Reziprozitätsnormen gelten, wie dies wahrscheinlich in Familien der Fall sein dürfte. Zusätzlich ist mit *Kohorteneffekten* zu rechnen, denn Reziprozitätsnormen sind historisch wandelbar, dürften jedoch aufgrund ihrer Sozialisationsvermittlung in Kindheit und Jugend durchaus ein Leben lang nachwirken. Wer in einer Welt mit starken familienbezogenen Werten aufgewachsen ist, der wird diese Werte auch im höheren Alter nicht (vollständig) aufgeben, selbst wenn sich die Werte innerhalb jüngerer Generationen deutlich gewandelt haben mögen.

III.2.4 Soziale Ungleichheit und Sozialkapital:
Empirische Befunde

Aus Sicht der empirischen Sozialforschung ist die Messung der Ausstattung mit Human- oder auch Ökonomischem Kapital (vgl. später Kapitel III.4) von Individuen relativ einfach möglich. Informationen zum ökonomischen Kapital liegen häufig in hochstandardisierter Form vor, in dem der Wert einer bestimmten Sache (z.b. Geldvermögen, Grundstücken, Aktien) in einer Währung (z.b. Euro) angegeben werden kann. Ähnliche Standardisierungen sind auch bei der Messung von Humankapital möglich, da ein Vergleich des Wissensbestandes von Individuen durch zertifizierte Bildungsabschlüsse oder standardisierte Leistungstests (z.B. PISA) möglich ist. Erheblich problematischer ist hier die Messung und darauf basierend der Vergleich von Sozialkapital. Bislang existieren keine Daten, die die Abbildung der theoretisch bedeutsamen vier Dimensionen Spezifität, Reichweite, Qualität und Belastbarkeit umfassend abbilden könnten. Deshalb ist man gerade bei der empirischen Analyse sozialer Beziehungen auf *indirekte Messungen* und Hilfskonstruktionen angewiesen. Im Folgenden sollen daher vor allem die Beteiligung an unterschiedlichen sozialen Aktivitäten sowie die Existenz und Größe von Unterstützungsnetzwerken genauer betrachtet werden, um einige Aussagen über soziale Ungleichheit und Sozialkapital machen zu können.

Tabelle III-3 zeigt die Anteile der Erwachsenen (d.h. älter als 19 Jahre), die im Jahr 2015 angegeben haben, sich regelmäßig (a) ehrenamtlich zu engagieren, (b) Gottesdienste oder ähnliche religiöse Veranstaltungen zu besuchen, (c) Nachbarschaftshilfe zu leisten oder (d) sich mit Freunden oder Verwandten zu treffen. ‚Regelmäßig‘ bedeutet hier mindestens einmal im Monat, mit der Ausnahme der geselligen Treffen mit Freunden oder Verwandten, wo wir unter Regelmäßigkeit mindestens wöchentliche Treffen verstehen. Die Beteiligung an solchen Aktivitäten werten wir als einen *indirekten Indikator* für Sozialkapital, auch wenn z.B. die Tatsache des ehrenamtlichen Engagements nicht zwangsläufig bedeutet, dass der Aktive tatsächlich mehr Menschen kennt als ein Inaktiver. Gleichwohl sollte sich durch die vier hier ausgewählten Aktivitätsbereiche die Wahrscheinlichkeit erhöhen, andere Menschen kennenzulernen. Insofern ist die vorliegende Analyse der Versuch einer einfachen Abbildung *unterschiedlicher Gelegenheitsstrukturen* zur Bildung von Sozialkapital.

Auch wenn bei den in Tabelle III-3 ausgewiesenen vier Aktivitätsbereichen keine eindeutige Unterscheidung zwischen schwachen und

starken Bindungen getroffen werden kann, so wollen wir doch annehmen, dass im Rahmen ehrenamtlicher Aktivitäten die größten Chancen
bestehen, neue (flüchtige) Bekannte kennenzulernen. Auch der Besuch
religiöser Veranstaltungen sollte die Wahrscheinlichkeit erhöhen, Menschen außerhalb des eigenen sozialen Kontextes kennenzulernen, jedoch darf hier von einer größeren Homogenität ausgegangen werden,
als dies im Ehrenamt der Fall ist. Nachbarschaftshilfe und Geselligkeit
mit Freunden und Verwandten steht im Kontrast dazu in verstärktem
Maße für verbesserte Gelegenheiten zur Stärkung starker Bindungen.

*Tabelle III-3: Beteiligung an unterschiedlichen Aktivitäten (Anteile in %),
Deutschland 2015*

	Gelegenheit zu schwachen Bindungen		Gelegenheit zu starken Bindungen	
	Ehrenamt	**Kirchgang etc.**	**Nachbar-schafts-hilfe**	**Gesellig-keit**
Alter				
20-29 Jahre	18	9	62	73
30-39 Jahre	16	11	53	52
40-55 Jahre	22	13	44	37
56-65 Jahre	22	15	39	34
älter als 65 Jahre	22	25	33	32
Migrationshintergrund				
nein	22	13	43	42
ja	13	19	48	47
Geschlecht				
Frau	18	17	43	44
Mann	22	13	47	43
Erwerbsstatus				
Vollzeit	20	9	48	43
Teilzeit	22	18	47	46
selbständig	29	14	45	44
arbeitslos	12	10	52	48

Rentner	21	23	34	33
nicht-erwerbstätig	18	15	47	54
Gesundheitszustand				
sehr gut/gut	23	15	50	51
zufriedenstellend	20	15	41	39
weniger gut/schlecht	16	15	37	35
Ausbildungsabschluss				
kein Abschluss	14	15	48	52
Berufsabschluss	20	14	44	39
FH/Uni Abschluss	27	16	43	47
Einkommen[1]				
unterste 30 %	13	13	46	46
oberste 30 %	24	15	44	44

[1] Haushaltsäquivalenzeinkommen

Quelle: SOEP (querschnittsgewichtet), eigene Berechnungen

Vor diesem Hintergrund lassen sich anhand der Ergebnisse in Tabelle III-3 deutliche sozialstrukturelle Unterschiede bei den Aktivitäten in den vier verschiedenen Bereichen feststellen. Ohne auf alle Ergebnisse im Einzelnen eingehen zu wollen, wird klar, dass Personen mit Migrationshintergrund z.t. erheblich stärker in den drei Bereichen „Kirchgang", „Nachbarschaftshilfe" und „Geselligkeit" aktiv sind, als Nicht-Migranten. Menschen ohne Migrationshintergrund engagieren sich hingegen stärker im Ehrenamt und sind mit einem Anteil von 22 Prozent hier deutlich aktiver als Migranten mit einer Beteiligungsquote von 13 Prozent.

Bemerkenswerte Unterschiede zeigen sich auch beim Zusammenhang zwischen unterschiedlichen Beteiligungsquoten und dem Erwerbsstatus. Mit einem Anteil von 12 Prozent sind Arbeitslose deutlich seltener ehrenamtlich aktiv als Erwerbstätige (20 bis 29 Prozent). Hingegen zeigen Arbeitslose bei der Nachbarschaftshilfe und auch bei der Geselligkeit höhere Werte als Erwerbstätige. Ein ähnliches Muster findet sich bei der Betrachtung des Zusammenhangs zwischen den unterschiedlichen Aktivitätsfeldern und dem höchsten erzielten Ausbildungsabschluss. Geringqualifizierte (also Menschen ohne

Ausbildungsabschluss) sind unterdurchschnittlich ehrenamtlich aktiv, zeigen im Vergleich zu besser Qualifizierten aber z.T. deutlich höhere Beteiligungsquoten bei der Nachbarschaftshilfe und vor allem der Geselligkeit mit Freunden und Verwandten. Ferner nimmt mit zunehmendem Alter die Beteiligung in den beiden Bereichen „Nachbarschaftshilfe" und „Geselligkeit" ab, was als Indiz für abnehmende Investitionsbemühungen in die Quantität solcher starken Bindungen im Lebensverlauf gewertet werden kann.

Insgesamt illustrieren die Ergebnisse in Tabelle III-3 recht gut, dass es offensichtlich unterschiedliche Investitionen in Sozialkapital je nach sozio-ökonomischem Status gibt: Besser Qualifizierte, erwerbstätige, gesunde Menschen mit einem relativ hohen Einkommen und ohne Migrationshintergrund (also Menschen mit einer vergleichsweise besseren Ressourcenausstattung) sind tendenziell eher ehrenamtlich aktiv und haben dadurch eine vergrößerte Chance zur Bildung bzw. zum Erhalt schwacher Bindungen. Demgegenüber setzen Menschen mit einem geringeren sozioökonomischen Status offenbar verstärkt auf die Bildung bzw. den Erhalt starker Bindungen durch Aktivitäten in den Bereichen Nachbarschaftshilfe und Geselligkeit mit Freunden und Verwandten.

Tabelle III-4: Personen (a) ohne eine Vertrauensperson und (b) mit max. einem engen Freund (Anteile in %), Deutschland 2011 bzw. 2015

	keine Vertrauensperson (2011)	max. einen engen Freund (2015)
Alter		
20-29 Jahre	5	7
30-39 Jahre	3	12
40-55 Jahre	5	14
56-65 Jahre	6	16
älter als 65 Jahre	7	19
Migrationshintergrund		
nein	5	13
ja	6	15

Geschlecht		
Frau	4	13
Mann	6	14
Erwerbsstatus		
Vollzeit	5	12
Teilzeit	3	11
selbständig	6	10
arbeitslos	8	21
Rentner	7	19
nicht-erwerbstätig	4	10
Gesundheitszustand		
sehr gut/gut	4	10
zufriedenstellend	5	15
weniger gut/schlecht	8	21
Ausbildungsabschluss		
kein Abschluss	6	15
Berufsabschluss	5	15
FH/Uni Abschluss	2	9
Einkommen[1]		
unterste 30 %	8	20
oberste 30 %	3	11

Quelle: SOEP (querschnittsgewichtet), eigene Berechnungen

Nachdem wir uns bislang ausführlich unterschiedliche Gelegenheits-strukturen zum Aufbau bzw. zum Erhalt schwacher und starker Bindungen angeschaut haben, werden nun tendenziell eher starke Bindungen im Zentrum stehen. Tabelle III-4 zeigt zum einen den Anteil von Personen, die in einer Befragung angegeben haben, über keine Vertrauensperson zu verfügen, mit der sie über persönliche Gedanken und Gefühle sprechen können. Zum anderen ist der Anteil von Personen dargestellt, die von höchstens einem engen Freund berichten. Insgesamt zeigt sich dabei, dass sozial besser gestellte Menschen mit einer geringeren Wahrscheinlichkeit keine einzige Vertrauensperson besitzen und über mehr enge Freunde verfügen. So sagen nur drei Prozent der Menschen mit hohem Einkommen (oberste 30 Prozent der Einkommensverteilung[1]), dass sie keine Vertrauensperson haben, während der Anteil der 30 Prozent ärmsten Personen hier mit acht Prozent mehr als doppelt so hoch liegt. Auch Arbeitslose und Rentner können mit einem deutlich erhöhten Anteil von acht bzw. sieben Prozent keine einzige Vertrauensperson nennen; gleichzeitig zeigen diese beiden Gruppen auch im Vergleich zu Erwerbstätigen deutlich geringere Werte, wenn es um den Anteil der Menschen geht, die höchstens über einen einzigen engen Freund verfügen. Ferner zeigt sich ein klarer Zusammenhang mit der Qualifikation: Geringqualifizierte ohne Ausbildungsabschluss haben häufiger keine Vertrauensperson und seltener mehrere Freunde. Wertet man das Fehlen einer Vertrauensperson oder einer ausreichend großen Zahl enger Freunde als einen Mangel an starken Bindungen, so zeigen die Ergebnisse aus Tabelle III-4, dass Menschen mit einem geringeren sozio-ökonomischen Status auch im Bereich starker Bindungen tendenziell über weniger Sozialkapital verfügen als bessergestellte Personen.

Wie oben bereits im theoretischen Teil ausgeführt, ist außerdem denkbar, dass jenseits sozio-ökonomischer Faktoren auch der Lebensverlauf die individuelle Investitionsstrategie in Sozialkapital beeinflusst. Zum einen sind *Alterseffekte* denkbar, d.h. dass in bestimmten Lebensabschnitten bestimmte Aktivitäten wichtiger werden, um dann in anderen Lebensabschnitten wieder an Bedeutung zu verlieren. Tabelle III-3 zeigte bereits, dass z.B. der Anteil regelmäßiger Kirchgänger bei älteren Menschen jenseits des 55. Lebensjahres größer ist als bei jüngeren. So sind unter den über 65-jährigen 25 Prozent regelmäßige Kirchgänger aber lediglich 11 Prozent der 30- bis 39-jährigen besuchen mindestens einmal im Monat eine religiöse Veranstaltung. Dies kann zum einen in der Tat ein Alterseffekt sein, was bedeuten würde, dass Menschen grundsätzlich mit zunehmendem Alter religiöser werden. Hinter diesen Zahlen kann sich aber auch ein sogenannter *Kohorteneffekt* verbergen. Mit Kohorteneffekt ist gemeint, dass bestimmte Vorlieben oder Verhaltensweisen relativ früh in der eigenen Biographie geprägt werden. Man kann davon

---

[1] Die Einkommensverteilung bezieht sich auf das Haushaltsäquivalenzeinkommen; vgl. zum Konzept des Haushaltsäquivalenzeinkommens Kapitel III.4.

ausgehen, dass die Lebensbedingungen in der Kindheit und Jugend sowie die zu diesem Zeitpunkt geltenden Normen die Entscheidungen und Verhaltensweisen von Akteuren auch im späteren Lebensverlauf nachhaltig prägen. Insofern könnte sich hinter der höheren Kirchgängerquote eben auch verbergen, dass die Personen, die zum Beobachtungszeitpunkt im Jahr 2015 schon das Rentenalter erreicht haben, ihr Leben lang religiöser gewesen sind als nachfolgende (jüngere) Generationen (Kohorten).

Abbildung III-8 illustriert exemplarisch am Beispiel des regelmäßigen Kirchgangs, dass es tatsächlich Kohorteneffekte gibt. Um die Abbildung verstehen zu können, sollte man sich zunächst auf die grau gefärbte Kurve konzentrieren, die die Jahrgangszusammensetzung der Gruppe der regelmäßigen Kirchgänger im Jahr 1999 repräsentiert. Etwa 1,3 Prozent aller regelmäßigen Kirchgänger (100%) des Jahres 1999 sind 1923 geboren, die 1924 Geborenen stellen rund 1,5 Prozent, die 1925 Geborenen 1,6 Prozent usw. Wir sehen folglich, dass rund um die Geburtsjahrgänge 1927/1928 sowie 1937 bis 1942 die Verteilung mit Werten von 2,4 bis 2,5 Prozent einen Höhepunkt ('Peak') aufweist und im Vergleich dazu die relative Bedeutung der nach 1945 Geborenen auf eher geringem Niveau (ca. 1,5 Prozent) verbleibt. Nun kann man zum einen dieses Jahrgangsprofil des Jahres 1999 mit dem Profil des Jahres 1992 vergleichen (schwarz gefärbte Kurve in Abbildung III-8) – und dabei wird deutlich, dass die Kurven relativ parallel verlaufen. Mit anderen Worten: Die Personen der Geburtsjahrgänge 1927/1928 und 1937 bis 1942 waren nicht nur 1999, sondern auch 1992 (also bereits sieben Jahre vorher) wesentlich aktivere Kirchgänger als andere Geburtsjahrgänge. Und wenn man die Kurve für 1999 nun mit einer Erhebung des Jahres 2009 vergleicht (gestrichelte Kurve in Abbildung III-1), ergibt sich ein sehr ähnliches Bild – auch hier sind die genannten Kohorten besonders aktive Kirchgänger. Dass diese drei Kurven relativ deckungsgleich sind, obwohl die durch sie repräsentierten Personen zwischen 1992 (erster Beobachtungszeitpunkt) und 2009 (dritter Beobachtungszeitpunkt) 17 Jahre (!) gealter sind, ist ein überzeugendes Indiz für die Relevanz von Kohorteneffekten.

Abbildung III-8: Zusammensetzung der Gruppe regelmäßiger Kirchgänger nach Geburtsjahrgang (Anteile in %), Westdeutschland (1992, 1999, 2009)*

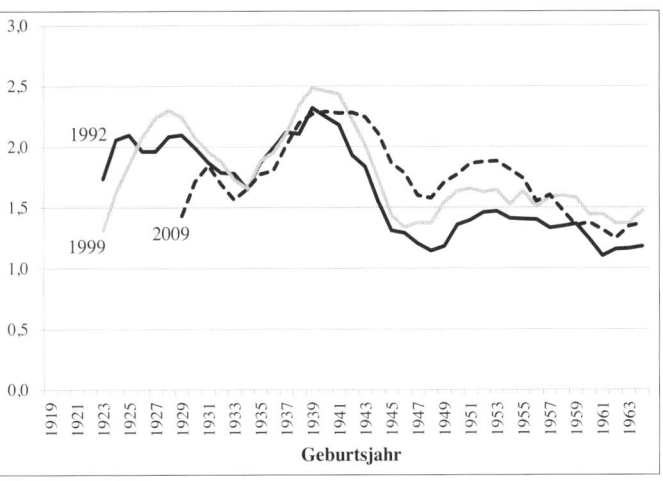

* gleitende Fünfjahresdurchschnitte

Quelle: SOEP (querschnittsgewichtet), eigene Berechnungen

Solche Hinweise auf Kohorteneffekte lassen sich mehr oder weniger gut auch in den anderen drei vorgestellten Aktivitätsfeldern Ehrenamt, Nachbarschaftshilfe und Geselligkeit nachweisen. Mit Bezug auf die Bildung von Sozialkapital bedeutet dies, dass individuelle Investitionsstrategien auch im Zusammenhang mit einer *kohortenspezifischen Prägung und Sozialisation* zu sehen sind. So lassen sich zumindest in Westdeutschland in einer breiteren Perspektive Hinweise für ein verstärktes soziales Engagement der Geburtsjahrgänge 1935 bis 1950 finden. Diese Menschen sind als Kinder und Jugendliche durch die Nachkriegszeit und den wirtschaftlichen wie politischen Aufbruch der Bundesrepublik geprägt worden und zählten später auch zu der Generation, die Ende der 1960er und Anfang der 1970er Jahre nicht nur im Bildungssystem wesentliche Veränderungen anstießen, sondern auf breiter Front entsprechend einem Slogan des damaligen Bundeskanzlers Willy Brandt auch „mehr Demokratie wagen" wollten. Das daraus vielfach resultierende soziale und politische Engagement wird unabhängig vom Alter ein Leben lang beibehalten und sorgt – sicher nicht immer beabsichtigt – für kohortenspezifisch unterschiedliche Gelegenheiten zur Begründung neuer Bekanntschaften und Freundschaften.

III.2.5 Zusammenfassung

Sozialkapital ist eine Ressource, die den Handlungsspielraum von Individuen vergrößern kann, dadurch für die erfolgreiche Gestaltung des Lebens wichtig und somit ein Faktor für die Erklärung sozialer Ungleichheit ist. In einer engen Definition verstehen wir unter Sozialkapital dabei ausschließlich tragfähige zwischenmenschliche Beziehungen. Der Aufbau und die Pflege zwischenmenschlicher Beziehungen sind nicht kostenlos. Kosten entstehen bspw. bei der Anbahnung und Aufrechterhaltung zwischenmenschlicher Beziehungen. Diese Kosten sind als Investitionen zu verstehen, weil auch hier (ähnlich der Humankapitalinvestition) die heute entstehenden Kosten dem zukünftig zu erwartenden Nutzen gegenüberstehen. Genau aus diesem Grund ist Sozialkapital eine Form von Kapital: Der Investor tritt zunächst in Vorleistung, hat dabei jedoch die Erwartung, zukünftig bei Bedarf Gegenleistungen von seinem Austauschpartner zu erhalten. Allerdings findet diese Investitionsentscheidung unter Unsicherheit statt: Das Individuum weiß im Vorfeld nicht, welchen Nutzen die Investition in Sozialkapital in der Zukunft tatsächlich haben wird. Auch die genauen Kosten sind unbekannt und nur abschätzbar. Insofern besteht auch hier sowohl die Gefahr der Fehlinvestition als auch der Über- bzw. Unterinvestition.

Da in der Regel kein unmittelbarer (sofortiger) Tausch von Leistung und Gegenleistung (also z.B. Ware gegen Geld) vorliegt, sondern Sozialkapitalinvestitionen tendenziell langfristig ausgerichtet sind, basiert dieses spezielle Austauschverhältnis auf dem Prinzip der Reziprozität. Reziprozität meint hier, dass Menschen versuchen, Leistung und Gegenleistung zumindest langfristig auszubalancieren.

Der Wert von Sozialkapital ist nicht generell festgelegt, sondern ergibt sich aus der konkreten Situation des jeweiligen Individuums. Um die Tragfähigkeit einer sozialen Beziehung zu beurteilen, lassen sich vier Kriterien anlegen: Spezifität, Qualität, Reichweite und Belastbarkeit. Diese vier Kriterien können helfen, soziale Beziehungen weiter in starke und schwache sozialer Bindungen ("strong ties" und "weak ties") zu unterteilen. Starke Bindungen zeichnet eine geringe Spezifität und eine geringe Reichweite dafür aber eine hohe Qualität und Belastbarkeit aus. Demgegenüber sind schwache Bindungen durch eine hohe Spezifität und eine hohe Reichweite dafür aber eine geringe Qualität und Belastbarkeit gekennzeichnet. Das bedeutet aber auch, dass sowohl starke als auch schwache Bindungen Vor- und Nachteile haben und es auf die konkrete Lebenssituation ankommt, welche dieser sozialen Beziehungen ‚nützlicher' oder ‚wertvoller' ist bzw. erscheint. So dürften starke Bindungen hilfreich bei der Absicherung gegen vielfältige elementare Lebensrisiken sein, deren Eintreffen vom einzelnen nicht oder kaum vorhergesagt werden kann. Demgegenüber sind schwache Bindungen hilfreich z.b. bei der Gewinnung neuer Informationen.

Angesichts der unterschiedlichen Vorteile starker und schwacher Bindungen müsste es eigentlich sinnvoll sein, dass Individuen in einen ausgewogenen Sozialkapitalmix investieren. Auf den zweiten Blick sollte es jedoch deutliche sozialstrukturelle Unterschiede hinsichtlich der individuellen Strategie der Investition in Sozialkapital geben. Hierbei ist insbesondere auf eine Wechselwirkung mit der Verfügbarkeit von Human- und insbesondere Ökonomischem Kapital zu achten. So lässt sich empirisch zeigen, dass Menschen mit einem höheren sozio-ökonomischen Status stärker in schwache Bindungen investieren als Menschen in schlechterer Lebenslage. Trotzdem sind diese eher benachteiligten Personen zusätzlich auch im Bereich der starken Bindungen benachteiligt. Menschen mit einem höheren sozio-ökonomischen Status zeigen auch ein größeres und belastbareres Netzwerk an schwachen Bindungen. Die Befunde legen nahe, dass trotz relativ vergrößerter Anstrengungen zur Stärkung starker Bindungen Menschen in vergleichsweise schlechten Lebenslagen im Vergleich zu bessergestellten Personen in allen Bereichen des Sozialkapitals benachteiligt sind.

Unabhängig von der unterschiedlichen Ressourcenausstattung der Individuen sind zusätzlich die auf die Individuen einwirkenden Restriktionen von Bedeutung. Hinsichtlich dieser Restriktionen sind zum einen Reziprozitätsnormen und zum anderen die bestehende Infrastruktur (z.B. Bestand an Vereinen, Bildungseinrichtungen, Turnhallen usw.) gemeint. Hinzu kommt, dass sich zum einen der Wert von Sozialkapital im Lebensverlauf wandeln kann. Zusätzlich ist mit Kohorteneffekten zu rechnen, denn Reziprozitätsnormen sind historisch wandelbar, dürften jedoch aufgrund ihrer Sozialisationsvermittlung in Kindheit und Jugend durchaus ein Leben lang nachwirken.

III.3 Arbeitslosigkeit und Erwerbstätigkeit

Der Mensch ist seit jeher mit der Tatsache konfrontiert, dass er für seinen Lebensunterhalt sorgen muss. Nahrung oder Schutz vor Umwelteinflüssen fallen ihm nicht in den Schoß, sondern er muss seine körperlichen und geistigen Fähigkeiten einsetzen, um überleben zu können bzw. um seine Lebenssituation zu verbessern. Diese Aufrechterhaltung und Verbesserung der eigenen materiellen Lebensgrundlagen durch Arbeit ist ein zentrales Element der menschlichen Existenz. Arbeit kann allerdings neben dem Einkommenserwerb bzw. der Sicherung der materiellen Lebensgrundlage weitere wesentliche Funktionen für den Menschen besitzen. So kann Arbeit auch als Ziel die Investition in soziale Beziehungen (Sozialkapital; vgl. Kapitel III.2) haben. Ferner kann mit Arbeit auch ein Prestigegewinn verbunden sein. Wer sich z.B. unentgeltlich für andere einsetzt oder aber einen besonders herausgehobenen Beruf (z.B. Arzt, Richter oder Professor) ausübt, darf mit der Anerkennung seiner Mitmenschen rechnen. Und schließlich kann Arbeit dazu führen, dass Menschen sich wohlfühlen, weil sie gebraucht werden und dadurch ihr Leben einen Sinn bekommt.

III.3.1 Erwerbsarbeit und Arbeitsgesellschaft

In modernen Industriegesellschaften haben sich im Laufe der Geschichte ganz unterschiedliche Formen von Arbeit herausgebildet. Grob kann man Eigenarbeit, informelle Arbeit und Erwerbsarbeit voneinander unterscheiden. Bei Eigenarbeit produzieren die Menschen Güter oder Dienstleistungen für sich bzw. ihre engere Familie (z.B. Kochen des eigenen Essens oder die Betreuung der eigenen Kinder). Bei informeller Arbeit produzieren die Menschen Güter oder Dienstleistungen für andere, ohne dass sie dafür Geld bekommen (z.B. ehrenamtliche Hausaufgabenbetreuung oder Nachbarschaftshilfe). Erwerbsarbeit zeichnet schließlich aus, dass hier Güter und Dienstleistungen für andere produziert werden, dafür als Gegenleistung jedoch Geld gezahlt wird (z.B. die Arbeit als Maurer oder aber als Gemüsehändler). Ganz wichtig ist hierbei, dass die Arbeitsform nichts mit den hergestellten Waren zu tun hat. So kann die Dienstleistung ‚Kinderbetreuung' in Eigenarbeit durch die Eltern selbst erstellt, in informeller Arbeit durch Nachbarn oder aber mit Hilfe einer bezahlten Tagesmutter in Form von Erwerbsarbeit produziert werden. Auch ist die Arbeitsform unabhängig von Arbeitsmotiven: Anderen zu helfen und Prestige zu gewinnen kann sowohl den Kinderarzt (Erwerbsarbeit) als auch den ehrenamtlichen Entwicklungshelfer antreiben. Bei der Beschäftigung mit dem Thema *Arbeit* muss also immer hinsichtlich *Form* (Wie wird etwas produziert?), *Inhalt* (Was wird produziert?) und *Motiv* (Warum wird etwas produziert?) unterschieden werden.

Im weiteren Verlauf ist für uns im vorliegenden Kapitel im Wesentlichen die *Form* „Erwerbsarbeit" von Interesse; Arbeitsinhalte und Arbeitsmotive sind im Folgenden – wenn überhaupt – von untergeordneter Bedeutung. Unter Erwerbsarbeit verstehen wir jede Arbeit, die gegen Bezahlung ausgeführt wird. Hierbei kann man dann grob zwischen *selbständiger Arbeit* und *abhängiger Beschäftigung* unterscheiden. Während Selbständige in der Regel direkt durch ihre Kunden bezahlt werden, arbeiten abhängig Beschäftigte für einen Arbeitgeber, der ihnen für ihre Arbeitsleistung Lohn bezahlt. Im Folgenden konzentrieren wir uns vor allem auf die Erwerbstätigkeit abhängig Beschäftigter und vernachlässigen die Gruppe der Selbständigen, denn in Deutschland sind rund 90 Prozent der Erwerbstätigen abhängig beschäftigt. Entsprechend wird auf dem Arbeitsmarkt das Gut „Arbeit" zwischen Arbeitsanbieter und Arbeitsnachfrager getauscht. Arbeitsanbieter sind hier die einzelnen Arbeitnehmer, denn sie bieten auf dem Markt ihre Arbeitskraft an. Arbeitsnachfrager sind die Betriebe (Arbeitgeber), die zur Aufrechterhaltung ihrer Produktion Arbeitskräfte benötigen und daher Arbeit nachfragen.

Der Preis für die Arbeitskraft ist der gezahlte Lohn. Löhne sind folglich für die Arbeitgeber ein *Kostenfaktor*. Die Lohnkosten müssen – neben Kosten z. B. für Maschinen oder Rohstoffe – in die Preise der zu verkaufenden Güter und Dienstleistungen eingerechnet werden. Gleichzeitig sind Löhne aber für die Arbeitnehmer als *Einnahmequelle* von Bedeutung und somit aus gesamtwirtschaftlicher Perspektive wichtig für den Konsum. Und schließlich sind Löhne für die Gesellschaft insgesamt relevant, da sich an ihnen auch die Steuereinnahmen insbesondere durch die gezahlte Einkommensteuer aber auch die Höhe der Sozialversicherungsbeiträge bemisst. Löhne haben folglich grundsätzlich einen *Doppelcharakter* als Kostenfaktor der Produzenten und gleichzeitig als Einnahmefaktor der Konsumenten bzw. des Staates.

Im Zuge des langfristigen Modernisierungsprozesses hat schon seit dem Mittelalter nicht zuletzt aufgrund der stetig zunehmenden Arbeitsteilung die gesellschaftliche Bedeutung von Erwerbsarbeit zugenommen. Eigenarbeit in Subsistenzwirtschaft sowie kleine lokale Tauschmärkte sind langfristig weitgehend verdrängt worden. Spätestens seit der Industrialisierung im 19. Jahrhundert bildet der Arbeitsmarkt so auch das Zentrum aller wesentlichen gesellschaftlichen Entwicklungen. Ohne eine Beteiligung an Erwerbsarbeit ist für den Einzelnen eine Teilhabe an modernen Gesellschaften in der Regel nicht möglich. Selbst wenn aufgrund des Lebensalters noch nicht bzw. nicht mehr gearbeitet werden kann oder muss, selbst wenn man als Arbeitsloser Unterstützungszahlungen bekommt, selbst wenn man durch Familienmitglieder unterstützt wird – in all diesen Fällen müssen zuvor die transferierten Summen in Form von z.b. Unterhaltszahlung, Arbeitslosengeld oder auch Renten durch Erwerbsarbeit erwirtschaftet werden. Denn auch die soziale Sicherung und die Aufrechterhaltung des Gemeinwesens ist in vielfacher Weise abhängig vom Geschehen am Arbeitsmarkt. Insofern können moderne Gesellschaften mit gutem Grund auch als *„Arbeitsgesellschaften"* (eigentlich: Erwerbsarbeitsgesellschaften) bezeichnet werden.

III.3.2 Arbeitsnachfrage und Arbeitsangebot

Die Existenz eines Marktes für Arbeitskräfte hängt in entscheidender Weise mit der Ungleichverteilung von Ressourcen im Allgemeinen und dem Ökonomischem Kapital im Besonderen zusammen: Es gibt (in der Regel wenige) Menschen, die über viel Ökonomisches Kapital (Geld, Aktien, Grundstücke usw.) und (in der Regel viele) Menschen, die über wenig Ökonomisches Kapital verfügen.[2] Allerdings hat der Besitzer einer Firma relativ wenig von seinem Besitz, wenn er sein Kapital nicht entsprechend nutzen kann. Und so braucht ein Unternehmer häufig Arbeitskräfte, weil er als einzelne Person aus Zeitgründen, aber auch aufgrund fehlender spezifischer Fähigkeiten und Kenntnisse, nicht die Vielzahl der in seinem Betrieb zu erledigenden Aufgaben alleine bewältigen kann. Hinzu kommt, dass eine arbeitsteilige Produktion zusätzliche Vorteile hat, denn so können die einzelnen Arbeitskräfte sich auf eine bestimmte Aufgabe konzentrieren und durch diese Spezialisierung ihre Aufgaben schneller und besser bewältigen – spezialisierte Arbeitskräfte sind also in der Regel produktiver. Gleichzeitig existiert aber auch eine genügend große Zahl von Arbeitsanbietern, die neben ihrer Arbeitskraft (Humankapital) keine ausreichenden Ressourcen besitzen, sodass es notwendig ist, ihre Arbeitskraft zu verkaufen, um (besser) leben zu können (vgl.

---

[2]   Natürlich ist es von Interesse, wie es zu einer solchen ungleichen Verteilung historisch gekommen ist. Dieser Aspekt kann jedoch aufgrund des zur Verfügung stehenden Raumes hier nicht thematisiert werden, sondern muss zunächst als unhinterfragter Fakt als Ausgangspunkt genommen werden. Zur ideengeschichtlichen Rechtfertigung von Privateigentum und damit zusammenhängenden Vermögensunterschieden insbesondere durch John Locke vgl. z.B. Euchner (1979).

im Folgenden insbesondere Erlinghagen 2004: Kapitel 1; eine gut verständliche Einführung in unterschiedliche Arbeitsmarkttheorien bietet Sesselmeier et al. 2010).

Der Bedarf an Arbeitskräften eines einzelnen Betriebes (betriebliche Nachfrage nach Arbeitskräften) hängt von sehr vielen Parametern ab. Hierzu zählt z.B. die allgemeine *gesamtwirtschaftliche Lage* (Konjunktur) aber auch die Marktlage in bestimmten Branchen. Gleichzeitig hängt die Nachfrage auch mit *der Art der zu produzierenden Güter* zusammen. Um Autos herstellen zu können, sind große Fabriken geeignet, da z.B. nur in Großbetrieben der Einsatz von Produktionsstraßen und Fließbändern wirtschaftlich sinnvoll ist. Daher geht z.B. von einem einzelnen Automobilhersteller eine entsprechend große Nachfrage nach Arbeitskräften aus. Friseursalons hingegen bieten Dienstleistungen an, die vor Ort am Kunden erstellt werden müssen („*uno actu Prinzip*" – lat.: „in einem einzigen Vorgang") und (anders als z.B. Autos) nicht auf Lager produziert oder exportiert werden können. Das heißt aber auch, dass die Nachfrage eines einzelnen Friseursalons nach Arbeitskräften relativ gering ist, denn eine Massenproduktion von Frisuren ist nicht möglich. Gleichzeitig darf man aber auch nicht vergessen, dass die Summe von Kleinbetrieben durchaus eine große Nachfrage in einer Branche insgesamt bedeuten kann. So waren im Jahr 2007 in Deutschland etwa 200.000 Mitarbeiter in rund 75.000 Friseursalons beschäftigt (Focus online 2008). Vergleicht man dies mit den rund 400.000 Beschäftigten im deutschen Kraftfahrzeugbau, die in weniger als 20 Unternehmen beschäftigt sind (Verband der Automobilindustrie 2012), so wird deutlich, dass nicht nur Großunternehmen wie Daimler-Benz oder VW, sondern auch Kleinbetriebe im Dienstleistungssektor von enormer Bedeutung für den deutschen Arbeitsmarkt sind.

Außerdem ist auch die sogenannte *Fertigungstiefe des Unternehmens* wichtig, wenn man das Ausmaß der einzelbetrieblichen Arbeitskräftenachfrage verstehen will. Mit Fertigungstiefe ist gemeint, welche Vorprodukte eines bestimmten Gutes im Betrieb selbst erstellt werden oder aber, ob solche Vorprodukte von anderen Unternehmen eingekauft („fremdbezogen") werden sollen. So kann ein Automobilhersteller entscheiden, ob er Motoren selbst baut oder diese von einem fremden Motorenbauer zukauft („*Make-or-Buy-Entscheidung*"), um sie dann in sein Produkt einzubauen. Je mehr Produkte selbst erstellt werden, umso größer ist die Fertigungstiefe – und umso größer wird in der Regel auch die einzelbetriebliche Nachfrage nach Arbeitskräften sein.

Bei einer Organisation wie z.B. einem Betrieb können wir durchaus auch von einem Akteur sprechen. Allerdings handelt es sich hierbei nicht um einen individuellen Akteur, sondern um einen sogenannten korporativen (also: zusammengeschlossenen) Akteur. „Korporative Akteure haben im Unterschied zu individuellen Akteuren z.B. keine Gefühle, können weder Freude noch Schmerz empfinden, und sie können immer nur über ‚Agenten' handeln, d.h. über individuelle Akteure, die im Namen des korporativen Akteurs Entscheidungen treffen" (Preisendörfer 2011: 27). Lässt man jedoch Fragen nach der organisationsinternen Entscheidungsfindung außer Acht, kann man *Betriebe* aus handlungstheoretischer Perspektive *auch als (einge-schränkt) rationale Akteure verstehen*, die Entscheidungen über die Zahl und die Art der von ihnen nachgefragten Arbeitskräfte treffen müssen. Konjunktur bzw. Marktlage, die Art der zu produzierenden Güter oder Dienste sowie die Fertigungstiefe sind dabei wesentliche Restriktionen dieser Entscheidung. Weitere Restriktionen sind das regional verfügbare Arbeitsangebot sowie das Arbeits- und Sozialrecht, das z.B. die Möglichkeiten von Entlassungen oder aber Vorgaben zur Gestaltung von Arbeitsverträgen beinhaltet. Unter Berücksichtigung dieser Restriktionen sowie der bereits bestehenden Ressourcenausstattung im Unternehmen (Wieviele Arbeitskräfte mit welcher Qualifikation sind schon/noch im Unternehmen?) trifft der Betrieb die Entscheidung, wieviele Arbeitskräfte er benötigt, also am Arbeitsmarkt nachfragt.

Verfügen die Arbeitsnachfrager in einer kapitalistischen Marktgesellschaft insbesondere über Ökonomisches Kapital, besitzen die *Arbeitsanbieter* – wie oben bereits erwähnt – mit ihrer Arbeitskraft eine Ressource, die für die Produktion von Gütern und Dienstleistungen unerlässlich ist. Dabei ist der Umfang der von den Individuen angebotenen Arbeitskraft (also der Umfang des Arbeitsangebots) ebenfalls von unterschiedlichen Faktoren abhängig. Neben den individuellen Ressourcen (Brauche ich mehr Geld? Welche Qualifikation habe ich?) beeinflussen selbstverständlich auch hier Restriktionen die Angebotsentscheidung des eingeschränkt rationalen Arbeitsanbieters („Arbeitnehmer"). Neben arbeitsrechtlichen Bestimmungen und der regionalen Nachfrage nach Arbeitskräften ist es besonders wichtig, die Arbeitsangebotsentscheidung von Individuen *im Kontext des privaten Haushalts bzw. der Familie* zu betrachten, denn die familiären Bedingungen sind eine weitere potentielle Begrenzung des Arbeitsangebots. Es ist davon auszugehen, dass Paare ihr Arbeitsmarktverhalten (also ihr jeweiliges Arbeitsangebot) untereinander abstimmen, um die gemeinsamen Ziele des Haushalts am besten erreichen zu können. Das bedeutet, dass die Haushaltsmitglieder eine *gemeinsame* Entscheidung über die Verwendung der zur Verfügung stehenden Zeit ihrer Mitglieder fällen. Für den privaten Haushalt stellt sich folglich ein ähnliches „*make-or-buy*"-*Problem* wie für den Betrieb. So muss beispielsweise entschieden werden, ob eine Mahlzeit selbst gekocht oder im Restaurant ‚fremdbezogen' werden soll, oder aber es muss geklärt werden, ob ein Kind selbst oder aber durch einen „Dritten" (z.B. Kindertagesstätte) extern betreut werden soll (vgl. hierzu auch Kapitel II.1).

Wenn ein Haushalt entschieden hat, einen bestimmten Dienst bzw. ein bestimmtes Gut nicht selbst intern zu erstellen, sondern gegen Geld bei einem haushaltsfremden Anbieter einzukaufen, ist damit zumeist *zwangsläufig* auch die Entscheidung gefallen, Arbeitskraft auf dem Erwerbsarbeitsmarkt anzubieten, um Lohneinkommen zu erwirtschaften. Denn nur wenn der Haushalt über Geldeinkommen verfügt, kann er Güter oder Dienstleistungen (also Restaurantessen oder Kindertagesstätten) bezahlen. Daran knüpfen sich insbesondere zwei Fragen an: Erstens ist zu klären, welche Güter im Haushalt selbst produziert und welche Güter am Markt gekauft werden sollen. Zweitens muss das Paar sich darüber verständigen, welches Haushaltsmitglied wieviele Stunden Arbeit auf dem Markt anbieten kann, will bzw. muss. Für Paare kann es in einer solchen Situation sinnvoll sein, dass sich ein Partner auf Hausarbeit und Kindererziehung und der andere auf Erwerbsarbeit spezialisiert. Mit *Spezialisierung* ist hier also gemeint, dass sich in einem Paarhaushalt die Partner jeweils (nahezu) ausschließlich auf einen Bereich konzentrieren, dort besonders leistungsstark (also produktiv) werden und so das Leben des Haushalts z.B. durch ein höheres Einkommen und die gleichzeitige Erziehung mehrerer Kinder insgesamt verbessert wird – ganz ähnliche Vorteile wie sie die arbeitsteilige Spezialisierung von Arbeitnehmern für einen Betrieb hat (siehe die Ausführungen oben). Solange Frauen schlechter ausgebildet sind und (auch) dadurch schlechtere Entlohnungs- und Karrierechancen haben als Männer, ist eine Spezialisierung der Frauen auf Kindererziehung und Hausarbeit und von Männern auf Erwerbsarbeit aus Perspektive der gesamten Familie von Vorteil.

Allerdings bedeutet dieser Zusammenhang auch, dass eine vollkommene Spezialisierung entweder auf Haus- oder aber Erwerbsarbeit nicht in jedem Fall die beste Lösung ist. Stattdessen bietet es sich eventuell an, dass alle (erwachsenen) Haushaltsmitglieder (auch) Marktarbeit anbieten und einen großen Teil der Haushaltsleistungen nicht mehr selbst intern erstellen, sondern auslagern und über den Markt von externen Anbietern gegen Geld beziehen oder aber auf ein staatliches Angebot zurückgreifen. „Der verstärkte Einsatz von konsumreifen Marktgütern sowie komfortablen Haushaltsgeräten, die die Haushaltsproduktion stark vereinfachen, so daß hierzu kaum mehr spezifische Kenntnisse notwendig sind, reduzieren Hausarbeit in vielen Bereichen auf eine ‚individuelle Endmontage von industriell gefertigten Zwischenprodukten'. Unter solchen Bedingungen ist es dann effizient, die Zeit verstärkt zur Einkommenserzielung zu verwenden, da dadurch ein wesentlich höherer Gesamtoutput erzielt werden kann" (Ott 1998: 70).

Veränderte Löhne und Preise von Haushaltsgütern auf externen Märkten verändern auch die Bedeutung von *Opportunitätskosten* für die Entscheidung für oder gegen eine geschlechtsspezifische Arbeitsteilung bzw. Spezialisierung eingeschränkt rationaler Paare. Mit Opportunitätskosten ist der entgangene Nutzen einer nicht gewählten Alternative gemeint. Stellt sich nun ein Paar die Frage, ob die Frau erwerbstätig bleiben bzw. werden soll oder sich doch (ausschließlich) um die Kindererziehung und den Haushalt kümmert, müssen Kosten und Nutzen der Alternativen abgeschätzt werden. Die Entscheidung für Kindererziehung und Hausarbeit spart den Einkauf dieser Dienstleistungen von externen Produzenten (z.B. Tagesmutter, Wäscherei, Gebäudereinigung, Schnellimbiss), verursacht aber Opportunitätskosten in Form des entgangenen Lohns der Frau. Ist der am Arbeitsmarkt zu erzielende Lohn höher als die hierbei entstehenden Ausgaben für den Zukauf fremder Dienstleistungen, lohnt sich die (fortgesetzte) Erwerbsbeteiligung der Frau und eine Beschäftigung einer Tagesmutter oder aber einer Putzfrau. Wenn nun die Löhne von Frauen steigen (z.B. aufgrund besserer Qualifikationen) und die Preise für Haushaltstechnik, Fertigmahlzeiten oder Haushaltsdienstleistungen sinken, so verändert sich die Kosten/Nutzen-Relation der beiden Alternativen Erwerbsarbeit und Hausarbeit. Und entsprechend sollte sich gesamtgesellschaftlich auch die geschlechtsspezifische Arbeitsteilung ändern.

Arbeitsmarktstrukturen auf der Makroebene sind folglich nicht nur das Aggregat isolierter individueller Entscheidungen eingeschränkt rationaler Arbeitsanbieter (Arbeitnehmer) oder Arbeitsnachfrager (Betrieb), sondern hängen auch von dem Umstand ab, ob Arbeitsangebot und Arbeitsnachfrage zusammenkommen. Die bisherigen Ausführungen sollten deutlich gemacht haben, dass die *Lohnhöhe* hierbei sicher ein wichtiger jedoch mit Sicherheit nicht der einzige Faktor ist, den es zu berücksichtigen gilt. So muss das Arbeitsangebot immer im

Kontext von Partnerschaft und Familie gesehen werden. Für die Arbeitsnachfrage spielen institutionelle Rahmenbedingungen aber auch die Bedingungen auf den Produktmärkten eine wichtige Rolle. Für beide Seiten sind zudem lokale bzw. regionale Gegebenheiten zu berücksichtigen, wobei hier der angebotenen bzw. nachgefragten Qualifikation von Beschäftigten eine Schlüsselrolle zukommt. Zudem ist ein mögliches *Machtungleichgewicht* zwischen Arbeitgebern und Arbeitnehmern zu berücksichtigen: Arbeitsanbieter sind darauf angewiesen, zur Deckung ihrer Lebenshaltungskosten ihre Arbeitskraft zu verkaufen. Arbeitsnachfrager hingegen haben für ihr Ökonomisches Kapital alternative Verwendungsmöglichkeiten und müssen nicht unbedingt Arbeitskräfte einstellen. So können sie stattdessen Maschinen kaufen, die die Arbeitskräfte ersetzen oder aber den Betrieb in eine andere Region verlagern. Sie können eine Firma auch schließen und das frei werdende Kapital in Aktien oder Gold investieren. Diese unterschiedlichen Möglichkeiten der alternativen Verwendung von Ressourcen ist wesentlicher Ursprung des Machtungleichgewichts zwischen Arbeitgebern und Arbeitnehmern zu Ungunsten der letzteren. Dieses Ungleichgewicht kann z.B. durch den Zusammenschluss von Arbeitnehmern in Gewerkschaften verringert werden. Allerdings kann eine Verknappung wichtiger Humankapitalressourcen (z.B. bei Fachkräftemangel) die Position der prinzipiell benachteiligten Arbeitsanbieter stärken.

III.3.3 Makrotrends des Arbeitsmarktes

Auch wenn am Arbeitsmarkt individuelle bzw. korporative Akteure agieren, so schlägt sich deren durch Ressourcen und Restriktionen systematisch beeinflusstes Verhalten zwangsläufig in Arbeitsmarktstrukturen nieder. Im Folgenden sollen einige wesentlichen Strukturen bzw. Strukturveränderungen des deutschen Arbeitsmarktes der vergangenen Jahre und Jahrzehnte als Makrotrends dargestellt werden. Dabei sollten zuvor einige wesentlichen Begriffe geklärt werden:

• *Erwerbstätige*: Erwerbstätige sind alle Personen, die einer bezahlten Arbeit (Erwerbsarbeit) nachgehen. Hierunter fallen abhängig Beschäftigte ("Arbeitnehmer") und Selbständige.
• *Arbeitslose*: Arbeitslose sind alle Personen, die keiner bezahlten Arbeit nachgehen, diese aber suchen.
• *Nicht-Erwerbstätige*: Nicht-Erwerbstätige sind alle Personen, die keiner bezahlten Arbeit nachgehen und diese (derzeit) auch nicht suchen.

• *Erwerbspersonen*: Erwerbspersonen sind alle Personen, die am Arbeitsmarkt aktiv sind. Hierzu zählen also sowohl die Erwerbstätigen als auch die Arbeitslosen.
• *Erwerbsquote*: Die Erwerbsquote gibt den Anteil der Erwerbspersonen an der Bevölkerung im erwerbsfähigen Alter (in der Regel Personen im Alter von 15 bis 64 Jahre) wieder.
• *Erwerbstätigenquote* (Beschäftigungsquote): Die Erwerbstätigenquote gibt den Anteil der Erwerbstätigen an der Bevölkerung im erwerbsfähigen Alter wieder.
• *Arbeitslosenquote*: Die Arbeitslosenquote gibt den Anteil der Arbeitslosen an den Erwerbspersonen wieder.

Langfristige Entwicklung von Beschäftigung und Arbeitslosigkeit
Das Ausmaß der Arbeitslosigkeit wird in entscheidendem Maße von konjunkturellen Bedingungen aber auch durch Prozesse des Strukturwandels bestimmt. Allerdings muss man auch verstehen, dass es in jeder Marktwirtschaft selbst bei bester Wirtschaftslage Arbeitslosigkeit in Form von Sucharbeitslosigkeit gibt. Es wird immer eine gewisse Zeit dauern, bis Arbeitslose eine geeignete neue Stelle gefunden haben. Dies ist volkswirtschaftlich auch bis zu einem gewissen Maß kein Problem, sondern kann sogar wünschenswert sein, denn bei längerer und intensiverer Suche verbessert sich die Passgenauigkeit (der „Match") zwischen Arbeitgeber und neuem Beschäftigten, d.h. die freien Stellen werden so mit den am besten geeigneten Bewerbern besetzt.

Abbildung III-9 zeigt die langfristige Entwicklung der absoluten Arbeitslosenzahlen und der daraus berechneten Arbeitslosenquote für die Bundesrepublik Deutschland zwischen 1950 und 2016. Wenige Jahre nach dem Zweiten Weltkrieg war die Arbeitslosigkeit noch relativ hoch. Jedoch konnte im Laufe der Zeit die Zahl der Arbeitslosen rasch von knapp 1,9 Millionen im Jahr 1950 auf etwa 150.000 im Jahr 1965 gesenkt werden. Dementsprechend ging die Arbeitslosenquote von 11 auf unter ein Prozent zurück. Folge war unter anderem ein Arbeitskräftemangel, dem man mit gezielter Anwerbung ausländischer Arbeitskräfte aus Süd- und Südosteuropa sowie z.T. Nordafrika begegnete (vgl. Kapitel II-3).

Der rasante und über 15 Jahre andauernde Aufschwung der 1950er und 1960er Jahre kam insbesondere den Deutschen so kurz nach dem Krieg wie ein Wunder vor – auch wenn dieses „Wirtschaftswunder" ganz reale Ursachen hatte. Zum einen war diese Phase weltweit durch eine sehr positive konjunkturelle Entwicklung geprägt, an der nun auch Deutschland partizipieren konnte. Zudem war zumindest in der Bundesrepublik (anders als in der DDR) von den westlichen Alliierten auf Reparationszahlungen weitgehend verzichtet worden und es hatte keine nennenswerte Demontage alter Industrieanlagen stattgefunden. Die kriegsbedingten Zerstörungen waren einerseits nicht so groß, dass ein totaler Neuaufbau notwendig gewesen wäre, andererseits führte der Ersatz der zerstörten Fabriken dazu, dass moderne und damit sehr wettbewerbsfähige Produktionstechniken eingesetzt werden konnten. Nicht zu vergessen ist die enorme finanzielle Aufbauhilfe durch die westlichen Alliierten z.B. in Form des „Marshall-Plans". Gleichzeitig etablierte sich ein auf Konsens und Verständigung aufbauendes System der industriellen Beziehungen, d.h. Gewerkschaften und Arbeitgeber versuchten erfolgreich, Konflikte durch Verhandlungslösungen zu vermeiden, wodurch ein gemeinsamer Aufbau der am Boden liegenden Wirtschaft gut gelingen konnte (vgl. Wehler 2003: 948f, 968ff; Wehler 2008: 48ff; Abelshauser 2004: Kapitel II und III).

Mitte der 1960er Jahre deuteten sich dann die Vorboten einer ersten wirtschaftlichen Nachkriegskrise an, die in den Jahren 1967 und 1968 kurzfristig auch die Arbeitslosenzahl ansteigen ließ. Spätestens aber durch die erste Ölpreiskrise im Jahr 1973 war der „kurze Traum der immerwährenden Prosperität" (Lutz 1989) in der Bundesrepublik ausgeträumt. Für eine Gesellschaft, die in den 1960er Jahren mit Arbeitslosenquoten von unter einem Prozent jahrelang Vollbeschäftigung und Arbeitskräfteknappheit erlebt hatte, war der explosionsartige Anstieg der Arbeitslosenzahlen Mitte der 1970er Jahre auf beinahe 1,1 Millionen (Arbeitslosenquote: 4,7 Prozent) ein Schock. Seit dieser Zeit ist der deutsche Arbeitsmarkt durch das Phänomen der „Massenarbeitslosigkeit" gekennzeichnet, d.h. hohe Arbeitslosenzahlen sind zu einem permanenten Phänomen geworden, das sich trotz kurzfristigen Erholungen von Krise zu Krise ausweitete. So stieg die Arbeitslosenquote nach 1979 im Zuge der zweiten Ölkrise nochmals sprunghaft von 3,8 Prozent auf 9,3 Prozent im Jahr 1985 an. Es folgte eine längere Phase wirtschaftlicher Erholung, wobei die Arbeitslosenzahlen zwar gesenkt werden konnten, jedoch nie wieder die Werte vor der jeweilig bewältigten Krise annehmen konnten.

Abbildung III-9: Arbeitslosenzahl (in 1.000) und Arbeitslosenquote (in %) 1950-2016 (West- und Ostdeutschland)

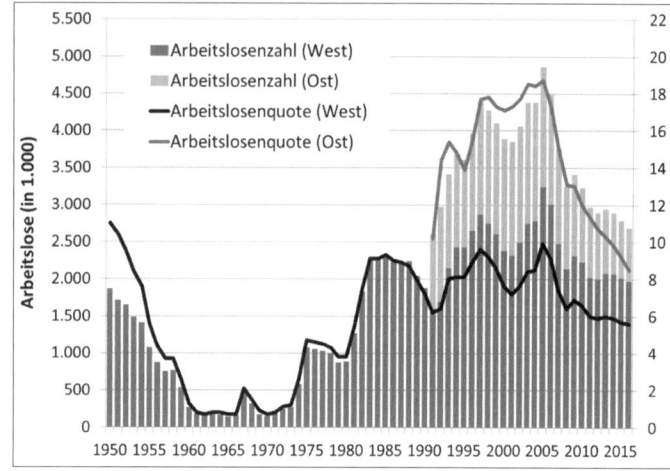

Quelle: Statistisches Bundesamt (eigene Darstellung)

Nach dem Mauerfall 1989 und dem Beitritt der DDR zur Bundesrepublik Deutschland bekam der Arbeitsmarkt in den alten Bundesländern einen zusätzlichen Schub, der die seit 1985 anhaltende positive Entwicklung weiter förderte. Durch den enormen Nachholbedarf der ehemaligen DDR-Bürger bei Dienstleistungen und Konsumgütern profitierten viele Firmen und deren Beschäftigte im Westen der Republik. Gleichzeitig brach das vormals nach planwirtschaftlichen Kriterien verwaltete Beschäftigungssystem der DDR nach der Überführung in ein marktwirtschaftliches System vielfach zusammen. Diese Entwicklung konnten auch die massiven finanziellen Transfers von West nach Ost nicht vollständig aufhalten, sondern allenfalls abfedern. Die alte DDR-Planwirtschaft war aufgrund künstlich hoher Beschäftigtenzahlen und einer vielfach veralteten Produktionstechnik unter den neuen Bedingungen nicht konkurrenzfähig. Viele ehemalige Staatsbetriebe wurden „abgewickelt", d.h. geschlossen und die Belegschaft in Arbeitslosigkeit entlassen. Selbst da, wo es gelang, einige Staatsbetriebe erfolgreich zu privatisieren, war eine deutliche Reduzierung der Beschäftigtenzahlen die Folge. Vor diesem Hintergrund verwundert es dann auch nicht, dass bis zum Jahr 1997 mehr als 1,5 Millionen Menschen in den neuen Bundesländern arbeitslos gemeldet waren. Erst rund zehn Jahre später sollten sich erste Anzeichen zeigen, dass sich die Situation auf dem ostdeutschen Arbeitsmarkt etwas entspannt (vgl. Hauser 2010; Giesecke/Verwiebe 2010). Trotz deutlicher Verbesserungen ist die Arbeitslosenquote mit 8,5 Prozent im Jahr 2016 immer noch deutlich höher als in den alten Bundesländern (5,6 Prozent).

In den alten Bundesländern stieg die Arbeitslosigkeit wenige Jahre nach der Wiedervereinigung ebenfalls deutlich an. Die finanziellen Belastungen der Privathaushalte, die einen Großteil der Aufbaukosten der neuen Bundesländer z.B. durch Steuererhöhungen tragen mussten, führten zu einer ungünstigen Binnennachfrage. Hinzu kam eine wachsende internationale Konkurrenz durch die seit den 1990er Jahren verstärkte Wirkung der Globalisierung, von der insbesondere geringqualifizierte Arbeitskräfte betroffen gewesen sind. Die seit 2007 insbesondere einige Länder Südeuropas erschütternden Banken- und Finanzmarktkrisen spiegelten sich hingegen vergleichsweise wenig im deutschen Arbeitsmarkt wider. Anders als in anderen europäischen Ländern konnte in dieser Zeit die Arbeitslosigkeit sogar nennenswert reduziert werden. Für diese Entwicklung ist sicher ein ganzes Ursachenbündel verantwortlich. So konnte die deutsche Exportwirtschaft vom Boom in sogenannten Schwellenländern besonders stark profitieren (vgl. z.B. Erber/Hagemann 2012). Gleichzeitig stabilisierten klassische sozialpolitische Instrumente der sozialen Marktwirtschaft wie z.B. das Kurzarbeitergeld sowie das hohe Ausmaß der Arbeitszeitflexibilität in deutschen Unternehmen sowie die rückläufige Lohnentwicklung den Arbeitsmarkt (vgl. z.B. Burda/Hunt 2011 und Möller 2011 sowie Kapitel III.3.4 unten). Hingegen fehlen eindeutige Belege, die diese positive Arbeitsmarktentwicklung ursächlich auf die tiefgreifenden arbeitsmarktpolitischen Reformen („Hartz-Reformen") seit 2003 zurückführen könnten (vgl. Knuth/Kaps 2014; Schettkat 2016).

Die Entwicklung von Arbeitslosenzahl und -quote dominieren als unbestritten wichtige Indikatoren die Wahrnehmung des Arbeitsmarktgeschehens in der breiten Öffentlichkeit. Weit weniger Beachtung findet hingegen die Veränderung der Erwerbstätigenzahlen. Abbildung III-10 zeigt die Entwicklung der Zahl der Erwerbstätigen (abhängig Beschäftigte und Selbständige) für die Bundesrepublik Deutschland seit 1950. In den neuen Bundesländern stagniert die Zahl von Erwerbstätigen seit rund 20 Jahren bei rund 7,5 Millionen. In Westdeutschland ist im selben Zeitraum hingegen die Zahl der Erwerbstätigen deutlich gestiegen. Blickt man noch weiter zurück, so wird deutlich, dass im Laufe des „Wirtschaftswunders" die Zahl der Erwerbstätigen zwischen 1950 und

1965 von 19,5 auf knapp 27 Millionen wuchs. Durch die Zeit der beiden
Ölkrisen stagnierte der Wert bei etwa diesem Wert, um dann seit etwa
Mitte der 1980er Jahre zumindest in Westdeutschland – abgesehen von
kurzen Unterbrechungen – deutlich zu steigen.

Derzeit sind in den alten Bundesländern mehr als 35 Millionen Menschen erwerbstätig – das sind insgesamt acht Millionen mehr als zu
Zeiten der „Vollbeschäftigung" Mitte der 1960er Jahre! Angesichts der
im gleichen Zeitraum enorm gestiegenen Arbeitslosenzahlen, stellt sich
die Frage, wie man sich dieses scheinbare Paradox erklären kann. Die
Begründung liegt in der seit den 1960er Jahren ebenfalls enorm gestiegenen Frauenerwerbstätigkeit. Wie im Folgenden noch genauer erläutert, haben sich im Zusammenhang mit wachsender Gleichberechtigung
und zunehmender Qualifikation (Bildungsexpansion; vgl. Kapitel III.1)
die Erwerbschancen und die Erwerbsorientierung von Frauen in den
alten Bundesländern deutlich gewandelt. Nicht-erwerbstätige Frauen
waren in der Bundesrepublik der 1950er und 1960er Jahre häufig ausschließlich Hausfrauen, traten folglich nicht am Arbeitsmarkt in Er-
scheinung und konnten so auch nicht als arbeitslos gelten. Im Laufe der
Jahrzehnte hat sich dies allerdings grundlegend gewandelt. Dies erklärt,
warum heute in Westdeutschland wesentlich mehr Menschen erwerbs-

*Abbildung III-10: Zahl der Erwerbstätigen (in 1.000), 1950-2016 (West- und
Ostdeutschland)*

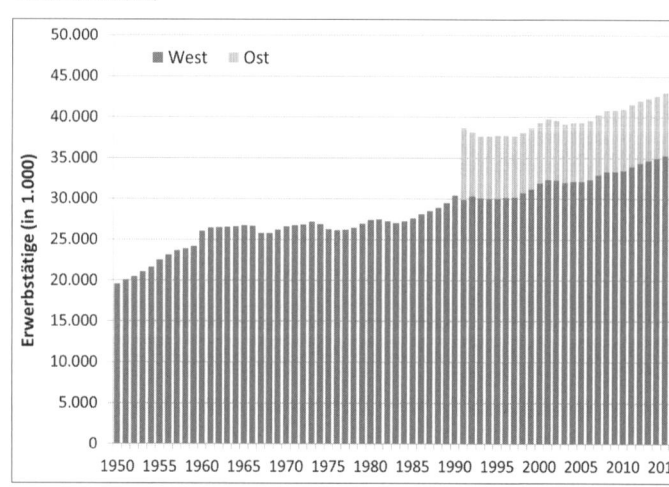

Quelle: Statistisches Bundesamt (eigene Darstellung)

tätig sind als früher bei gleichzeitig höheren Arbeitslosenzahlen. In Ostdeutschland hingegen war die Erwerbstätigkeit von Frauen schon wesentlich länger als „Normalfall" akzeptiert (vgl. Trappe 1995). Dies hat sich auch nach der Wiedervereinigung bis heute nicht geändert.

Vor dem Hintergrund wachsender Erwerbstätigenzahlen stellt sich die Frage, welche Art von Beschäftigung zugenommen hat. Angesichts des unter anderem aufgrund der Globalisierung zunehmenden internationalen Wettbewerbs bei einer gleichzeitigen arbeitsrechtlichen Liberalisierung bzw. Deregulierung hat in der Tat die Bedeutung sogenannter „atypischer Beschäftigungsverhältnisse" in den vergangenen 25 Jahren zugenommen. „Atypisch" sind solche Beschäftigungsverhältnisse, die vom sogenannten „Normalarbeitsverhältnis" (NAV) in einem oder mehreren Parametern abweichen. Unter einem NAV versteht man vor allem eine unbefristete, sozialversicherungspflichtige Vollzeitbeschäftigung. Dementsprechend zählen Teilzeitbeschäftigte, Leiharbeitnehmer, befristet Beschäftigte, geringfügig Beschäftigte (Verdienst unter 450 Euro pro Monat) sowie Solo-Selbständige („Ein-Mann-Betrieb") zu den „atypischen" Beschäftigungsformen. Auch wenn der Begriff des Normalarbeitsverhältnisses suggeriert, dass dies zumindest historisch der Normalfall auf dem deutschen Arbeitsmarkt gewesen sei, muss man sich vergegenwärtigen, dass das NAV auch in der Vergangenheit nie die Regel für alle Beschäftigten gewesen ist, sondern dass dieses theoretische Konstrukt – wenn überhaupt – nur für eine Mehrheit erwerbstätiger Männer der Realität entsprach.

Aus gesamtgesellschaftlicher Perspektive sind atypische Beschäftigungsverhältnisse dann problematisch, wenn die dort arbeitenden Personen zu arbeitsrechtlich schlechteren Konditionen beschäftigt sind als „Normalarbeitnehmer". Insbesondere ist ein fehlender Schutz durch die unterschiedlichen Zweige der Sozialversicherungen (Arbeitslosigkeit, Rente, Gesundheit, Unfall und Pflege) in der Regel von Nachteil. Des Weiteren erhöht ein befristeter Arbeitsvertrag die Unsicherheit über die berufliche Zukunft. Ferner ist eine Schlechterstellung von atypisch Beschäftigten in einem Betrieb ein Umstand, der z.B. hinsichtlich der Bezahlung oder aber der (faktischen) Mitbestimmungsmöglichkeiten ungünstig sein kann. Schließlich stellt sich die Frage, inwieweit Erwerbstätige das vollständige unternehmerische Risiko tragen oder aber Arbeitnehmereigenschaften besitzen, was in diesem Zusammenhang bedeutet, dass das unternehmerische Risiko zunächst einmal der Arbeitgeber trägt.

Tabelle III-5: Abweichungen atypischer Beschäftigung vom „Normalarbeitsver-
hältnis"

	(a) Sozial- versiche- rungspflicht	(b) unbefristet	(c) Gleich- stellung im Betrieb	(d) Arbeit- nehmer- eigenschaft
Normalarbeitsverhältnis (NAV)				
soz.versicherungs- pfl. Vollzeit	*ja*	*ja*	*ja*	*ja*
atypische Beschäftigung				
soz.versicherungs- pfl. Teilzeit	*ja*	*ja*	*ja*	*ja*
befristete Beschäftigung	*ja*	*nein*	*ja*	*ja*
Leiharbeit	*ja*	*ja*	*nein*	*ja*
geringfügige Beschäftigung	*z.T.*	*ja*	*ja*	*ja*
Solo-Selbständiger	*nein*	–	–	*nein*

Quelle: eigene Darstellung

Tabelle III-4 gibt einen vereinfachten Überblick, inwiefern unterschiedliche Formen atypischer Beschäftigung bezogen auf die vier
Dimensionen (a) Sozialversicherungspflicht, (b) Befristung, (c)
Gleichstellung im Betrieb und (d) Arbeitnehmereigenschaften vom
NAV abweichen. Dabei wird deutlich, dass sozialversicherungspflichtige Teilzeitbeschäftigung in keiner der Dimensionen vom Normalarbeitsverhältnis abweicht – für sozialversicherungspflichtige
Teilzeitbeschäftigte gelten die selben Rechte wie für „Normalarbeitnehmer". Auch befristet Beschäftigte unterliegen der Sozialversicherungspflicht, sind Ihren Kollegen im Betrieb hinsichtlich Bezahlung
und Mitbestimmung gleichgestellt und weisen alle Arbeitnehmereigenschaften auf. Allerdings weicht ihre arbeitsrechtliche Situation
durch den von vornherein befristeten Arbeitsvertrag vom NAV ab.
Leiharbeiter unterliegen ebenfalls der Sozialversicherungspflicht,
sind unbefristet beschäftigt und haben sämtliche Arbeitnehmereigenschaften. Gleichwohl weichen solche Arbeitskräfte insofern vom

NAV ab, als dass sie im Betrieb, in dem sie von ihrem „Verleiher" eingesetzt werden, faktisch nicht mit den übrigen Kollegen gleichgestellt sind. Für geringfügig Beschäftigte gilt hingegen, dass sie nur eingeschränkt der Sozialversicherungspflicht unterliegen und somit auch nur wenige Ansprüche an die Sozialversicherungen haben (Anrechnung bei Rentenanwartschaften und in der Pflegeversicherung, Unfallversicherungsschutz). Anders als die bislang vorgestellten atypisch Beschäftigten haben schließlich die Solo-Selbständigen definitionsgemäß keine Arbeitnehmereigenschaften und sind auch nicht sozialversicherungspflichtig; Befristung und Gleichstellung im Betrieb kann bei Selbständigen grundsätzlich nicht auftreten. Insgesamt ist bei der Aufstellung in Tabelle III-4 zu berücksichtigen, dass in der Realität selbstverständlich Mischformen existieren, also z.B. Leiharbeit als befristete Teilzeitbeschäftigung ausgeübt werden kann. In solchen Fällen ergänzen sich folglich die Merkmale der jeweiligen atypischen Beschäftigungsform, sodass es zu einer Kumulation von Nachteilen kommen kann.

Abbildung III-11 zeigt, wie sich die Struktur unterschiedlicher Erwerbsformen zwischen 1991 und 2015 verändert haben. Dabei wird deutlich, dass der Anteil unbefristet sozialversicherungspflichtig Vollzeitbeschäftigter an allen Erwerbstätigen in diesem Zeitraum von rund 68 Prozent auf knapp 53 Prozent zurückgegangen ist. Gleichzeitig hat sich der Anteil von unbefristet sozialversicherungspflichtig Teilzeitbeschäftigten von knapp 14 auf über 20 Prozent erhöht. Insgesamt sind also auch im Jahr 2015 etwa 75 Prozent aller Erwerbstätigen in Deutschland sozialversicherungspflichtig unbefristet beschäftigt und das um Teilzeitarbeit erweiterte Normalarbeitsverhältnis dominiert auch im zweiten Jahrzehnt des 21. Jahrhunderts den deutschen Arbeitsmarkt.

Gleichwohl ist der Anteil atypischer Beschäftigung, d.h. Arbeitnehmer, die entweder befristet oder geringfügig beschäftigt sind oder als Leiharbeiter („Zeitarbeit") arbeiten, in Summe von knapp 7 auf gut 13 Prozent merklich angewachsen. Dieser Zuwachs geht vor allem auf die Entwicklung der geringfügigen Beschäftigung zurück. Zwar wächst auch die Zahl von Leiharbeitnehmern in den vergangenen 15 Jahren enorm, jedoch ist ihre absolute gesamtwirtschaftliche bzw. gesamtgesellschaftliche Bedeutung mit einem Anteil von unter zwei Prozent an allen Erwerbstätigen faktisch vernachlässigbar; die hohen Wachstumsraten in diesem Bereich sind folglich auf das verschwindend geringe Ausgangsniveau Mitte bis Ende der 1990er Jahre zurückzuführen. Der Anteil befristeter Beschäftigung hat hingegen moderat zugenommen. Eine nur geringe Zunahme ist ebenfalls bei den Solo-Selbständigen zu verzeichnen.

Abbildung III-11: Relative Bedeutung unterschiedlicher Erwerbsformen im Zeitverlauf (Anteile in %), Deutschland), 1991-2015

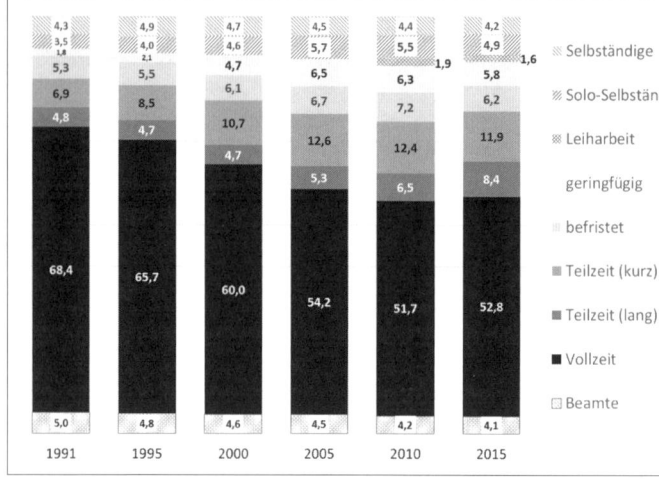

Quelle: Statistisches Bundesamt (eigene Darstellung)

Tertiarisierung und Wissensgesellschaft

Das Geschehen am deutschen Arbeitsmarkt war in den vergangenen 65 Jahren auch durch einen verstärkten Trend zur *„Tertiarisierung"* und zur *„Wissensgesellschaft"* gekennzeichnet. Der Begriff der Tertiarisierung macht deutlich, dass nach und nach die Bedeutung der Dienstleistungsproduktion für die deutsche Volkswirtschaft zugenommen hat. Entsprechend hat sich auch die sektorale Verteilung von Arbeitnehmern in den letzten Jahrzehnten verschoben (Abbildung III-12). Waren 1950 weniger als ein Drittel aller abhängig Beschäftigten im Dienstleistungssektor („Tertiärer Sektor") tätig, hat sich deren Anteil bis 2016 enorm erhöht, sodass mittlerweile drei von vier Beschäftigten hier tätig sind. Entsprechend hat sich der Anteil von Arbeitnehmern im produzierenden Gewerbe („sekundärer Sektor") von mehr als 40 auf knapp 25 und in der Landwirtschaft („primärer Sektor") von knapp 25 auf unter 2 Prozent verringert.

Abbildung III-12: Sektorale Verteilung der abhängig Beschäftigten (Anteile in %),
Deutschland 1950-2016*

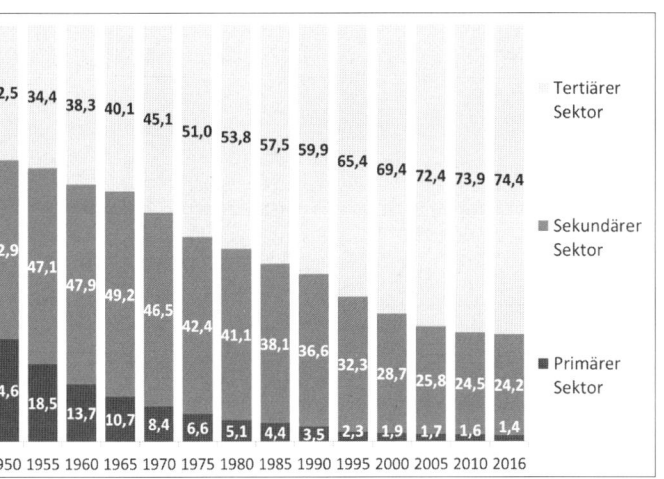

* bis 1990: nur alte Bundesrepublik
Quelle: Statistisches Bundesamt (eigene Darstellung)

Dieser Trend zur Dienstleistungsproduktion geht einher mit einer Veränderung in der *Betriebsgrößenstruktur*. Die Zahlen in Abbildung III-13 zeigen, dass 1985 53 Prozent aller Beschäftigten in Westdeutschland in Betrieben mit 200 Beschäftigten und mehr gearbeitet haben. Dieser Anteil hat sich bis 2013 auf 50 Prozent verringert, sodass mittlerweile die Hälfte aller westdeutschen Arbeitnehmer in kleineren Betrieben mit einer Belegschaft von unter 200 Personen arbeitet; knapp jeder Vierte arbeitet sogar in einem Betrieb mit weniger als 20 Beschäftigten. Diese Entwicklung zu verstärkter kleinbetrieblicher Produktion steht in engem Zusammenhang mit der fortschreitenden Tertiarisierung, denn wie in Kapitel III.3.2 bereits erläutert, findet die Erstellung von Dienstleistungen häufig vor Ort beim oder sogar mit dem Kunden zusammen statt („uno-actu-Prinzip"). Dies fördert den Trend zu Kleinbetrieben, die in der Fläche ihre Leistungen anbieten und ihre Produkte nicht ‚auf der grünen Wiese' vorproduzieren und zum Kunden transportieren bzw. zunächst einlagern können. Abbildung III-13 zeigt darüber hinaus, dass sich der Wandel von einer großindustriell geprägten Wirtschaft zu einer kleinbetrieblichen Dienstleistungsökonomie nach der Wiedervereinigung in wesentlich rasanterem Tempo auch in den neuen Bundesländern vollzogen hat: Inner-

Abbildung III-13: Beschäftigte nach Betriebsgröße (Anteile in %), West- und
Ostdeutschland 1985-2013

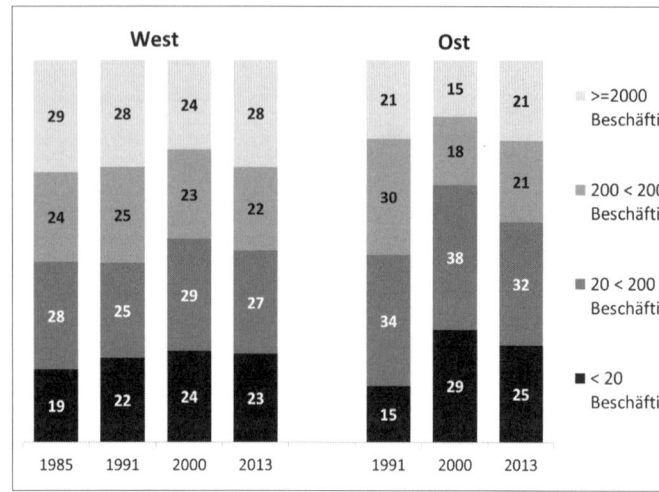

Quelle: SOEP / SOEP-Monitor (eigene Darstellung)

halb von knapp 25 Jahren hat sich der Anteil von Beschäftigten in Kleinbetrieben (weniger als 20 Beschäftigte) von 15 auf 25 Prozent erhöht,
während der Anteil von Betrieben mit 200 Beschäftigten und mehr seit
1991 von 51 auf 42 Prozent geschrumpft ist.

    Zum Teil eng verknüpft mit der Tertiarisierung ist zudem ein Wan-
del zur „Wissensgesellschaft". Der Begriff der Wissensgesellschaft
verweist auf den enormen Bedeutungszuwachs von Qualifikationen
und Fachkompetenzen für den Produktionsprozess. Dieser Wandel
steht in enger Wechselwirkung zur Bildungsexpansion (vgl. Kapitel
III.1), sodass ein steigender Bedarf an qualifizierten Arbeitskräften
den Ausbau des Bildungssystems vorangetrieben, gleichzeitig aber
auch die besseren Qualifikationen der Arbeitsanbieter eine wissens-
basierte Produktion zunehmend ermöglicht hat. Neben der Erhöhung
der Zahl bzw. des Bevölkerungsanteils gut ausgebildeter Menschen
haben sich die Arbeitsmarkchancen der abnehmenden Zahl geringqualifizierter Personen in den vergangenen Jahrzehnten dramatisch verschlechtert. Abbildung III-14 zeigt die qualifikationsspezifische Arbeitslosenquote von geringqualifizierten Menschen ohne
Berufsabschluss im Vergleich zu den Arbeitslosenquoten von Fach-

Abbildung III-14: Qualifikationsspezifische Arbeitslosenquote, Bundesrepublik Deutschland 1975-2016*

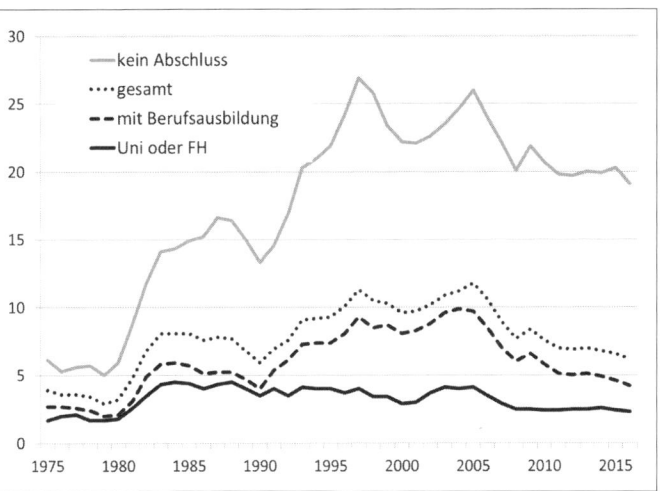

*bis 1990: Westdeutschland

Quelle: Hummel et al. (2012: 33-34) und IAB (eigene Darstellung)

kräften mit abgeschlossener Berufsausbildung sowie Akademikern mit Uni- oder FH-Abschluss. Zu Beginn des Beobachtungszeitraums im Jahr 1975 lag die Arbeitslosenquote von Geringqualifizierten bei rund 6 Prozent, der ausgebildeten Fachkräfte bei unter 3 und bei Akademikern sogar unter 2 Prozent. Diese qualifikationsspezifischen Unterschiede im Risiko, arbeitslos zu sein, haben sich seitdem deutlich auseinander entwickelt. Mittlerweile ist die Arbeitslosenquote von Geringqualifizierten auf rund 20 Prozent angestiegen, die der ausgebildeten Fachkräfte liegt bei etwa 4 und die der Akademiker sogar bei deutlich unter 3 Prozent. Diese wachsende Schere zwischen ausgebildeten Fachkräften und Hochschulabsolventen einerseits und Geringqualifizierten andererseits hat nicht nur Auswirkungen auf die Arbeitsmarktpolitik, sondern stellt die Gesellschaft insgesamt vor große Herausforderungen, so z.B. die damit in Zusammenhang stehende Vergrößerung der Einkommensungleichheit in Deutschland (vgl. Kapitel III.4).

Zunehmende Frauenerwerbstätigkeit

Neben den beiden Trends zur einer verstärkt wissensintensiven Produktion („Wissensgesellschaft") und einer zunehmenden Tertiarisierung ist die wachsende *Erwerbsbeteiligung von Frauen* ein weiterer wesentlicher Veränderungstrend des deutschen Arbeitsmarktes der zurückliegenden Jahrzehnte. Abbildung III-15 zeigt, dass in den 1920er und in den 1930er Jahren ein sehr großer geschlechtsspezifischer Unterschied in der Erwerbsbeteiligung (gemessen an der Erwerbsquote) in Deutschland zu beobachten gewesen ist. Während rund 95 Prozent der erwerbsfähigen Männer in dieser Zeit am Arbeitsmarkt aktiv waren, trifft dies nur auf knapp 50 Prozent der Frauen zu. Nach der deutschen Teilung im Nachgang des Zweiten Weltkrieges entwickelte sich die Arbeitsmarktbeteiligung von Männern und Frauen in der alten Bundesrepublik einerseits und der DDR andererseits deutlich unterschiedlich. So verblieb in der DDR die Erwerbsquote der Männer bis zur Wiedervereinigung 1990 auf konstant hohem Niveau, gleichzeitig erhöhte sich die Frauenerwerbsquote im Laufe der 1950er und 1960er Jahre rasant und hatte am Ende beinahe zu der der Männer aufgeschlossen. Demgegenüber sank die Erwerbsquote von Männern in der alten Bundesrepublik stetig und erreichte 1990 einen Wert von rund 80 Prozent. Dieser Rückgang der Erwerbsbeteiligung von Männern ist wesentlich durch den wirtschaftlichen Strukturwandel begründet, in dessen Verlauf vor allem Arbeitsplätze in den typischen Männerberufen des produzierenden Gewerbes weggefallen sind. Noch dramatischer sind die Unterschiede im Ost-West-Vergleich der Frauenerwerbstätigkeit: In der alten Bundesrepublik stagnierte die Erwerbsquote von Frauen bis in die 1980er Jahre hinein bei etwa 50 Prozent. Erst Mitte der 1980er Jahre ist auch hier ein – wenn auch zaghafter – Anstieg der Arbeitsmarktbeteiligung von Frauen zu beobachten.

Nach der Wiedervereinigung erhöhte sich in den neuen Bundesländern im Zusammenhang mit der Schließung und Schrumpfung vieler ehemaliger DDR-Staatsbetriebe nicht nur generell die Arbeitslosigkeit, sondern eine größere Zahl Frauen zog sich aufgrund der schlechten Chancen (vorübergehend) vom Arbeitsmarkt zurück. In der Folge sank die Erwerbsquote von Frauen von knapp 90 Prozent am Ende der DDR bis unter 75 Prozent im Jahr 1995, liegt aber dennoch bis heute über der Erwerbsquote westdeutscher Frauen. Allerdings hat der in den 1980er Jahren in der alten Bundesrepublik begonnene Trend zur stärkeren Erwerbsbeteiligung von Frauen auch nach der Wiedervereinigung angehalten, sodass deren Erwerbsquote

im Westen kontinuierlich von rund 50 Prozent im Jahr 1980 auf mittlerweile über 70 Prozent gewachsen ist und es so insgesamt zu einer
schrittweisen Angleichung der Erwerbsquoten von Frauen in West
und Ost gekommen ist. Dies darf allerdings nicht darüber hinwegtäuschen, dass ostdeutsche Frauen nach wie vor zu einem wesentlichen
größeren Teil als westdeutsche Frauen Vollzeit arbeiten (vgl. z.B.
Jansen et al. 2009) und dass in den neuen Bundesländern auch der
Anteil der Erwerbstätigkeit von Müttern deutlich über dem westdeutscher Mütter liegt (vgl. z.B. Geisler 2010).

Aufgrund des massiven Arbeitsplatzabbaus in der ehemaligen
DDR brach in den neuen Bundesländern in den Jahren nach der Wiedervereinigung auch die Erwerbsquote von Männern deutlich ein von
1985 über 95 Prozent bis 1995 auf knapp 80 Prozent und erreicht so
ungefähr das westdeutsche Niveau. In den vergangenen 15 Jahren
konnte der aus anderen Gründen zuvor schon in den alten Bundesländern beobachtbare rückläufige Trend gestoppt werden, sodass in
den letzten Jahren die Erwerbsbeteiligung von Männern sowohl in

Abbildung III-15: Erwerbsquoten nach Geschlecht, Deutschland 1925-2015*

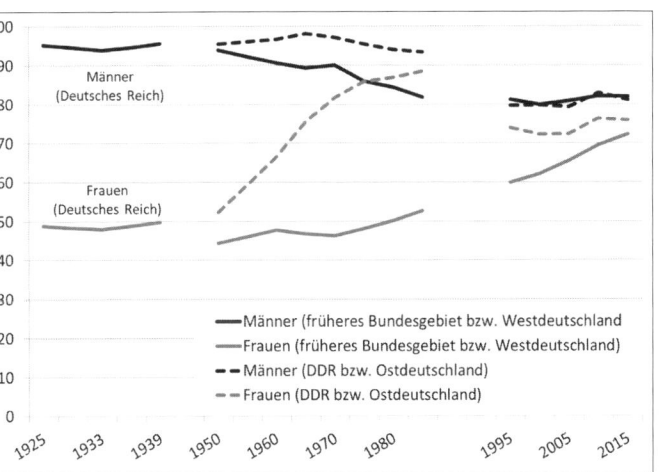

*bis 1939: Deutsches Reich; 1950-1985: DDR und Bundesrepublik Deutschland; ab
1995: Alte Bundesländer (West) und Neue Bundesländer (Ost)

Quellen: ab 1960: Statistisches Bundesamt bzw. BMAS (2006: 144); vor 1960: A.
Wagner (2008: 361); eigene Darstellung

den alten als auch in den neuen Bundesländern wieder eher ansteigt.

Die Ursachen für eine (zunächst) geringere Erwerbsbeteiligung von Frauen gegenüber Männern können theoretisch sehr vielfältig sein. Zunächst ist sicherlich auf die *direkte Diskriminierung* von Frauen sowohl durch Gesetze und Rechtsprechung (z.b. Eherecht) als auch durch normative Rahmenbedingungen (z.b. geschlechtsspezifische Stereotype) hinzuweisen. In Verbindung zu unterschiedlichen Rollenerwartungen sind zudem die Möglichkeiten der Vereinbarkeit von Familie und Beruf (z.b. durch die Verfügbarkeit von Kinderbetreuungsplätzen) zu berücksichtigen. Wird hierbei vor allem Frauen die Verantwortung für z.b. die Kindererziehung zugewiesen und sind dadurch ihre Erwerbschancen aufgrund dieser „Doppelbelastung" reduziert, wäre dies ein Beispiel für eine *indirekte Diskriminierung* von Frauen. Und schließlich könnten auch qualifikationsspezifische Unterschiede zwischen den Geschlechtern für unterschiedliche Arbeitsmarktchancen sorgen. Solange Frauen schlechter ausgebildet sind als Männer, in diesem Zusammenhang weniger Lohn erhalten, gleichzeitig das Rollenbild des männlichen Alleinernährers („Male Breadwinner") vorherrscht, ist es für eingeschränkt rationale Akteure (Männer wie Frauen) häufig sinnvoll, durch Spezialisierung Produktivitätsgewinne zu erzielen.

Veränderungen bzw. Konstanten hinsichtlich der Rollenerwartungen an Männer und Frauen, der Vereinbarkeit von Familie und Beruf sowie geschlechtsspezifischer Qualifikationsunterschiede stehen folglich in enger Wechselwirkung mit den zu beobachtenden geschlechtsspezifischen Unterschieden am Arbeitsmarkt. So ist der enorme Anstieg der Frauenerwerbstätigkeit in der DDR seit den 1950er Jahren durch zum Teil ideologisch bedingte, zum Teil wirtschaftlich notwendige Veränderungen im Rollenbild erklärbar. Zwar blieb die Haus- und Erziehungsarbeit auch dort im Wesentlichen in der Verantwortung der Frauen, jedoch wurde das Bild der vollzeiterwerbstätigen Mutter nicht nur durch entsprechende propagandistische Maßnahmen gefördert, sondern auch durch das flächendeckende und umfassende Angebot an staatlichen Kinderbetreuungseinrichtungen flankiert. Die erst wesentlich später im Laufe der 1980er Jahre beginnenden, zaghaften Veränderungen in der alten Bundesrepublik sind im Gegensatz dazu im Wesentlichen eine unbeabsichtigte Nebenfolge der Bildungsexpansion, von der insbesondere Frauen profitieren konnten (vgl. Kapitel III.1). Ein allmählicher Wandel weiblicher und männlicher Stereotype musste sich im Westen sicher stärker als im Osten dabei mühsam den

Weg ‚von unten' bahnen, sodass gleichstellungspolitische Fragen (z.B. hinsichtlich des Anteils von Frauen in Führungspositionen) nach wie vor auf der (gesamtdeutschen) Tagesordnung stehen. Bis heute spiegeln sich solche unterschiedlichen Traditionen nicht nur in unterschiedlichen Rollenstereotypen diesseits und jenseits der Elbe wider, sondern manifestieren sich z.B. auch in der unterschiedlichen Verfügbarkeit von Kinderbetreuungsmöglichkeiten in West und Ost, wodurch die Erwerbsbeteiligung von Frauen in den alten im Vergleich zu den neuen Bundesländern weiterhin erschwert wird (vgl. Kreyenfeld/Geisler 2006; Dorbritz/Ruckdeschel 2009).

III.3.4 Flexibilität des Arbeitsmarktes und Lohnentwicklung

Dass sich Betriebe an schwankende Marktgegebenheiten anpassen müssen, ist Kernelement jeder Marktwirtschaft und somit kein neues Phänomen. Inwieweit sie dazu in der Lage sind, wird mit dem Begriff der Flexibilität erfasst. Insbesondere im Zuge der Globalisierung von Märkten haben sich aber die Bedingungen, unter denen Unternehmen agieren müssen, in den zurückliegenden Jahrzehnten allmählich verändert. Dies betrifft insbesondere das Tempo, in dem sich diese Bedingungen wandeln. Da Schwankungen tendenziell in kürzeren Zyklen auftreten (vgl. hierzu auch die Ausführungen zur Globalisierung in Kapitel IV.3), müssen Betriebe tendenziell schneller als früher auf sich wandelnde Rahmenbedingungen reagieren. Mithin sind die Flexibilitätsanforderungen an Betriebe gestiegen.

Ein Parameter der betrieblichen Produktion ist die Nachfrage nach Arbeitskraft. Je nach Marktlage muss der Einsatz dieser Ressource angepasst werden. Geht beispielsweise ein neuer Großauftrag ein, braucht der Betrieb mehr von der Ressource Arbeitskraft; bei Auftragsrückgang wird dann umgekehrt weniger Arbeitskraft benötigt. Um diesen Bedarf anzupassen, stehen dem Betrieb prinzipiell zwei unterschiedliche Flexibilisierungsmöglichkeiten zur Verfügung:

- *Externe Flexibilisierung:* Wird mehr Arbeitskraft gebraucht, können neue Arbeitskräfte eingestellt und bei weniger Bedarf Beschäftigte entlassen werden.
- *Interne Flexibilisierung*: Wird mehr Arbeitskraft gebraucht, kann die Arbeitszeit der Belegschaft ausgeweitet werden und bei weniger Bedarf kann die Arbeitszeit reduziert werden. Zusätzlich besteht die Möglichkeit, innerhalb des Betriebes Arbeitskräfte zwischen Abteilungen zu versetzen.

Abbildung III-16 zeigt, wie verbreitet flexible Arbeitszeiten in deutschen Betrieben sind und wie sich diese Verbreitung zwischen 2002 und 2016 entwickelt hat. Dabei wird deutlich, dass es eine Vielzahl unterschiedlicher Möglichkeiten gibt, wie von der Standardarbeitszeit abgewichen wird, das heißt, wieviele Arbeitnehmer nicht regelmäßig von montags bis freitags zwischen 8 und 17 Uhr arbeiten, sondern deren Arbeitszeiten entweder in der *Lage* (Schichtarbeit, versetzte Arbeitszeiten, Samstags- und Sonntagsarbeit) oder der *Dauer* (Arbeitszeitkonten) von dieser Norm abweichen. Das mit Abstand wichtigste Flexibilisierungsinstrument sind Arbeitszeitkonten, deren Bedeutung in den zurückliegenden Jahren weiter gestiegen ist. 2014 arbeiten mehr als 50 Prozent aller Beschäftigten im Rahmen von Arbeitszeitkonten. Arbeitszeitkonten ermöglichen es, über einen längeren Zeitraum schwankende Arbeitsbedarfe auszugleichen. Fallen Überstunden an, spart der Arbeitnehmer diese auf seinem Arbeitszeitkonto an. Geht dann beispielsweise die Auftragslage wieder zurück,

Abbildung III-16: Anteil von Beschäftigten (in %) mit flexiblen Arbeitszeiten, Deutschland 2002-2016*

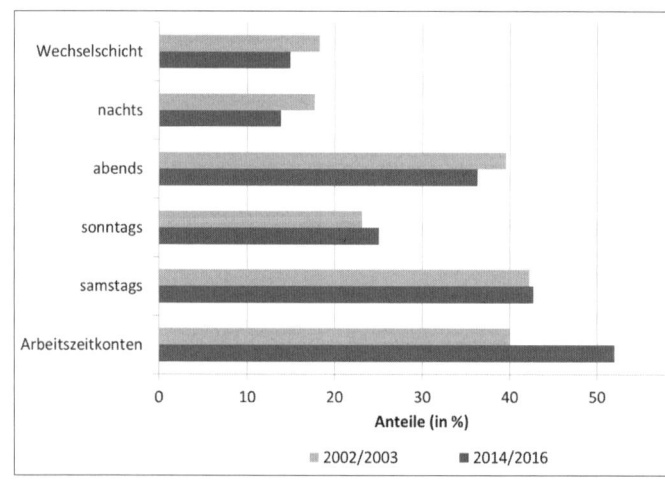

* Mehrfachnennungen möglich; Arbeitszeitkonten: 2002-2014 / Arbeitszeitlage: 2003-2016

Quelle: Arbeitszeitkonten: IAB-Betriebspanel; Berechnungen: IAB (Ellguth) / Lage Arbeitszeit: Statistisches Bundesamt, Fachserien 4.1.2 (vor 2016) bzw. 4.1 (ab 2016); eigene Berechnungen

kann das Arbeitszeitguthaben abgebaut ('entspart') werden. Solche *Arbeitszeitkonten* haben zunächst den Vorteil, dass durch sie Beschäftigung gesichert und Entlassungen vermieden werden können. Darüber hinaus haben sie für den Arbeitgeber den Vorteil, dass keine Überstundenzuschläge mehr gezahlt werden müssen. Außerdem stehen bei Mehrbedarf sofort eingearbeitete Kräfte bereit, gleichzeitig können im Krisenfall diese eingearbeiteten Kräfte gehalten werden. Bestünde diese Flexibilisierungsmöglichkeit nicht, müssten nach der Krise erst neue Fachkräfte angeworben werden, was nicht nur Geld und Zeit kostet, sondern auch erst eine längere Einarbeitung dieser neuen Mitarbeiter erforderlich machen würde. Arbeitszeitkonten sind daher ein Paradebeispiel für interne Flexibilisierungsmaßnahmen zur Anpassung an schwankende Arbeitsbedarfe. Es zeigt sich, dass – auch im Zusammenspiel mit den übrigen, in ihrer Bedeutung ebenfalls zunehmenden anderen Formen der Arbeitszeitflexibilität – betriebsinterne Flexibilität in deutschen Betrieben einen hohen und wachsenden Stellenwert einnimmt.

Wie verhält es sich nun mit der Entwicklung externer Flexibilität durch Einstellungen und Entlassungen? Abbildung III-17 zeigt die durchschnittliche *Betriebszugehörigkeitsdauer* abhängig Beschäftigter für West- und Ostdeutschland. So waren in der alten Bundesrepublik im Jahr 1985 die Arbeitnehmer im Durchschnitt rund zehn Jahre bei ihrem aktuellen Arbeitgeber beschäftigt. Bei langfristiger Betrachtung zeigt sich, dass sich dieser Wert bis heute kaum verändert hat. In Ostdeutschland war die Betriebszugehörigkeitsdauer zu Beginn der deutschen Einheit deutlich höher als in den alten Bundesländern. Dies ist eine Nachwirkung der DDR-Wirtschaft, in der Beschäftigte wesentlich seltener den Betrieb gewechselt haben. Nach der Wende wurde jedoch eine Vielzahl ehemaliger Staatsbetriebe der DDR geschlossen bzw. deren Belegschaftszahlen deutlich reduziert (vgl. Brinkmann/Wiedemann 1995; Diewald/Sorensen 1996), was einerseits zur Folge hatte, dass die Arbeitslosigkeit deutlich anstieg. Die „freigesetzten" Arbeitskräfte mussten sich andererseits verstärkt nach neuen Arbeitsplätzen umsehen und diese vermehrten Neueinstellungen senkten so schließlich den Durchschnittswert der Betriebszugehörigkeitsdauern, sodass Beschäftigte in den neuen Bundesländern Mitte der 1990er Jahre durchschnittlich etwa acht Jahre bei ihrem Arbeitgeber beschäftigt gewesen sind. Allerdings näherten sich die ostdeutschen Werte im Laufe der folgenden Jahre langsam an die Werte im Westen an. Der Befund einer über 30 Jahre nahezu konstanten Beschäftigungsstabilität in den alten Bun-

Abbildung III-17: Durchschnittliche Betriebszugehörigkeitsdauer abhängig Beschäftigter, West- und Ostdeutschland 1985-2013

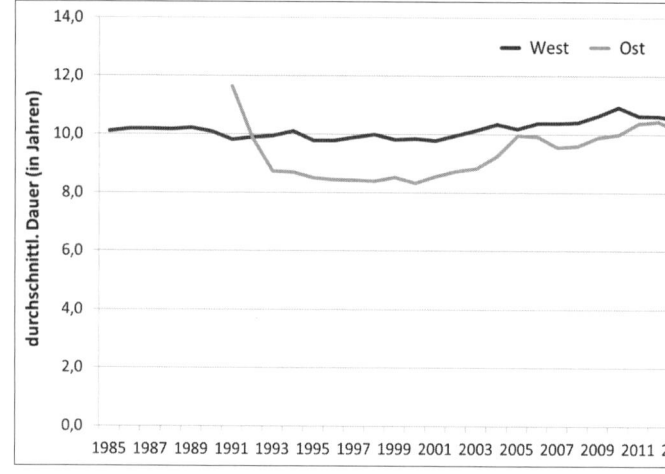

Quelle: SOEP, eigene Berechnungen

desländern und einer nach den Umstellungen der Wiedervereinigung deutlich zunehmenden Beschäftigungsstabilität in den neuen Bundesländern macht deutlich, dass deutsche Unternehmen bei der Anpassung ihres Arbeitskräftebedarfs nicht auf eine externe Flexibilisierungsstrategie setzen, sondern vor allem daran interessiert sind, ihre Beschäftigten möglichst langfristig zu halten und daher mehr und mehr auf interne Flexibilisierungsstrategien setzen. Dies ist vor allem vor dem Hintergrund der zunehmenden Bedeutung von Qualifikation und Wissen („Trend zur Wissensgesellschaft") zu verstehen: Je anspruchsvoller die Tätigkeiten sind, umso schwerer und kostspieliger wird es für Arbeitgeber, nach einer Entlassung eine entsprechend qualifizierte Arbeitskraft zu finden und einzuarbeiten. Außerdem ist die Leistungskontrolle bei einer zunehmend komplexen und dezentralen Produktion schwerer und daher werden langfristige vertrauensvolle Beziehungen zwischen Arbeitgeber und Arbeitnehmer für den Unternehmenserfolg wichtiger (vgl. hierzu Erlinghagen 2005).

Abbildung III-18: Entwicklung der kaufkraftbereinigten durchschnittlichen Brut-tomonatsverdienste (Reallöhne) in Euro (nach Geschlecht)*, Deutschland 1992-2016

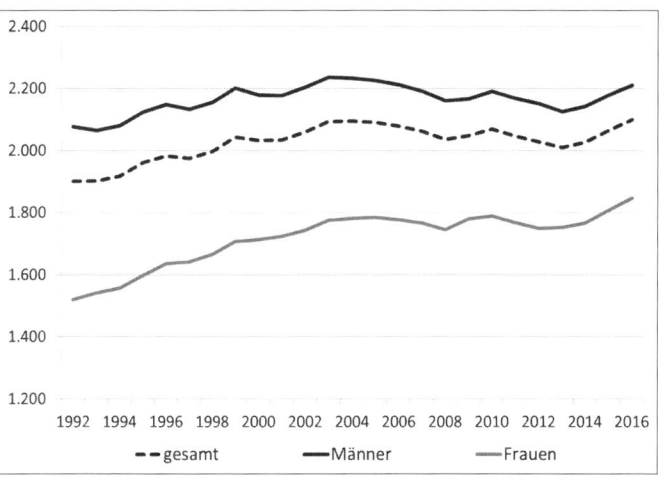

* nur Vollzeitbeschäftigte
Quelle: Statistisches Bundesamt; eigene Berechnungen

Neben der langfristig konstanten Beschäftigungsstabilität und der wachsenden Bedeutung der Arbeitszeitflexibilität ist in den vergangenen 25 Jahren eine zunächst leicht steigende, dann im Laufe des ersten Jahrzehnts des neuen Jahrtausends rückläufige bzw. stagnierende Reallohnentwicklung zu beobachten gewesen (Abbildung III-18). Reallöhne sind die um die Inflation bereinigten Nominallöhne – oder anders ausgedrückt: Der Lohn, der an den Arbeitnehmer ausgezahlt wird (Nominallohn), wird hinsichtlich seiner tatsächlichen Kaufkraft bewertet, indem er mit der Teuerungsrate (Inflation) gewichtet wird. Der seit rund 15 Jahren stagnierende bzw. rückläufige Reallohn zeigt, dass die Arbeitnehmer in Deutschland 2016 über eine ähnliche Kaufkraft verfügten als noch wenige Jahre zuvor (vgl. hierzu auch Kapitel III. 4 zu Einkommen und Vermögen).

Außerdem wird in Abbildung III-18 auch der in Deutschland nach wie vor sehr klare Lohnunterschied zwischen Männern und Frauen deutlich („*Gender-Wage-Gap*"). Dass Frauen weniger verdienen als Männer, hat unterschiedliche Ursachen. Ein Teil der Differenz wird durch die eingeschränkte Berufswahl von Frauen und die Konzentration auf wenige, in der Regel schlecht bezahlte Dienstleistungsberufe sowie häufiger unterbrochene Karriereverläufe erklärbar. Ein erheblicher Teil des Gender-Wage-Gap ist in Deutschland aber auch einer direkten Lohndiskriminierung von Frauen zuzuschreiben (vgl. z.B. Busch/Holst 2008).

III.3.5 Zusammenfassung

Im Zuge des langfristigen Modernisierungsprozesses ist seit dem Mittelalter nicht zuletzt aufgrund der stetig zunehmenden Arbeitsteilung die gesellschaftliche Bedeutung von Erwerbsarbeit dauerhaft gewachsen. Eigenarbeit in Subsistenzwirtschaft sowie kleine lokale Tauschmärkte sind langfristig verdrängt worden. Spätestens seit der Industrialisierung im 19. Jahrhundert bildet der Arbeitsmarkt so auch das Zentrum aller wesentlichen gesellschaftlichen Entwicklungen.

   Ohne eine gesamtgesellschaftlich hohe Beteiligung an Erwerbsarbeit ist für den Einzelnen eine Teilhabe an modernen Gesellschaften in der Regel nicht möglich. Denn letztlich müssen nicht nur Löhne, sondern indirekt auch die Mittel für staatliche oder private Transfers am Arbeitsmarkt erwirtschaftet werden. Insofern können moderne Gesellschaften mit gutem Grund auch als „Arbeitsgesellschaften" bezeichnet werden. Arbeit kann dabei neben dem Einkommenserwerb bzw. der Sicherung der materiellen Lebensgrundlage weitere wesentliche Funktionen für den Menschen besitzen. So kann Arbeit auch die Investition in soziale Beziehungen (Sozialkapital) zum Ziel haben. Ferner kann mit Arbeit auch ein Prestigegewinn verbunden sein.

   Aufgrund ungleich verteilter Ressourcen und genereller Vorteile einer arbeitsteiligen Produktion brauchen Betriebe Arbeitskräfte und umgekehrt brauchen Arbeitskräfte Arbeitgeber, die ihnen ihre Arbeit abkaufen. Aus handlungstheoretischer Perspektive kann man Betriebe auch als (eingeschränkt) rationale Akteure verstehen, die folglich Entscheidungen über die Zahl und die Art der von ihnen nachgefragten Arbeitskräfte treffen müssen. Konjunktur bzw. Marktlage, die Art der zu produzierenden Güter oder Dienste, die Fertigungstiefe sowie das Arbeitsrecht sind dabei wesentliche Restriktionen dieser Entscheidung. Weitere Restriktionen sind das regional verfügbare Arbeitsangebot sowie das Arbeits- und Sozialrecht. Unter Berücksichtigung dieser Restriktionen sowie der bereits bestehenden Ressourcenausstattung im Unternehmen trifft der Betrieb die Entscheidung, wieviele Arbeitskräfte er benötigt, also folglich am Arbeitsmarkt nachfragt. Auch der Umfang der von den Individuen angebotenen Arbeitskraft ist von unterschiedlichen Faktoren abhängig. Neben den individuellen Ressourcen beeinflussen selbstverständlich auch hier Restriktionen die Angebotsentscheidung des eingeschränkt rationalen Arbeitsanbieters. Neben arbeitsrechtlichen Bestimmungen und der regionalen Nachfrage nach Arbeitskräften ist es besonders wichtig, die Arbeitsangebotsentscheidung von Individuen im Kontext des privaten Haushalts bzw. der Familie zu betrachten. Arbeitsmarktstrukturen auf der Makroebene sind also nicht nur das Aggregat isolierter individueller Entscheidungen von eingeschränkt rationalen Arbeitsanbietern (Arbeitnehmer) oder Arbeitsnachfragern (Betrieb), sondern hängen auch von dem Umstand ab, ob Arbeitsangebot und Arbeitsnachfrage zusammenkommen.

Langfristig hat sich in Deutschland die Zahl der am Arbeitsmarkt aktiven Menschen insbesondere durch eine wachsende Erwerbsbeteiligung von Frauen deutlich erhöht. Eine seit den 1970er Jahren wachsende Zahl von Arbeitslosen ist dabei nur ein Teil dieser Entwicklung, denn gleichzeitig hat sich auch die Zahl von Erwerbstätigen wesentlich vergrößert. Dabei wird deutlich, dass der Anteil unbefristet sozialversicherungspflichtig Vollzeitbeschäftigter an allen Erwerbstätigen zurückgegangen ist. Gleichzeitig hat sich der Anteil von unbefristet sozialversicherungspflichtig Teilzeitbeschäftigten erhöht. Insgesamt sind im Jahr 2015 etwa 80 Prozent aller Erwerbstätigen in Deutschland sozialversicherungspflichtig unbefristet beschäftigt oder Beamte und das um Teilzeitarbeit erweiterte Normalarbeitsverhältnis dominiert auch am Ende des ersten Jahrzehnts des 21. Jahrhunderts den deutschen Arbeitsmarkt. Gleichwohl ist der Anteil atypischer Beschäftigung, d.h. Arbeitnehmer, die entweder befristet oder geringfügig beschäftigt sind oder als Leiharbeiter („Zeitarbeit") arbeiten, merklich angewachsen. Dieser Zuwachs geht vor allem auf die Ausweitung der geringfügigen Beschäftigung zurück.

Ferner ist langfristig ein deutlicher Trend zur verstärkten Dienstleistungsproduktion zu beobachten, der mit einer Veränderung in der Betriebsgrößenstruktur hin zu kleineren Betrieben einhergeht. Zum Teil eng verknüpft mit dieser Tertiarisierung ist zudem ein Wandel zur „Wissensgesellschaft" zu beobachten. Neben dem Umstand, dass sich in Deutschland aufgrund der Bildungsexpansion die Zahl bzw. der Bevölkerungsanteil gut ausgebildeter Menschen deutlich erhöht hat, haben sich zudem die Arbeitsmarkchancen der abnehmenden

Zahl geringqualifizierter Personen in den vergangenen Jahrzehnten dramatisch verschlechtert. Ferner ist zu beobachten, dass es auf dem deutschen Arbeitsmarkt neben einer langfristig konstanten Beschäftigungsstabilität und der wachsenden Bedeutung der Arbeitszeitflexibilität in den vergangenen 25 Jahren eine zunächst leicht steigende, dann im Laufe des ersten Jahrzehnts des neuen Jahrtausends rückläufige bzw. stagnierende Reallohnentwicklung gegeben hat.

III.4 Einkommen, Vermögen und Armut

III.4.1 Einkommen und Vermögen: Begriffe

Nachdem die vorausgegangenen Abschnitte dieses Kapitels sich intensiv mit den beiden Ressourcen Human- und Sozialkapital beschäftigt sowie die Beteiligung an Erwerbsarbeit thematisiert haben, soll im folgenden Abschnitt nun *Ökonomisches Kapital* als weitere wichtige Ressource behandelt werden. Ökonomisches Kapital setzt sich aus den beiden Komponenten Vermögen und Einkommen zusammen.

Unter *Vermögen* verstehen wir im Folgenden abstrakte sowie produktive Sachwerte, aus denen finanzielle Erträge entstehen können. Bei abstrakten Sachwerten ergibt sich deren Ertrag durch Verzinsung oder ggf. den Verkauf – man spricht auch von *Finanzvermögen*. Bei produktiven Sachwerten ergibt sich deren Ertrag durch Produktionsgewinne und ggf. den Verkauf – man spricht auch von *Realvermögen*. Beispiele für Realvermögen sind z.B. Immobilien, Fabrikgebäude oder auch Maschinen. Abgesehen davon, dass der Eigentümer Realkapital verkaufen und dadurch einen Ertrag erzielen kann, gründet sich der Wert dieser Dinge auf deren produktivem Potential, d.h. darauf, dass damit Dienstleistungen oder Güter produziert werden können. Beispiele für Finanzvermögen sind Bargeld, Sparguthaben, Aktien, Kunstwerke oder auch Gold. Alle diese Dinge haben einen abstrakten Wert. Sie besitzen kein produktives Potential.

Vermögen ist insofern Kapital, weil es durch Investitionen bereits verfügbarer Ressourcen in der Erwartung zukünftiger Erträge aufgebaut wird. Man investiert z.B. in eine selbstgenutzte Eigentumswohnung (Realvermögen) in der Hoffnung, zukünftig einen besseren Lebensstandard zu haben, weil man keine Miete mehr zahlen muss. Oder: Man investiert in Aktien (Finanzvermögen) in der Erwartung zukünftiger Dividenden und steigender Kurse, wodurch dann bei

Verkauf ein Gewinn erzielt werden kann. Der Aufbau von Vermögen setzt folglich bereits die Existenz von Ressourcen voraus. Wer nichts besitzt, kann nichts investieren; wer keine Sicherheiten anbieten kann, der kann keinen Kredit bekommen, mit dessen Hilfe er in Vermögen investieren könnte. Um Vermögen (weiter) aufbauen zu können, brauchen Menschen also nicht nur Human- und Sozialkapital, sondern Geldeinkommen.

Unter *Einkommen* verstehen wir hier das zur Verfügung stehende Geld, mit dem Menschen ihren Lebensunterhalt (Konsum) und ggf. darüber hinaus Investitionen bestreiten können. Einkommen speist sich dabei vor allem aus drei Quellen: (1) Erwerbseinkommen (z.B. Lohn), (2) Vermögenseinkommen (z.B. in Form von Mieteinnahmen oder Zinserträgen) und (3) Transfereinkommen (z.B. durch Zahlungen von Sozialversicherungen, des Staates oder von Verwandten). Die Höhe des Einkommens wird allerdings auch durch zu zahlende Steuern oder Sozialversicherungsbeiträge negativ beeinflusst. Entsprechend bezeichnet man mit Bruttoeinkommen die Höhe des Erwerbs- und Vermögenseinkommens. Mit Nettoeinkommen bezeichnet man die Höhe des Erwerbs- und Vermögenseinkommens, abzüglich zu zahlender Steuern und Sozialversicherungsbeiträge, zuzüglich erhaltener Transfereinkommen. Letztlich ist also das Nettoeinkommen der Geldbetrag, der Menschen tatsächlich für Konsum und Investition zur Verfügung steht.

Wie bereits in den vorausgegangenen Kapiteln deutlich geworden ist, spielt die Verfügbarkeit bzw. der Besitz von ökonomischem Kapital eine zentrale Rolle, wenn es um ganz unterschiedliche, vielfältige Facetten der sozialen Teilhabe von Menschen geht. So zeigten sich klare Zusammenhänge und Wechselwirkungen zwischen ökonomischem Kapital einerseits und Gesundheit, Familienbildungsprozessen, Bildungsbeteiligung, sozialer Integration und Erwerbsbeteiligung andererseits. Insofern wird es im Folgenden – anders als bei der Beschäftigung mit Human- und Sozialkapital – nicht in erster Linie um eine Erklärung unterschiedlicher Investitionsentscheidungen gehen, sondern im Mittelpunkt steht die grundsätzliche Einkommens- und Vermögensverteilung in Deutschland. Wie lässt sich eine ungleiche Verteilung des Wohlstandes in einer Gesellschaft messen? Wie groß ist die Einkommens- und Vermögensungleichheit in Deutschland und wie hat sie sich im Zeitverlauf entwickelt? Wie lässt sich Armut definieren und wieviele Menschen sind von Armut betroffen? Solche Fragen stehen im Fokus der weiteren Ausführungen.

III.4.2 Einkommensungleichheit und Vermögensverteilung

Um etwas über das Ausmaß der Ungleichheit in der Einkommens- und Vermögensverteilung aussagen zu können, muss man wissen, über wie viel Einkommen und wie viel Vermögen die einzelnen Individuen verfügen. Bleibt man zunächst einmal bei der Frage nach der Einkommensverteilung, wäre eine einfache Möglichkeit, z.b. nach dem individuellen Nettoeinkommen zu schauen. Allerdings beschreibt das Nettoeinkommen nur unzureichend den Wohlstand einer Person, denn es kommt zusätzlich zu der absoluten Einkommenshöhe auch auf den Haushaltskontext an, in dem eine Person lebt. Zentral ist hierbei die Frage nach der Haushaltszusammensetzung: Ein Nettoeinkommen von 1.000 Euro im Monat ist hinsichtlich des Wohlstandes anders zu bewerten, je nachdem, ob mit diesem Einkommen nur eine Person oder aber eine vierköpfige Familie ernährt werden muss. Darüber hinaus müssen aber auch *Größenvorteile von Mehrpersonenhaushalten* berücksichtigt werden. Denn durch das Zusammenleben und damit auch das gemeinsame Wirtschaften von Menschen ergeben sich Vorteile gegenüber Alleinlebenden insofern, als dass die Infrastruktur einer Wohnung (Küche, Bad etc.) sowie Haushalts- und Konsumtechnik (Fernseher, Waschmaschine, Gefriertruhe) gemeinsam genutzt werden können. Gleichzeitig kann ein geringes Individualeinkommen durch ein höheres Einkommen eines Partners ausgeglichen werden, da man in Haushalten bzw. Familien in der Regel ein gemeinsames Budget hat. Ferner muss die Zusammensetzung des Haushalts, in dem eine Person lebt, insofern bei der Beurteilung des individuellen Wohlstandes berücksichtigt werden, als dass es *Bedarfsunterschiede* zwischen Erwachsenen und Kindern gibt. Kinder brauchen z.B. in der Regel geringere Mengen an Nahrung, dafür entstehen aber tendenziell mehr Kosten durch notwendige Schuh- oder Kleiderkäufe, da Kinder im Wachstum sind. Insofern sollte bei der Messung bzw. dem Vergleich individuellen Wohlstands die Haushalts- bzw. Familiensituation berücksichtigt werden. Oder anders ausgedrückt: Das individuelle Einkommen muss unter Berücksichtigung der Haushaltssituation berechnet und gewichtet werden.

Allerdings ist es wenig praktikabel, die jeweils spezifische tatsächliche Ausgabensituation von Haushalten zu erfassen, um damit das Einkommen zu gewichten. Um Bedarfsunterschiede und Größenvorteile dennoch näherungsweise berücksichtigen zu können, kann man mit *Gewichtungsfaktoren* arbeiten. Wie die einzelnen Personen gewichtet werden, ist eine Entscheidung, die in der Regel Experten in

Zusammenarbeit mit Politikern fällen. Die wichtigste und international gebräuchlichste Gewichtung von Haushaltseinkommen, um individuelle Wohlstandspositionen vergleichbar zu machen, ist die Berechnung des sogenannten *Haushaltsäquivalenzeinkommens* durch die Organisation für wirtschaftliche Zusammenarbeit und Entwicklung (englisch: Organisation for Economic Co-operation and Development), kurz OECD. Die OECD gewichtet zur Berechnung des Haushaltsäquivalenzeinkommens die erste erwachsene Person in einem Haushalt mit dem Gewicht 1, jede weitere erwachsene Person (ab 15 Jahren) mit dem Gewicht 0,5 und jedes Kind (unter 15 Jahren) mit dem Gewicht 0,3 („modifizierte OECD-Skala"; vgl. hierzu z.B. Bäcker et al. 2010: 241f). Tabelle III-6 zeigt einige fiktive Beispiele zur Berechnung des Haushaltsäquivalenzeinkommens nach dieser OECD-Skala. Im ersten Fall kommt ein Ehepaar mit zwei Kindern auf ein gemeinsames Haushaltseinkommen von 2.000 Euro pro Monat. Der entsprechende Gewichtungsfaktor für diese Familie berechnet sich durch die Addition der einzelnen Faktoren, nämlich 1 (für den ersten Erwachsenen), 0,5 für den zweiten Erwachsenen und jeweils 0,3 für jedes Kind, sodass sich als Summe 2,1 ergibt. Dividiert (gewichtet) man nun das gesamte Haushaltseinkommen (2.000 Euro) mit diesem Faktor (2,1) so ergibt sich ein Haushaltsäquivalenzeinkommen pro Person von 952 Euro. Anders ausgedrückt: Jeder Person in diesem Haushalt geht es so gut wie einer alleinstehenden Person, die über ein individuelles Einkommen von 952 Euro monatlich verfügen kann. Entsprechend ergibt sich das Haushaltsäquivalenzeinkommen auch für die anderen Beispielfälle. Bei einer Alleinerziehenden mit einem Kind und einem Haushaltseinkommen von 1.500 Euro ergibt sich ein Gewichtungsfaktor von 1,3 und damit ein Haushaltsäquivalenzeinkommen von 1.154 Euro. Im Fall eines Paares mit drei Kindern und einer im Haushalt lebenden Großmutter ergibt sich ein Faktor von 2,9, was bei einem fiktiven Haushaltseinkommen von 3.000 Euro einem Haushaltsäquivalenzeinkommen von 1.035 Euro entspricht. Der letzte Fall des Alleinlebenden macht deutlich, dass in einem solchen Fall das Haushaltseinkommen gleich dem Haushaltsäquivalenzeinkommen ist, da bei nur einem Erwachsenen und keinem Kind im Haushalt der Gewichtungsfaktor 1 beträgt.

Tabelle III-6: Fiktive Beispiele zur Berechnung des Haushaltsäquivalenzeinkommens nach OECD-Gewichtung

Haushalts-status	gemeinsames Haushaltsein-kommen	OECD Gewich-tungsfaktor	Haushaltsäquiva-lenz-einkommen (pro Kopf)
Ehepaar und zwei Kinder	2.000 €	1 + 0,5 + 0,3 + 0,3 = 2,1	2.000 : 2,1 = 952 €
Alleinerziehende und ein Kind	1.500 €	1 + 0,3 = 1,3	1.500 : 1,3 = 1.154 €
Paar mit drei Kindern und Großmutter	3.000 €	1 + 0,5 + 0,5 + 0,3 + 0,3 + 0,3 = 2,9	3.000 : 2,9 = 1.035 €
alleinlebend	1.400 €	1	1.400 : 1 = 1.400 €

Quelle: eigene Darstellung

Nach diesem kurzen Exkurs zum Vergleich und zur Gewichtung von Einkommen wenden wir uns nun weiter Fragen der Einkommensverteilung zu. So ist kaum eine Gesellschaft vorstellbar, in der jeder Mensch das gleiche Einkommen hat. Eine absolute Gleichverteilung von Einkommen wäre im Übrigen auch gar nicht wünschenswert, denn dies würde bedeuten, dass unabhängig von Talent und Anstrengung jeder Mensch den gleichen Lebensstandard hätte. In einer solchen Situation würden aber Leistungsanreize fehlen, denn warum sollte ein Mensch sich anstrengen, wenn er am Ende doch nur den gleichen Lebensstandard hätte wie ein Faulpelz. Dass soziale Ungleichheit eben nicht mit Ungerechtigkeit gleichgesetzt werden darf, wurde bereits in Kapitel I und in Bezug zu Bildungsungleichheiten auch in Kapitel III.1 thematisiert. Allerdings ist auch klar geworden, dass sozial erzeugte Ungleichheit nur dann als gerecht akzeptiert werden kann, wenn Chancengleichheit gegeben ist (vgl. Kapitel I.4). Gleichwohl darf in modernen Wohlfahrtsstaaten ein gewisses Wohlstandsniveau grundsätzlich nicht unterschritten werden. Denn neben dem wichtigen Prinzip der *Leistungsgerechtigkeit* gilt parallel dazu auch das Prinzip der *Bedarfsgerechtigkeit* insofern, als dass Armut (verstanden als eine Unterschreitung des soziokulturellen Existenzminimums; vgl. ausführlich dazu Kapitel III.4.3 unten) zu vermeiden ist. Es liegt somit auf der Hand, dass es sowohl aufgrund von Fragen der Leistungs- als auch Bedarfsgerechtigkeit wichtig ist, etwas über das Ausmaß, die Entwicklung und die Ursachen für die jeweils in der Realität zu beobachtende Einkommensungleichheit zu wissen. Aber wie lässt sich die ungleiche Einkommensverteilung messen? Hier sollen im Folgenden drei unterschiedliche Möglichkeiten vorgestellt werden, die in enger Wechselwirkung stehen bzw. aufeinander aufbauen: (a) Dezilanteile, (b) Lorenzkurve und (c) Gini-Koeffizient (vgl. hierzu auch das Lehrbuch von Klein 2005: 342ff).

Abbildung III-19: Entwicklung der Verteilung der Nettoäquivalenzeinkommen (Anteile in %), Deutschland 1992-2010

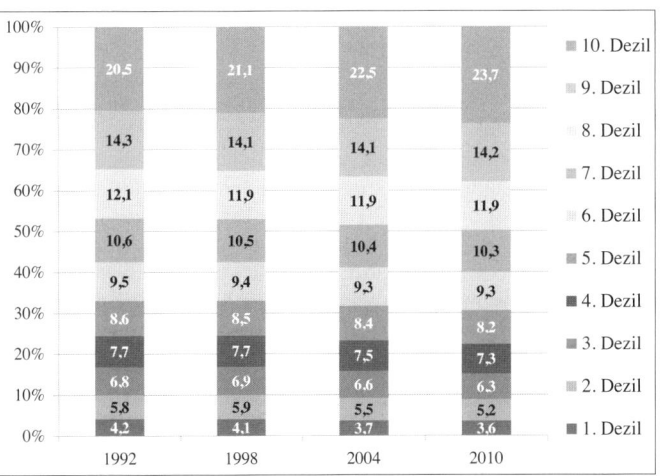

Quelle: SOEP; Berechnungen von Hauser/Grabka (2013: 226); eigene Darstellungen

Abbildung III-19 stellt die Entwicklung der Einkommensverteilung auf Basis von Jahresnettoäquivalenzeinkommen zwischen 1992 und 2010 in Form von *Dezilanteilen* dar. Die Abbildung ist so zu lesen, dass beispielsweise im Jahr 1992 die 10 Prozent Ärmsten der Gesellschaft (1. Dezil) zusammen 4,2 Prozent des gesamtgesellschaftlichen Einkommens erhalten haben. Die nächst wohlhabenderen 10 Prozent ('Zweitärmsten' oder 2. Dezil) erhalten bereits 5,8 Prozent. Auf der anderen Seite haben die reichsten 10 Prozent der Gesellschaft (10. Dezil) im Jahr 1992 einen Anteil am Gesamteinkommen von 20,5 Prozent. Wäre das Einkommen in Deutschland im Jahr

1992 absolut gleich verteilt gewesen, so hätte jedes Dezil einen
Anteil von genau 10 Prozent am Gesamteinkommen haben müssen.
Die Abweichungen nach oben (über 10 Prozent) und unten (unter 10
Prozent) sind somit Ausdruck der Ungleichverteilung zwischen arm
und reich.

Wie hat sich nun die Verteilung von Einkommen zwischen 1992
und 2010 verändert? Hierzu kann man z.b. die untersten drei Dezile
(also die ärmsten 30 Prozent der Gesellschaft) zusammenfassen und
deren Anteile aufsummieren. Hatte dieser Bevölkerungsteil im Jahr
1992 noch einen Anteil am Gesamteinkommen von 16,8 Prozent (4,2
+ 5,8 + 6,8), so schrumpfte dieser Wert bis 2010 auf 15,1 Prozent (3,6
+ 5,2 + 6,3). Gleichzeitig vergrößerten die 30 Prozent reichsten Personen im selben Zeitraum ihren Anteil von 46,9 Prozent (1992) auf
49,8 Prozent. Dies ist ein Anzeichen für eine im Zeitverlauf zunehmende Einkommensungleichheit.

Nun ist die Darstellung in Dezilen doch recht unübersichtlich.
Auf Basis der Dezilanteile lässt sich jedoch in Form der sogenannten *Lorenzkurve* das Ausmaß und vor allem auch die Veränderung
der Einkommensverteilung im Vergleich ausgewählter Jahre klarer
darstellen. Abbildung III-20 zeigt die Lorenzkurven für die Jahre
1998 und 2010 im Vergleich. Die Darstellung basiert auf denselben
Zahlen wie die vorherige Abbildung III-19. Bei der Lorenzkurve
handelt es sich um nichts weiter als eine Darstellung der kumulierten (also schrittweise aufsummierten) Dezilanteile. Bleiben wir
zunächst beim Jahr 1998: Hier wird für die Kategorie „1. Dezil" der
entsprechende Wert aus Abbildung III-19 abgetragen – in unserem
Fall also 4,1 Prozent. Für die Kategorie „2. Dezil" werden nun die
Werte für das erste und zweite Dezil aus Abbildung III-19 addiert
und als Summe abgetragen – in unserem Fall also 4,1 + 5,9 = 10,0.
So verfahren wir auch beim dritten Dezil und kommen auf den
kumulierten Wert von 16,9 (4,1 + 5,9 + 6,9). Am Ende summieren
sich selbstverständlich nach Hinzunahme des zehnten Dezils alle
Werte auf 100 Prozent, da nun alle Einkommen berücksichtigt worden sind. Alle diese Punkte werden nun durch eine Linie zur Lorenzkurve verbunden. Die gestrichelte Lorenzkurve symbolisiert
folglich die Einkommensverteilung des Jahres 1998 und im Vergleich dazu stellt die durchgehende Lorenzkurve die Einkommensverteilung im Jahr 2010 dar.

Abbildung III-20: Lorenzkurve des Nettoäquivalenzeinkommens, Deutschland 1998 und 2010

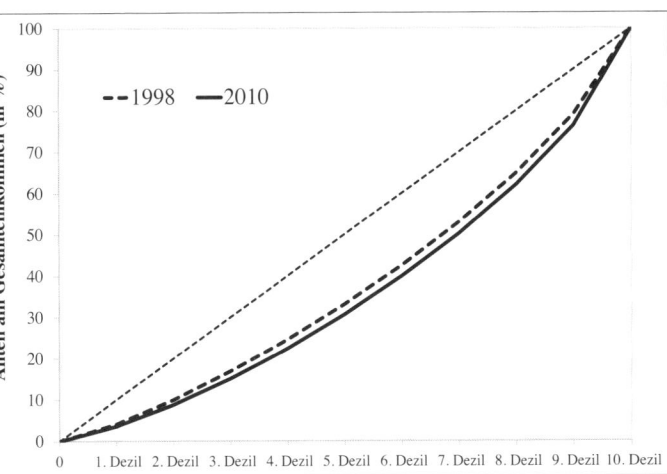

Quelle: SOEP; Berechnungen von Hauser/Grabka (2013: 226); eigene Darstellungen

Zusätzlich zu den beiden Lorenzkurven ist in Abbildung III-20 auch noch eine gestrichelte Gerade zu sehen, die in einem 45°-Winkel verläuft. Wäre das Einkommen in Deutschland absolut gleich verteilt, so müsste die Lorenzkurve die Form dieser Geraden annehmen („Gleichverteilungsdiagonale"; vgl. Huinink/Schröder 2014: 120) – denn jedes Dezil hätte exakt einen Einkommensanteil von 10 Prozent. Dass nun die realen Lorenzkurven von dieser Geraden abweichen, macht deutlich, dass die Einkommen ungleich verteilt sind. Und je stärker die Lorenzkurve von der gestrichelten 45°-Diagonalen abweicht (also je stärker die Lorenzkurve ‚ausgebeult' ist), umso größer ist die Einkommensungleichheit in einer Gesellschaft. Und so zeigt auch der Vergleich der Lorenzkurven der Jahre 1998 und 2010, dass letztere stärker ‚ausgebeult' ist und somit die Einkommensungleichheit im Vergleich dieser beiden Jahre im Zeitverlauf gestiegen ist.

Nun lässt sich mit Hilfe der Lorenzkurve recht anschaulich die Veränderung der Einkommensverteilung zwischen einzelnen Jahren darstellen. Wenn man jedoch an einer langfristigen Entwicklung interessiert ist, wäre der Vergleich von zehn oder 20 Lorenzkurven wenig hilfreich. Basierend auf dem Prinzip der Dezilanteile und der Lorenzkurve lässt sich jedoch die Ungleichverteilung des Einkommens auch mit Hilfe einer einzelnen Kennzahl, dem sogenannten *Gini-Koeffizienten* (benannt nach dem italienischen Statistiker Corrado Gini), darstellen. Abbildung III-21 stellt den Zusammenhang zwischen Lorenzkurve und Gini-Koeffizient grafisch dar. Wenn wir davon ausgehen, dass die gestrichelte 45°-Gerade (Gerade c-a) die Lorenzkurve bei absoluter Gleichverteilung beschreiben würde, dann ließe sich für diesen Zustand das Dreieck a-b-c mit dem Flächeninhalt B bilden. Trägt man nun eine reale Lorenzkurve ein, so weicht diese von der Gerade c-a ab und es ergibt sich in unserer Abbildung eine grau gefärbte Fläche A; das bedeutet auch, dass je ausgebeulter die Lorenzkurve ist, desto größer ist A. Der Gini-Koeffizient ergibt sich nun einfach daraus, dass die beiden Flächeninhalte von A (steht für das beobachtete Ausmaß der Ungleichheit) und B (steht für das maximal mögliche Ausmaß der Ungleichheit) in Beziehung gesetzt werden. Anders ausgedrückt: Der Gini-Koeffizient ergibt sich daraus, dass A durch B geteilt wird. Entsprechend kann der Gini-Koeffizient Werte zwischen 0 (absolute Gleichheit) und 1 (absolute Ungleichheit) annehmen und gibt somit „den Anteil der realisierten Ungleichheit an der maximalen Ungleichheit an" (Klein 2005: 345).

Abbildung III-21: Zusammenhang von Gini-Koeffizient und Lorenzkurve

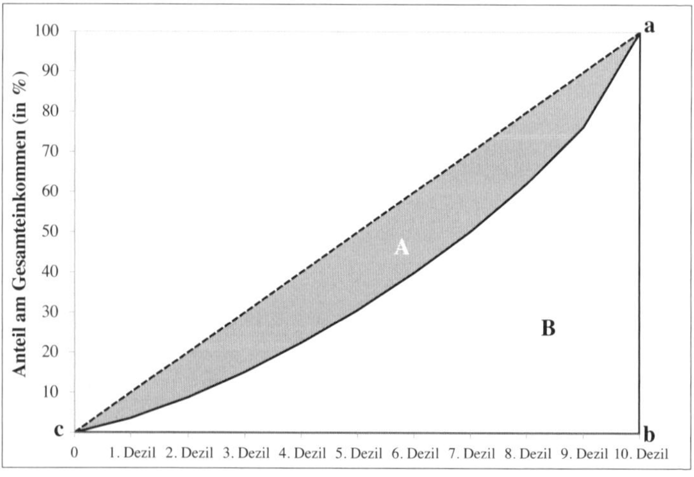

Quelle: eigene Darstellung

Der Gini-Koeffizient hat den Vorteil, mit Hilfe einer einzigen Kennzahl die Ungleichheit der Einkommensverteilung darzustellen. Dadurch ist es nun möglich, längerfristige Entwicklungen der Einkommensungleichheit in einer Gesellschaft in übersichtlicher Art und Weise darzustellen. Abbildung III-22 zeigt so die Veränderung des Gini-Koeffizienten und damit die langfristige Entwicklung der Einkommensungleichheit in West- und Ostdeutschland zwischen 1984 und 2013. Dabei wird deutlich, dass seit Beginn des neuen Jahrtausends die Einkommensungleichheit in West- und Ostdeutschland deutlich gestiegen ist. Ursachen hierfür sind zum einen die schlechte Lohnentwicklung im Allgemeinen (vgl. Kapitel III.3) und die zunehmende Bedeutung von Niedriglöhnen im Besonderen (vgl. auch die Ausführungen unten). Zusätzlich hat sich die Einkommenssituation vor allem von Geringqualifizierten durch ihr zunehmendes Arbeitslosigkeitsrisiko verschlechtert (vgl. ebenfalls Kapitel III.3). Hinzu kommt die Absenkung der Lohnersatzleistungen („Arbeitslosengeld II") insbesondere für Langzeitarbeitslose im Zuge der sogenannten „Hartz IV-Reform" nach 2004 (vgl. Knuth 2010). Ferner ist langfristig eine überproportionale Belastung vor allem kleinerer und mittlerer

Abbildung III-22: Entwicklung der Einkommensungleichheit (Jahresnettoeinkommen) anhand des Gini-Koeffizienten, West- und Ostdeutschland 1984-2013

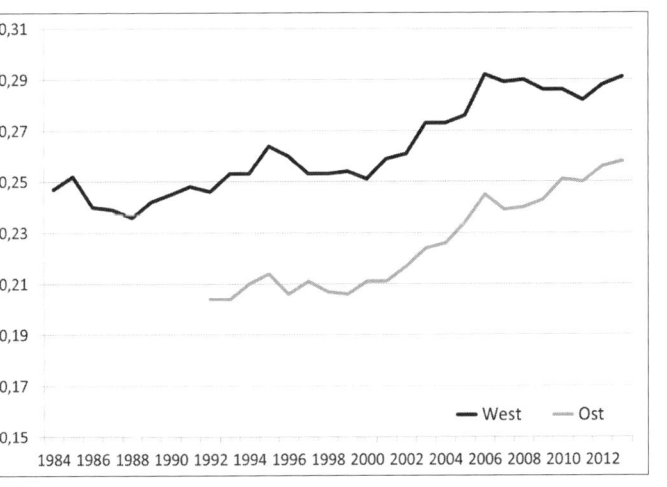

Quelle: SOEP / SOEP-Monitor; eigene Darstellung

Einkommen durch steigende Abgaben (Steuern und Sozialversicherungsbeiträge; vgl. Schäfer 2011) bzw. die zunehmende Privatisierung der Absicherung sozialer Risiken (z.B. durch private Rentenversicherungen; vgl. hierzu exemplarisch Schmähl 2010) zu nennen.

Abbildung III-23: Entwicklung der Einkommensungleichheit (Jahreseinkommen) anhand des Gini-Koeffizienten (Brutto- und Nettoeinkommen), West- und Ostdeutschland 1992-2009

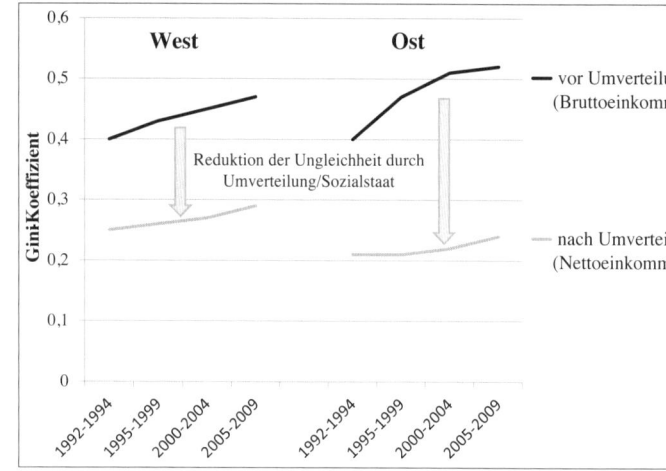

Quelle: SOEP / Krause et al. (2010: 6); eigene Darstellung

Aber wie kommt es zu der geringeren Einkommensungleichheit in den neuen Bundesländern? Abbildung III-23 gibt hier Aufschluss, indem die Entwicklung der Einkommensungleichheit in West- und Ostdeutschland im Vergleich von vier Fünfjahreszeiträumen sowohl für Brutto- als auch Nettoeinkommen dargestellt wird. Da bei Nettoeinkommen die unterschiedliche Steuerbelastung sowie die Zahlung von Leistungen durch die Sozialversicherungen (also z.B. Renten und Arbeitslosengeld) berücksichtigt werden, ist verständlich, dass die Einkommensungleichheit der Nettoeinkommen generell deutlich geringer ist als bei den Bruttoeinkommen. Wie stark der Gini-Koeffizient also zwischen Brutto- und Nettoeinkommen variiert, kann auch als Ausmaß der Umverteilung durch den Sozialstaat verstanden werden. Vergleicht man nun die Situation in West- und Ostdeutschland wird deutlich, dass im Zeitverlauf die Bruttoeinkommensungleich-

heit in den neuen Bundesländern stärker gestiegen ist als in den alten
Bundesländern. Jedoch zeigt Abbildung III-23 auch, dass die Brutto-
einkommensungleichheit im Osten deutlich stärker durch staatliche
Umverteilungsmaßnahmen reduziert wird, sodass gemessen am Gini-
Koeffizienten die Nettoeinkommensungleichheit in Westdeutschland
dann merklich höher ist (vgl. hierzu Krause et al. 2010).

*Abbildung III-24: Verteilung des Pro-Kopf-Nettovermögens nach Dezilen,
Deutschland 2007*

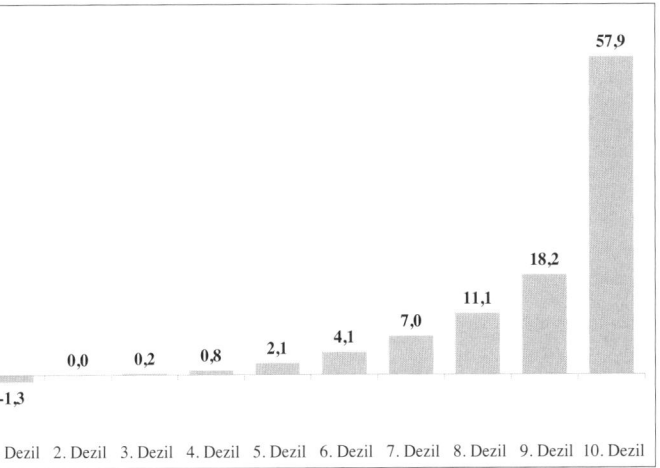

Quelle: SOEP; Berechnungen von Hauser/Grabka (2013: 222); eigene Darstellungen

Wie Abbildung III-23 deutlich gemacht hat, reduzieren sozialstaat-
liche Umverteilungsmaßnahmen (Besteuerung, Transfers durch Sozialversicherungen, sozialpolitische Maßnahmen usw.) die Einkommensungleichheit erheblich. Wenn es um Ökonomisches Kapital als
Ressource und damit Determinante sozialer Ungleichheit geht, so ist
allerdings nicht allein das verfügbare Einkommen von Interesse,
sondern es stellt sich insbesondere die Frage nach der Vermögensverteilung. Wie zu Beginn dieses Kapitels bereits erwähnt, versteht
man unter Vermögen den gesamten Bestand an Finanz- und Sachwerten, die nicht nur zur Einkommenserzielung genutzt bzw. eingesetzt werden (also z.B. Erträge aus Mieten, Dividenden aus Aktien-
besitz, Gewinne aus der Nutzung von Maschinen), sondern selbst
veräußert und damit relativ einfach in verfügbares Einkommen um-

gewandelt werden könn(t)en, wie z.b. bei Unternehmensbeteiligungen, Grundstücken oder auch Häusern. Abbildung III-24 macht deutlich, dass der Vermögensbesitz in Deutschland deutlich ungleich verteilt ist und in diesem Punkt die Ungleichheit der Einkommensverteilung (vgl. hier insbesondere Abbildung III-19 oben) erheblich übertroffen wird. So zeigt sich, dass im Jahr 2007 die 10 Prozent reichsten Menschen in Deutschland 57,9 Prozent des Vermögens besitzen. Fasst man die oberen drei Dezile zusammen, so verfügen die 30 Prozent Wohlhabendsten über knapp 90 Prozent des Vermögens in Deutschland. Am anderen Ende der Verteilung besitzen die 10 Prozent ärmsten Menschen keinerlei Vermögen – im Gegenteil: Sie haben ein „negatives Vermögen" also Schulden im Gegenwert von 1,3 Prozent des gesamtgesellschaftlichen Vermögens. Teilt man die Verteilung genau in der Mitte, so besitzt die untere Hälfte (Dezil 1 bis 5) zusammen lediglich 1,8 Prozent des Gesamtvermögens während die obere Hälfte (Dezil 6 bis 10) einen Anteil von über 98 Prozent aufweist.

III.4.3 Armut

Armutskonzepte und Armutsmessung
Ungleichheiten in der Einkommensverteilung werden vor allem dann zu einem gesellschaftlichen Problem, wenn Menschen mit dem ihnen zur Verfügung stehenden Geld ihren Lebensunterhalt nicht (mehr) bestreiten können. In einem solchen Fall spricht man von *Armut.* Allerdings müssen hierbei zwei grundlegende Formen von Armut unterschieden werden. Haben Menschen nicht genügend Ressourcen, um physisch überleben zu können, so spricht man von *absoluter Armut.* Nahrungsmangel und Hunger, eine nicht ausreichende Wasserversorgung oder auch ein unzureichender Schutz vor Witterungseinflüssen aufgrund fehlender adäquater Kleidung und nicht ausreichenden Wohnraums – all dies sind Anzeichen absoluter Armut, das heißt, dass das *absolute Existenzminimum* nicht erreicht wird. Allerdings ist absolute Armut in modernen Wohlfahrtsstaaten wie z.B. Deutschland praktisch nicht existent. Durch Sozialversicherungen oder auch staatliche Unterstützungen wird in der Regel absolute Armut verhindert. Wenn man allerdings nicht das reine physische Überleben, sondern eine menschenwürdige Teilhabe am gesellschaftlichen Leben als Maßstab setzt, muss sich ein solches Konzept *relativer Armut* am jeweiligen gesellschaftlichen Wohlstand und Lebensstandard orientieren. Relativ arm ist der, der das für eine bestimmte Ge-

sellschaft typische *soziokulturelle Existenzminimum* nicht erreicht. Insofern lässt sich dann auch von Armut in einer insgesamt wohlhabenden Gesellschaft sprechen (vgl. Hauser 2012).

Lässt sich aufgrund medizinischen Wissens relativ einfach bestimmen, wieviele Kalorien oder Trinkwasser ein Mensch täglich zu sich nehmen muss, um nicht zu verhungern oder zu verdursten, ist die Bestimmung einer *relativen Armutsgrenze* bedeutend schwieriger. In diesem Zusammenhang gibt es eine breite Debatte über sinnvolle Armutskonzepte und Armutsgrenzen. Dabei sollte man sich immer vergegenwärtigen, dass es eine umfassende, allgemeingültige Definition von Armut kaum geben kann: „Armut kann nicht objektiv nur aufgrund statistisch erhobener Fakten festgestellt werden; denn letztlich stehen hinter jeder Interpretation des Armutsbegriffs und hinter jedem darauf beruhenden Messverfahren Wertüberzeugungen, über deren Richtigkeit im ethischen Sinn nicht allgemein gültig geurteilt werden kann. Aus diesem Grund kann jedes Ergebnis einer empirischen Armutsmessung von einer anderen Wertbasis aus angegriffen werden" (Hauser 2012: 123; einen kulturhistorischen Überblick über den Wandel von Armutsdefinitionen gibt Schäfer 2012). Dies bedeutet freilich nicht, dass es keine wissenschaftliche Analyse von Armut und ihren Ursachen und Folgen geben kann. Jedoch muss man erstens die jeweils angelegten Kriterien bzw. Messkonzepte transparent machen und zweitens die prinzipielle Begrenztheit des jeweiligen Messkonzeptes bei der Interpretation von Ergebnissen berücksichtigen.

Eine etablierte Methode zur Messung von Armut orientiert sich am verfügbaren Einkommen von Personen bzw. Haushalten und vergleicht dieses mit dem gesamtgesellschaftlichen Einkommensniveau. Als Maßstab für das gesamtgesellschaftliche Einkommensniveau wird mittlerweile in der Regel das mittlere Durchschnittseinkommen (Medianeinkommen) verwendet. Das *Medianeinkommen* ist die Einkommenshöhe bei der genau 50 Prozent der Bevölkerung weniger und 50 Prozent der Bevölkerung mehr Geld zur Verfügung haben als diesen Betrag.[3] In der Armutsforschung hat sich etabliert, dann von

---

[3]   Ein anderer Durchschnittswert ist das „arithmetische Mittel". Hierbei werden alle Werte (also hier: die einzelnen Einkommen) aufsummiert und dann durch die Zahl der Bevölkerung geteilt. Die Orientierung am Median zur Festlegung von Armutsgrenzen hat aber gegenüber dem arithmetischen Mittel den Vorteil, dass er kaum durch Extremwerte in der Einkommensverteilung (also wenige besonders hohe bzw. niedrige Einkommen) beeinflusst wird und somit ein robusteres Maß für das Wohlstandsniveau ist.

Armutsgefährdung zu sprechen, wenn Menschen weniger als 60 Prozent des Medianeinkommens zur Verfügung haben. Neben dem Konzept der Einkommensarmut gibt es in der Armutsforschung zum Beispiel mit dem Lebensstandard-Ansatz (vgl. z.B. Andreß 2008) sowie dem Lebenslagen-Ansatz (vgl. z.B. Voges 2002) weitere Konzepte, die nicht nur das verfügbare Einkommen bei der Armutsmessung berücksichtigen, sondern auch die tatsächliche Verwendung des Einkommens sowie die damit zusammenhängende Lebenssituation berücksichtigen. Die folgenden Ausführungen werden bei der Beschäftigung mit dem Thema Armut jedoch ausschließlich auf das einkommensbezogene Armutsgefährdungskonzept Bezug nehmen, um den knappen Rahmen dieses Kapitels nicht zu sprengen.

Abbildung III-25: Anteil der armen bzw. der von Armut bedrohten Bevölkerung sowie Anteil Niedriglohnbeschäftigter (Niedriglohnquote), Deutschland 1992-2014

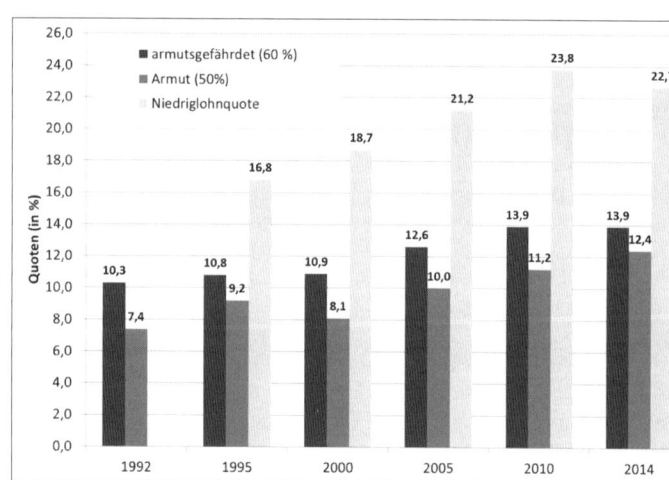

Quellen: SOEP; Armut: Goebel & Krause (2016: 181); Niedriglohn: Kalina/ Weinkopf (2017: 3)

Ausmaß und Entwicklung von Einkommensarmut in Deutschland
Abbildung III-25 dokumentiert die langfristige Entwicklung des Anteils der Bevölkerung, der arm ist (50% des Medianeinkommens) bzw. der von Armut bedroht ist (60 % des Medianeinkommens). Zudem wird der Anteil der Niedriglohnbeschäftigten (Niedriglohn-

quote) dargestellt. Dabei wird deutlich, dass die Armutsgefährdungs-quote seit Anfang der 1990er langfristig von rund 10 auf knapp unter 14 Prozent zugenommen hat. Der Anteil armer Menschen hat sich im gleichen Zeitraum von unter 8 auf über 12 Prozent erhöht. Dieser deutliche Anstieg des Armutsrisikos ist dabei eine Folge der realen Verschlechterung der Einkommenssituation am unteren Rand der Verteilung. Um die zeitliche Parallelität zwischen der schlechten Lohnentwicklung einerseits und der Armutsgefährdung anderer-seits deutlich zu machen, dokumentiert Abbildung III-25 neben den Armuts(gefährdungs)quoten auch die Entwicklung des Anteils der Niedriglohnbeschäftigten an allen Arbeitnehmern in Deutschland zwischen 1995 und 2014 (ältere Daten sind leider nicht verfügbar). Als niedriglohnbeschäftigt gilt hier derjenige, dessen Bruttoverdienst weniger als zwei Drittel des mittleren Stundenlohns (Median) beträgt. Für das Jahr 2014 bedeutet dies zum Beispiel, dass die Niedrig-lohnschwelle bei 9,97 Euro lag (vgl. Kalina/Weinkopf 2017: 4). Im Jahr 2014 arbeiteten rund 22 Prozent aller Beschäftigten für Niedrig-löhne.

Tabelle III-7 schlüsselt für das Jahr 2015 auf, welche Personen-gruppen besonders stark von Armut bedroht sind. Dabei zeigt sich, dass insbesondere Menschen mit einem niedrigen Bildungsstatus, Arbeitslose sowie Alleinlebende und insbesondere Alleinerziehende deutlich überdurchschnittlich von Armut bedroht sind. Gleichzeitig gibt es keine Hinweise auf eine (derzeit) bestehende vergrößerte Altersarmut, denn Rentner zeigen kein überdurchschnittliches Ar-mutsrisiko. Allerdings könnte aufgrund der schlechten Lohnentwick-lung und der dadurch sinkenden Rentenansprüche gepaart mit einer rechtlich festgelegten Senkung des Rentenniveaus der Gesetzlichen Rentenversicherungen die Altersarmut in Zukunft ansteigen (vgl. Goebel/Grabka 2011). Auch die Formel, dass Kinder ein besonderes Armutsrisiko seien, kann in dieser Pauschalität nicht bestätigt wer-den. Das Phänomen der Kinderarmut steht vielmehr im Zusammen-hang mit Arbeitslosigkeit und geringer Qualifikation der Eltern (vgl. Grabka/Frick 2010; Lietzmann et al. 2011).

Tabelle III-7: Armutsgefährdungsquoten unterschiedlicher Personengruppen, Deutschland 2015

	Armutsgefährdungsquote
Durchschnitt	16,7
Geschlecht	
Frau	17,4
Mann	15,9
Erwerbsstatus	
erwerbstätig	9,7
nicht-erwerbstätig	25,5
arbeitslos	69,0
Rentner	17,0
Ausbildungsabschluss	
niedrig	27,2
mittel	16,2
hoch	10,2
Haushaltsstatus	
alleinlebend	33,1
Paar ohne Kinder	12,3
alleinerziehend	33,7
Paar mit 1 Kind	10,1
Paar mit 2 Kindern	8,7

Quelle: EU-SILC / Statistisches Bundesamt; eigene Darstellung

Die bislang präsentierten Armutsgefährdungsquoten basieren allesamt auf Querschnittserhebungen. Das bedeutet, dass wir dadurch zwar beispielsweise wissen, wieviel Prozent der Bevölkerung im Jahr 2015 von Armut bedroht sind und auch Aussagen darüber treffen können, wie sich diese Quote im Zeitverlauf auf gesamtgesellschaftlicher Ebene entwickelt hat. Jedoch lässt sich dadurch nichts über die Dynamik von Armut auf der Ebene der Individuen sagen. Abbildung III-26 präsentiert aus diesem Grund eine Analyse der individuellen

Armutsmobilität für den Zeitraum 1985 bis 2012 getrennt für West-
und Ostdeutschland. Dabei ist zu sehen, dass Armut kein statischer
Zustand ist, sondern es eine erhebliche Mobilität in Armut hinein aber
auch aus Armut heraus gibt. So waren im Jahr 1985 6,9 Prozent der
westdeutschen Bevölkerung stabil arm, was hier bedeutet, dass sie
bereits im Jahr zuvor arm gewesen sind. 5,6 Prozent der Bevölkerung
sind im Vergleich zum Vorjahr neu in Armut gekommen (z.B. durch
Arbeitslosigkeit), wohingegen 5,1 Prozent der Armut entfliehen
konnten (z.B. aufgrund der Beendigung von Arbeitslosigkeit). Bezogen auf die Jahre 1984/1985 waren also insgesamt 17,6 Prozent der
Bevölkerung (6,9 + 5,6 + 5,1) zumindest in einem der beiden Jahre
von Armut bedroht. Wenn wir uns nun die Entwicklung des Anteils
der insgesamt von Armut bedrohten Personen anschauen, dann ergibt
sich zunächst das für uns bereits bekannte Bild: Der Anteil der Ar-
mutsgefährdeten nimmt seit dem Jahr 2000 zu, wobei das Armutsrisiko in den neuen Bundesländern höher als in den alten Bundesländern ist. Darüber hinaus offenbart eine dynamische Armutsanalyse
aber auch eine seit dem Jahrtausendwechsel zu beobachtende Verfestigung von Armut: Der Anteil von stabil armen Menschen hat sich bis
zum Jahr 2012 überproportional erhöht.

*Abbildung III-26: Jährliche Armutsdynamik (in %), West- und Ostdeutschland
1985-2012*

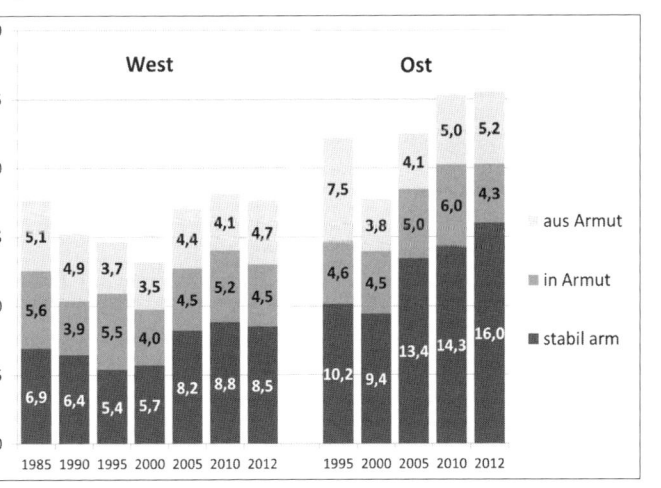

Quelle: SOEP/SOEP-Monitor; eigene Darstellung

Wenn man sich beispielsweise vergegenwärtigt, dass das Risiko, arm zu sein, deutlich mit dem Bildungsstand korreliert und wir uns gleichzeitig die Bedeutung primärer und sekundärer Herkunftseffekte zur Erklärung von Bildungsungleichheiten ins Gedächtnis rufen (vgl. Kapitel III.1), dann ist das individuelle Armutsrisiko ohne jeden Zweifel zumindest mittelbar auch abhängig von der sozialen Herkunft. Auch die Ausstattung mit Sozialkapital wird einen erheblichen Einfluss auf das individuelle Armutsrisiko besitzen. Neben der Ressourcenabhängigkeit hat z.B. Abbildung III-23 darüber hinaus die Bedeutung von Restriktionen deutlich gemacht, indem auf die besondere Bedeutung sozialstaatlicher Umverteilung zur Verringerung von Einkommensungleichheit hingewiesen worden ist. Eine dynamische Armutsbetrachtung darf neben Ressourcen und Restriktionen aber auch den Lebensverlauf als den hier wesentlichen dritten Einflussfaktor nicht vergessen: Krankheit, der Verlust des Arbeitsplatzes oder auch Verwitwung sind Ereignisse im Lebensverlauf, die das Armutsrisiko vergrößern; umgekehrt können Heilung, die Aufnahme eines neuen Jobs oder auch das Finden eines neuen Partners wichtige Ereignisse sein, die zur Überwindung von Armut beitragen (vgl. z.B. Leisering/Buhr 2012).

III.4.4 Zusammenfassung

Ökonomisches Kapital setzt sich aus den beiden Komponenten Vermögen und Einkommen zusammen. Unter Vermögen verstehen wir abstrakte sowie produktive Sachwerte, aus denen finanzielle Erträge entstehen können. Bei abstrakten Sachwerten ergibt sich deren Ertrag durch Verzinsung oder ggf. den Verkauf – man spricht auch von Finanzvermögen. Bei produktiven Sachwerten ergibt sich deren Ertrag durch Produktionsgewinne und ggf. den Verkauf – man spricht auch von Realvermögen.

Vermögen ist insofern Kapital, weil es durch Investitionen bereits verfügbarer Ressourcen in der Erwartung zukünftiger Erträge aufgebaut wird (zumindest solange es nicht geerbt worden ist). Der Aufbau von Vermögen setzt die Existenz von Ressourcen voraus. Um Vermögen (weiter) aufbauen zu können, brauchen Menschen also nicht nur Human- und Sozialkapital, sondern insbesondere Geldeinkommen.

Unter Einkommen verstehen wir hier das zur Verfügung stehende Geld, mit dem Menschen ihren Lebensunterhalt (Konsum) und ggf. darüber hinaus Investitionen bestreiten können. Einkommen speist sich dabei vor allem aus drei Quellen: (1) Erwerbseinkommen, (2) Vermögenseinkommen und (3) Transfereinkommen. Man unterscheidet ferner das Bruttoeinkommen vom Nettoeinkommen. Letztlich ist das Nettoeinkommen der Geldbetrag, der Menschen tatsächlich für Konsum und Investition zur Verfügung steht.

Bei der Messung bzw. dem Vergleich des individuellen Einkommens als Wohlstandsindikator muss die Haushalts- bzw. Familiensituation berücksichtigt und entsprechend gewichtet werden. Als Vergleichswert lässt sich so das Haushaltsäquivalenzeinkommen berechnen. Auf dieser Basis lassen sich dann Aussagen über das Ausmaß der Einkommensungleichheit in einer Gesellschaft treffen.

Neben einer höchst ungleichen Vermögensverteilung, bei der die reichsten 10 Prozent der Gesellschaft mehr als 50 Prozent des gesamtgesellschaftlichen Vermögens besitzen, zeigte sich hinsichtlich der Einkommensverteilung, dass nach dem Jahr 2000 die Einkommensungleichheit in West- und Ostdeutschland deutlich gestiegen ist. Parallel hat sich auch die Armutsgefährdungsquote deutlich erhöht. Allerdings ist Armut kein statischer Zustand, sondern es gibt durchaus eine erhebliche Mobilität in Armut hinein aber auch aus Armut heraus. Dabei zeigt eine dynamische Armutsanalyse eine seit dem Jahrtausendwechsel zu beobachtende Verfestigung von Armut: Der Anteil von stabil armen Menschen hat sich bis zum Jahr 2012 merklich erhöht.

Ursachen für die wachsende Einkommensungleichheit und die zunehmende und sich verfestigende Armut sind zum einen die schlechte Lohnentwicklung im Allgemeinen und die zunehmende Bedeutung von Niedriglöhnen im Besonderen. Zusätzlich hat sich die Einkommenssituation vor allem von Geringqualifizierten durch ihr zunehmendes Arbeitslosigkeitsrisiko verschlechtert. Hinzu kommt die Absenkung der Lohnersatzleistungen („Arbeitslosengeld II") insbesondere für Langzeitarbeitslose im Zuge der sogenannten „Hartz IV-Reform" nach 2004. Ferner ist langfristig eine überproportionale Belastung vor allem kleinerer und mittlerer Einkommen durch steigende Abgaben (Steuern und Sozialversicherungsbeiträge) bzw. die zunehmende Privatisierung der Absicherung sozialer Risiken (z.B. durch private Rentenversicherungen) zu nennen.

IV Schlussbetrachtungen

Am Ende dieses Buches soll zunächst eine knappe Einordnung der Sozialstrukturanalyse innerhalb der Soziologie stehen. Zu diesem Zweck werden in einem ersten Schritt die generellen Besonderheiten der Soziologie als Wissenschaft hervorgehoben (Kapitel IV.1), bevor dann im in einem zweiten Schritt erläutert wird, wie soziologische Theorie und sozialwissenschaftliche Methoden in der Sozialstrukturanalyse gemeinsam zum Tragen kommen und das Fundament für eine wissenschaftlich fundierte Politikberatung bilden (Kapitel IV.2). Vor diesem Hintergrund wird Kapitel IV.3 in komprimierter Form auf den Zusammenhang zwischen zentralen Aspekten des gesellschaftlichen Wandels (insbesondere demographischer Wandel und Globalisierung) einerseits und aktuellen und zukünftigen Fragen der sozialen Ungleichheit im 21. Jahrhundert andererseits eingehen. Dabei wird schlussendlich auch erkennbar, dass die grundsätzliche Herangehensweise der Neuen Sozialstrukturanalyse nicht nur ein geeignetes Mittel zur Analyse sozialer Strukturen bereitstellt, sondern auch hilfreich ist, um geeignete sozialpolitischen Strategien zur praktischen Lösung gesamtgesellschaftlicher Probleme zu entwickeln.

IV.1 Die Besonderheiten der Soziologie

Gerade Studienanfänger des Faches Soziologie sind häufig verunsichert: Sie sehen sich immer wieder Fragen z.B. von Eltern, Verwandten oder auch Freunden ausgesetzt, was man denn mit dem Studium der Soziologie überhaupt anfangen könne. Studierenden der Medizin oder Jura wird diese Frage wesentlich seltener gestellt – hier haben viele Menschen offensichtlich eine bessere Vorstellung über mögliche Berufsfelder. Klar, wer Medizin studiert wird Arzt und wer Jura studiert wird Anwalt oder Richter. Aber Soziologie?

Leider herrscht in der öffentlichen Wahrnehmung häufig das Vorurteil vor, Soziologie sei keine ernstzunehmende Wissenschaft. So gibt es ein bekanntes Zitat des späteren Bundeskanzlers Helmut Schmidt aus dem Jahr 1968: „Wir haben viel zuviel Soziologen und Politologen. Wir brauchen viel mehr Studenten, die sich für anständige Berufe entscheiden, die der Gesellschaft auch nützen." Studienanfänger des Faches Soziologie sollten sich gleichwohl durch Vorurteile gegenüber ihrem Fach nicht zu sehr verunsichern lassen.

Vielmehr sollten sie sich bewusst machen, dass die Soziologie ein extrem komplexes und schwieriges Fach ist. Zunächst einmal ist wichtig zu verstehen, dass die Soziologie genauso wie die Naturwissenschaften eine Erfahrungswissenschaft ist. Erfahrungswissenschaft bedeutet, dass hier „Erkenntnisse nicht allein durch Ableitung aus Theorien und allgemeinen Hypothesen" gewonnen werden, „sondern stets auch auf Erfahrung, insbesondere auf Beobachtung des jeweiligen wissenschaftlichen Objektbereichs" basieren (Hillmann 2007: 190). Physiker, Chemiker und Soziologen eint also, dass sie durch theoretische Überlegungen aufgestellte Hypothesen empirisch (also durch ‚Beobachtung' oder ‚Messung') überprüfen; die Soziologie ist somit den Naturwissenschaften weit näher als den Geisteswissenschaften.

Dass Naturwissenschaften und die Soziologie als Erfahrungswissenschaften ähnliche Wurzeln haben, gehört eigentlich zum grundlegenden Selbstverständnis der frühen Soziologie, ist allerdings im Laufe der Zeit aus dem Blick geraten. Auguste Comte, der den Begriff der Soziologie ‚erfand', wies z.B. auf solche methodologischen Gemeinsamkeiten in seinem 1822 erstmals veröffentlichten „Enzyklopädischen Gesetz" hin (Comte 1994 [1844]). Hierbei stellt Comte eine Rangfolge von Wissenschaften auf (Mathematik, Astronomie, Physik, Chemie, Biologie und Soziologie), die Schritt für Schritt in den jeweils verwendeten Methoden an Komplexität gewinnen. Die Mathematik basiert allein auf Logik; die Astronomie gründet nicht auf Logik allein, sondern fügt als ‚neue' Methode die Beobachtung (z.B. von Planeten) hinzu. Die Physik ergänzt das Experiment, während die Chemie zusätzlich eine Klassifikation vornimmt, was z.B. im Periodensystem der Elemente eindrucksvoll deutlich wird. Die Biologie benötigt als weitere Methode den Vergleich und die Soziologie als komplexeste (und daher auch komplizierteste) aller dieser Wissenschaften bedient sich darüber hinaus der – wie Comte es nannte – „historischen Methode".

Warum ist die Soziologie denn besonders komplex? Nun, dies liegt insbesondere an ihrem außergewöhnlichen Untersuchungsgegenstand, nämlich dem Menschen. Während die Untersuchungsgegenstände in allen anderen Wissenschaftsdisziplinen (z.B. Sterne, Elementarteilchen, Moleküle oder Pflanzen) unveränderlichen Regeln in Form von Naturgesetzen ausgeliefert sind, ist der im Zentrum der Soziologie stehende Mensch der einzige Untersuchungsgegenstand, der seine Regeln selbständig verändern kann. Dies gilt natürlich nicht für Natur- wohl aber für soziale ‚Gesetze' oder besser soziale Regeln (vgl. Kapitel I.2). Aufgrund der Tatsache, dass der Mensch ein vernunftbegabtes Wesen ist, kann er die ihn umgebenden Restriktionen aktiv verändern. Darauf bezieht sich bereits Comte mit seinem Begriff der historischen Methode, die letztlich auf die historische und kulturelle Wandelbarkeit sozialer Regeln (‚Gesetze‘) verweist. *Soziologisches Wissen ist also immer nur Wissen mit begrenzter Reichweite und hat einen historisch und kulturell determinierten Gültigkeitsbereich.* Neben der Tatsache, dass es im Vergleich zur empirischen Beobachtung von Menschen innerhalb ihrer höchst komplexen sozialen Beziehungen wesentlich einfacher ist, ein Kernteilchen oder ein Bakterium unter Laborbedingungen zu untersuchen, ist gerade die Tatsache der Veränderlichkeit sozialer Gesetzmäßigkeiten die große Herausforderung, der sich die Soziologie stellt und die ihre Ergebnisse nicht selten als widersprüchlich und dadurch beliebig erscheinen lassen. Diese offene Auseinandersetzung und Widersprüchlichkeit aufgrund des komplexen Untersuchungsgegenstandes bei sich gleichzeitig wandelnden Regeln ist somit bei näherer Betrachtung einer der Hauptursachen, warum Außenstehende die Soziologie nicht selten als Fach wahrnehmen, das beliebige Erkenntnisse hervorbringe.[1] Studierende der Soziologie sollten hier jedoch nicht verzagen und sich vor Augen führen, dass sie ein extrem komplexes und schwieriges Fach studieren.

IV.2 Sozialstrukturanalyse als Brückenfach

Die Sozialstrukturanalyse, wie sie im vorliegenden Buch verstanden wird, lässt sich innerhalb der vielfältigen und (wie oben ausgeführt) hoch komplexen Disziplin der Soziologie als Brückenfach bezeichnen. Sozialstruktur ist ein Fach für ‚Allrounder‘. Wer Sozialstrukturanalyse betreibt, muss zunächst auf Fachwissen aus dem Bereich der sozialwissenschaftlichen *Theorie* zurückgreifen. Es gilt, für bestimmte Fragestellungen geeignete Theorien zu identifizieren, die es dann ermöglichen, empirisch überprüfbare Hypothesen zu formulieren und

---

[1]   Widersprüchliche Befunde und Dispute sind auch gar kein Alleinstellungsmerkmal der Soziologie, sondern sind ebenso in den Naturwissenschaften vorzufinden. Man denke z.B. an die bis heute nicht aufgelösten Widersprüche zwischen den Erkenntnissen der Quantenphysik und anderen Bereichen der theoretischen Physik. Dispute und Widersprüche sind denn auch kein Makel, sondern im Gegenteil wesentliches Kennzeichen einer auf Erkenntnisfortschritt ausgerichteten lebendigen Wissenschaft.

abzuleiten. Die Neue Sozialstrukturanalyse greift hier auf grundlegende Erkenntnisse der soziologischen Handlungstheorie zurück, wie sie ja ausführlich in Kapitel I vorgestellt worden sind. Jedoch bildet diese Handlungstheorie nur ein grundlegendes Fundament bzw. ein generelles Modell, auf das dann spezifische Analysen aufbauen und zu diesem Zweck in der Regel geeignete Partialtheorien für ihre Fragestellung nutzbar machen müssen – abgesehen von der handlungstheoretischen Grundkonzeption bezieht sich die Neue Sozialstrukturanalyse folglich *nicht* auf eine einzige, allumfassende Gesellschaftstheorie ‚für alle Fälle'! Interessieren uns z.B. Fragen der Bildungsungleichheit, kann man u.a. auf die Humankapitaltheorie oder aber die Überlegungen zu primären und sekundären Herkunftseffekten zurückgreifen (vgl. Kapitel III.1); beschäftigen wir uns mit dem Phänomen sozialer Beziehungen kann hier z.B. die Sozialkapitaltheorie hilfreich sein (vgl. Kapitel III.2); die Ausführungen in Kapitel II und III liefern vielfältige Beispiele für die Nutzung von Partialtheorien für spezifische Fragestellungen.

Sind nun theoretisch fundierte Hypothesen aufgestellt worden, muss die Sozialstrukturanalyse diese Hypothesen empirisch überprüfen. Zu diesem Zweck müssen soziale Phänomene (also z.B. die individuelle Bildungsbeteiligung, die Arbeitsbedingungen in einem Betrieb oder auch die Einkommenshöhe von Haushalten) gemessen und diese erhobenen Daten schließlich ausgewertet werden. Hierzu sind für den Sozialstrukturanalytiker umfassende Kenntnisse in der Anwendung von *Datenerhebungsmethoden* und – wohl noch bedeutsamer – *statistischen Auswertungsverfahren* notwendig (vgl. für einen kompakten Überblick das Lehrbuch von Schnell et al. 2013).

Ein guter Sozialstrukturanalytiker sollte sich jedoch nicht mit der empirischen Überprüfung zuvor theoretisch hergeleiteter Hypothesen begnügen. Er sollte darüber hinaus auch in der Lage sein, die Ergebnisse seiner Forschung in ihrer Bedeutung für die *sozialpolitische Praxis* zu erkennen und einzuordnen. Wenn man nun z.B. aufgrund bestimmter Analysen weiß, wie es zu Einkommensungleichheiten kommt und welches Ausmaß diese haben könnten, so darf man von der Sozialstrukturanalyse darüber hinaus auch eine darauf bezogene Einordnung dieser Erkenntnisse erwarten. Inwiefern und unter welchen Voraussetzungen besteht Handlungsbedarf für die Politik? Es sollte leicht erkennbar sein, dass die Erkenntnisse der Sozialstrukturanalyse häufig auch für die praktische *Politikberatung* von Bedeutung sind. Mit Politikberatung ist hierbei nicht nur die Beratung von Politikern im engeren Sinne, sondern in weiterer Perspektive allge-

mein die Beratung von relevanten Entscheidungsträgern nicht nur in
Parlamenten, sondern auch in Verbänden, Parteien oder Unternehmen
gemeint.

IV.3 Globalisierung und demographischer Wandel: Auswirkungen auf die soziale Ungleichheit im 21. Jahrhundert

Nicht zuletzt der Verweis auf die historische und kulturelle Wandelbarkeit sozialer Regeln macht es extrem schwer und zum Teil
auch unmöglich, längerfristige Prognosen über die zukünftige Entwicklung sozialer Ungleichheit in Deutschland oder sogar im globalen Kontext abzugeben. Gleichwohl lässt sich schon heute abse-
hen, dass zwei gesellschaftliche ‚Megatrends' das Zusammenspiel
von Ressourcenausstattung, Restriktionen und Lebensverläufen
auf individueller Ebene beeinflussen und damit ganz zentral für die
zukünftige Entwicklung der Sozialstruktur Deutschlands in den
kommenden Jahrzehnten sein werden. Bei diesen beiden Megatrends handelt es sich um den demographischen Wandel und die
Globalisierung.

Abbildung IV-1: Veränderung der Altersstruktur, Deutschland 1871-2050

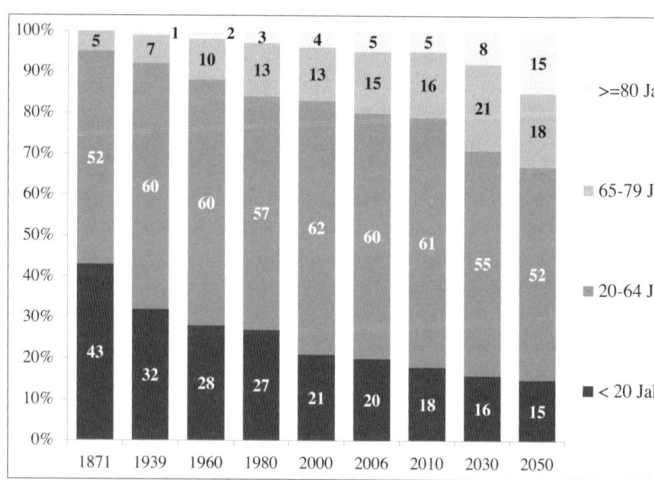

Quelle: Statistisches Bundesamt

Der *demographische Wandel* ist ein Prozess, der in allen industrialisierten Ländern dazu führen wird, dass sich die Altersstruktur der Gesellschaft im Vergleich zu heute deutlich verändern wird. So wird der Anteil älterer Menschen noch bis etwa Mitte des 21. Jahrhunderts zunehmen, sodass im Jahr 2050 dann rund ein Drittel der deutschen Bevölkerung 65 Jahre oder älter sein wird; 15 Prozent werden sogar zu den hochbetagten Menschen von 80 Jahren und älter gehören (vgl. Abbildung IV-1). Ursache dieser Bevölkerungsalterung sind die niedrigen Geburtenzahlen bei einer gleichzeitig ansteigenden Lebenserwartung (vgl. hierzu ausführlich Kapitel II.1 und II.2.).

Der zweite Megatrend ist die *Globalisierung*, wobei Globalisierung sich in unterschiedlichen Dimensionen abspielt. Hiermit kann zum einen eine Zunahme internationaler Handelsströme verstanden werden. Des Weiteren kann hiermit auch eine zunehmende internationale Mobilität von Menschen gemeint sein (vgl. Kapitel II.3). Auch kann die zunehmende globale Kommunikation und Standardisierung im Zusammenhang mit der revolutionären Veränderung der Informations- und Kommunikationstechnologie (z.B. Internet) oder auch eine zunehmende globale politische Verflechtung gemeint sein. Dreher et al. (2008) unterscheiden daher die drei Dimensionen der ökonomischen, sozialen und politischen Globalisierung. Basierend auf einer Reihe von Indikatoren kann so ein jeweiliger Globalisierungsindex (KOF Index of Globalization) ermittelt werden, der im Zeitverlauf Aussagen darüber erlaubt, ob und inwieweit der Globalisierungsprozess weiter vorangeschritten ist. Abbildung IV-2 zeigt beispielhaft für Deutschland die Entwicklung des von Dreher et al. (2008) entwickelten Index, wobei deutlich wird, das die Globalisierung in Deutschland – im Sinne einer stärkeren internationalen Verflechtung – seit den 1970er Jahren in allen drei Dimensionen zugenommen hat (vgl. zu diesem Thema auch Raab et al. 2008).

Allerdings muss man hierbei berücksichtigen, dass – anders als beim demographischen Wandel – die zukünftige Entwicklung der Globalisierung kaum vorhersagbar ist. Zwar kann man unter den jetzigen Gegebenheiten davon ausgehen, dass die internationale Verflechtung in den unterschiedlichen Dimensionen wohl noch zunehmen wird, jedoch zeigt die Vergangenheit, dass sich die historische Entwicklung durch *unvorhersehbare Ereignisse* wie z.B. dem Zusammenbruch der ehemals sozialistischen Staaten Osteuropas und der damit in engem Zusammenhang stehenden Öffnung der Berliner Mauer oder aber den Anschlägen vom 11. September 2001 plötzlich und dramatisch ändern kann. Ferner herrscht unter Experten Uneinigkeit darüber, ob es sich bei dem Prozess der Globalisierung tatsächlich um ein historisch neues Phänomen handelt, inwieweit Globalisierung zu einer weltweiten kulturellen, sozialen und/oder ökonomischen Angleichung (Konvergenz) führt und welche Rolle der Nationalstaat als regulierende Instanz in einer globalisierten Welt spielen kann (für einen Überblick vgl. Guillén 2001).

Abbildung IV-2: KOF Index of Globalization, Deutschland 1970-2014

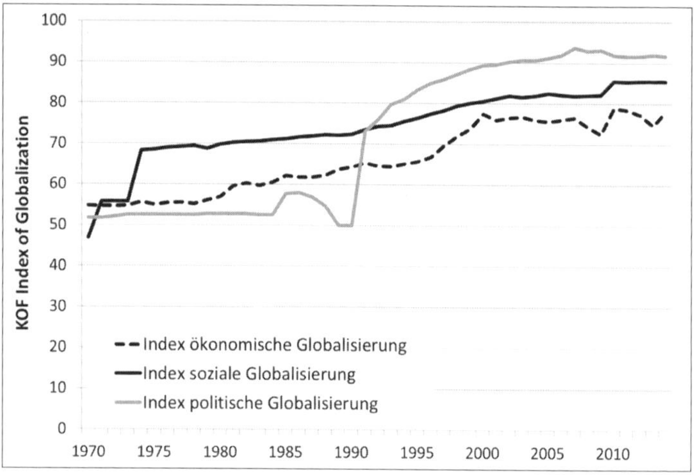

Quelle: www.globalization.kof.ethz.ch; eigene Darstellung

Ungeachtet solcher Wandlungsprozesse können moderne Industrie- und Dienstleistungsgesellschaften – wie in Kapitel III.3 deutlich gemacht – auch als „Erwerbsarbeitsgesellschaften" verstanden werden, da nicht nur ein *direkter Zusammenhang* zwischen dem Geschehen am Arbeitsmarkt, der damit verbundener Lohn- und Einkommensentwicklung und somit dem individuellen und gesamtgesellschaftlichen Wohlstand besteht. Zusätzlich gibt es auch *indirekte Zusammenhänge* zwischen Erwerbsarbeit und Wohlstand: So hängen z.B. die Staatseinnahmen (Steuern, Sozialversicherungsbeiträge) und damit die Finanzierungsmöglichkeiten sozialpolitischer Leistungen von den erzielten Löhnen ab. Ferner sind die Einkommen der Arbeitnehmer ein wesentlicher Faktor des Konsums und damit der Binnennachfrage. Möchte man also über mögliche zukünftige Entwicklungen der sozialen Ungleichheit in Deutschland nachdenken, geht dies folglich nur, wenn man versucht zu verstehen, welche Auswirkungen die beiden ‚Megatrends' Globalisierung und demographischer Wandel auf den Arbeitsmarkt haben werden (vgl. hierzu Blossfeld et al. 2007).

Zunächst muss man feststellen, dass Deutschland als eine der größten Exportnationen ohne jeden Zweifel insgesamt ein Gewinner der Globalisierung ist – auch wenn insbesondere die ökonomische Globalisierung in den vergangenen Jahrzehnten zum Niedergang bestimmter Industriezweige und zur Verlagerung von Arbeitsplätzen ins Ausland geführt haben mag. Globalisierung birgt also nicht nur Risiken, sondern bietet der deutschen Gesellschaft ungleich mehr Chancen. Allerdings ergeben sich diese Chancen in der Regel nicht automatisch, sondern es ist erstens danach zu fragen, was insgesamt zu tun ist, damit Deutschland auch in Zukunft weiter von der Globalisierung profitieren kann. Zweitens stellt sich außerdem die Frage, wie man zum einen mit ‚Verlierern' solcher Globalisierungsprozesse umgehen möchte (z.B. wenn Arbeitslosigkeit aufgrund von Betriebsverlagerungen entsteht) und zum anderen, wie man Menschen in die Lage versetzt, sich trotz wandelnder Rahmenbedingungen immer wieder erfolgreich anzupassen.

Aus unserer Sicht kommt bei der Lösung dieser beiden Fragen der Bildung eine besondere Schlüsselrolle zu. Deutschland als rohstoffarmes und auf den Export hochwertiger Waren (z.B. Maschinenbau) spezialisiertes Land hat im Grunde als einzigen ‚Rohstoff' das Humankapital der hier lebenden Menschen zur Verfügung. Es ist klar, dass Deutschland schon lange nicht mehr im Bereich billig produzierter Massenwaren (z.B. einfacher Textilien) mithalten kann, weil zu deren Produktion kein besonderes Know-How notwendig ist und vor diesem Hintergrund die Löhne in Schwellen- und Entwicklungsländern konkurrenzlos niedrig sind. Bildung und Qualifikation ist daher das beste Rezept, sich im globalen Wettbewerb weiter erfolgreich zu behaupten. Nur durch Qualifikation und Bildung kann die deutsche Gesellschaft das innovative und produktive Potential seiner Bürger nutzbar machen, das dann wiederum dafür sorgt, dass neue, hochwertige und innovative Produkte auch in Zukunft entwickelt und hergestellt werden, die am Weltmarkt bestehen können.

Allerdings sind hierbei die besonderen Herausforderungen des demographischen Wandels zu berücksichtigen. Angesichts der sinkenden Geburtenraten wird es in Zukunft wohl eher zu einer Verknappung insbesondere gut ausgebildeter Fachkräfte kommen. Wenn aber Bildung und Qualifikation für den Wirtschaftserfolg des Landes tatsächlich von zentraler Bedeutung sind, dann gilt es – unabhängig von der wichtigen Frage nach Chancengleichheit und Gerechtigkeit – allein aus diesem Grund die nach wie vor bestehenden Bildungsungleichheiten in Deutschland (vgl. Kapitel III-1) zu verringern. Dass heute rund 5 Prozent eines Jahrgangs die Schule ohne Schulabschluss verlässt und dass es deutliche Bildungsbenachteiligung von Kindern mit Migrationshintergrund gibt (vgl. Abbildung III-6), ist eine Verschwendung von Potentialen, die sich Deutschland in Zukunft nicht mehr leisten kann und darf.

Angesichts des demographischen Wandels wird es jedoch nicht allein darum gehen, knapper werdende Fachkräfte zu ersetzen. Vielmehr wird es auch von besonderer Bedeutung sein, die Erwerbsbeteiligung insgesamt zu erhöhen. Eine Ausweitung der Erwerbsbeteiligung der Bevölkerung ist notwendig, weil sich aufgrund der veränderten Altersstruktur die Relation zwischen Menschen im erwerbsfähigen Alter (zwischen 20 und 64 Jahre) und Rentnern weiter verschieben wird. Abbildung IV-3 zeigt, wieviele Jugendliche und Kinder (jünger als 20 Jahre) und wie viele Ältere (65 Jahre und älter) auf jeweils 100 Personen im Alter zwischen 20 und 65 kommen („Jugendquotient" und „Altenquotient"); die Summe beider Quotienten ergibt den Gesamtquotienten, der besagt, wieviele Personen im nicht-erwerbsfähigen Alter (also unter 20 bzw. über 64 Jahre) auf 100 Personen im erwerbsfähigen Alter kommen (vgl. hierzu auch Kapitel II.2.5).

Diese Quotienten sind ein Indikator dafür, welche Belastung für die erwerbsfähige Bevölkerung aus der durch sie mitzuerwirtschaftenden Finanzierung der nicht-erwerbsfähigen alten und jungen Bevölkerung erwachsen. Es wird deutlich, dass aufgrund der zunehmenden Zahl Älterer die Belastung der erwerbsfähigen Bevölkerung in den nächsten Jahrzehnten deutlich zunehmen wird. Auch wenn die Belastung durch Kinder und Jugendliche aufgrund sinkender Geburtenraten langfristig abgenommen hat. Aktuell liegt der Gesamtquotient noch bei etwa 60 – einem Wert, der im Vergleich zu den 1970er Jahren recht niedrig ist. Bis zum Jahr 2060 wird die Relation sich dann jedoch so entwickeln, dass auf 100 Menschen im erwerbsfähigen Alter 100 Menschen im nicht-erwerbsfähigen Alter kommen (rund 30 Kinder bzw. Jugendliche und 70 ältere Menschen). Diese Entwicklung ist sicherlich eine Herausforderung, auf die die Gesellschaft eine Antwort wird geben müssen. Eine Katastrophe hingegen ist die Alterung der Gesellschaft sicherlich nicht und insofern sollte man sich auch davor hüten, den demographischen Wandel als „gesellschaftliche Überalterung" zu dramatisieren.

Da selbst bei einer deutlich zunehmenden Geburtenrate und einen starken Nettozuwanderung der Prozess des demographischen Wandels nicht aufzuhalten ist, werden wir uns auf diese veränderten Altersrelationen einstellen müssen. Um den Herausforderungen zu begegnen, ist es dabei von zentraler Bedeutung, die Zahl der Erwerbstätigen zu erhöhen, damit die Zahl der Beitragszahler in das umlagefinanzierte Sozialversicherungssystem möglichst hoch ist und gleichzeitig durch eine hohe Erwerbsbeteiligung auch die Einkommensteuereinnahmen entsprechend positiv beeinflusst werden – so würde dann die Finanzierungsbasis für die wachsende Zahl von älteren, nicht mehr erwerbstätigen Menschen steigen. Neben der bereits oben angesprochenen Erschließung bislang brachliegender Bildungs- und entsprechend Fachkräftereserven ist die weitere Ausweitung der Erwerbsbeteiligung von Frauen eine zweite wichtige Stellschraube. Wenn dies geschehen soll, sollte jedoch nicht nur die Erwerbsbeteiligung von Frauen an sich, sondern auch das Arbeitsvolumen von Frauen insgesamt zunehmen, was bedeutet, dass Frauen ihre Erwerbsarbeitszeiten ausweiten müssten. Ähnlich wie beim Abbau derzeit bestehender Bildungsungleichheiten ist auch hier der weitere Abbau von Geschlechterungleichheiten nicht nur eine Frage der Gerechtigkeit, sondern zusätzlich ist eine gleichberechtigte Erwerbsbeteiligung beider Geschlechter in einer alternden Gesellschaft auch eine ökonomische Notwendigkeit.

Neben dem Abbau von Bildungs- und Geschlechterungleichheiten ist darüber hinaus auch die Erhöhung der Altersgrenze für den Renteneintritt ein sinnvolles Instrument. Angesichts längerer Ausbildungszeiten im Zuge der Bildungsexpansion (vgl. Kapitel III.1) und angesichts einer deutlich verlängerten Lebenserwartung (vgl. Abbildung II-10) ist eine Erhöhung des Renteneintrittsalters notwendig (vgl. Kapitel II.2.5). Ferner ist die Etablierung einer klar geregelten Zuwanderungs- und Integrationspolitik eine weitere Möglichkeit, der Herausforderung des demographischen Wandels zu begegnen. Zudem kann die staatliche Einnahmenbasis auch durch eine bessere Berücksichtigung von Vermögen bei der Besteuerung und die Einbeziehung größerer Personenkreise in die Sozialversicherungen (z.B. durch Versicherungspflicht von Selbständigen; Abschaffung von Minijobs) ausgeweitet werden; die Einführung des gesetzlichen Mindestlohns im Jahr 2015 war hier ein Schritt in die richtige Richtung. Die Erfahrungen zeigen, dass – anders als von einigen befürchtet – keine negativen Beschäftigungseffekte zu verzeichnen gewesen sind. Vielmehr wird deutlich, dass die Einführung von Mindestlöhnen zur

Umwandlung atypischer geringfügiger Beschäftigung in sozialversicherungspflichtige Arbeitsverhältnisse beigetragen hat (vom Berge et al. 2017).

Abbildung IV-3: Jugend-, Alten- und Gesamtquotient in Deutschland, 1871 bis 2060

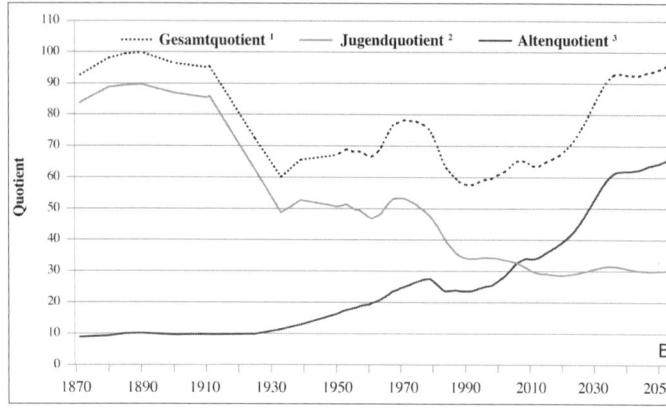

[1]unter 20-jährige + 65jährige und Ältere je 100 Personen im Alter 20 bis 64 Jahren
[2]unter 20-jährige je 100 Personen im Alter 20 bis 64 Jahren
[3]65jährige und Ältere je 100 Personen im Alter 20 bis 64 Jahren
* ab 2011: Ergebnisse der 12. Koordinierten Bevölkerungsvorausberechnung des Bundes und der Länder (Untergrenze der „mittleren" Bevölkerung)
Datenquelle: Statistisches Bundesamt; Darstellung: Bundesinstitut für Bevölkerungsforschung (BiB)

Die (a) Erschließung von Bildungs- und Fachkräftereserven, die (b) Beseitigung der Benachteiligung von Frauen insbesondere am Arbeitsmarkt, die (c) Verlängerung der Lebensarbeitszeit, die (d) Integration alter und neuer Zuwanderer sowie (e) eine Verringerung von Einkommensungleichheiten zur Verbreiterung der Finanzierungsbasis sozialer Sicherungssysteme sind zwar adäquate Mittel, um negative Folgen des demographischen Wandels abzumildern oder zu verhindern und gleichzeitig auch die internationale Wettbewerbsfähigkeit Deutschlands in einer zunehmend globalisierten Welt zu sichern. Gleichwohl sind alle diese Maßnahmen *nicht voraussetzungslos*. Es reicht nicht aus, beispielsweise nur eine Erhöhung der Erwerbsbeteiligung von Frauen oder eine Verlängerung der Lebensarbeitszeit zu fordern – man muss Menschen auch befähigen, sich so entscheiden und verhalten zu können, dass diese übergeordneten Ziele tatsächlich erreicht werden können.

Auch hier ist die Perspektive der Neuen Sozialstrukturanalyse sehr hilfreich, weil mit ihr offensichtlich wird, dass danach zu fragen ist, wie denn Restriktionen und individuelle Ressourcenausstattung zu verändern sind, damit eingeschränkt rationale Akteure sich im Kontext ihres Lebensverlaufs in der Mehrzahl so verhalten wollen und können, dass Auswirkungen des demographischen Wandels und der Globalisierung nicht zu negativen gesamtgesellschaftlichen Folgen führen. Es ist eine gesamtgesellschaftliche und daher sozialpolitische Frage, inwieweit die Gesellschaft insgesamt zur Befähigung der Individuen beitragen kann und soll, indem entsprechende Ressourcen bereitgestellt oder aber Restriktionen angepasst werden. Konkret bedeutet dies aus unserer Sicht:

(1) Eine Befähigung zur Teilhabe an Erwerbsarbeit macht eine *zunehmende Investition in Bildung* notwendig. Dies bedeutet nicht nur ein Ausbau schulischer, betrieblicher und universitärer Erstausbildung, sondern umfasst in besonderem Maße auch eine Verbesserung der Weiterbildung in jedem Lebensalter („lebenslanges Lernen"). Eine Stärkung der Humankapitalressourcen bedeutet hier auch einen ‚pfleglichen' Umgang mit der Arbeitskraft von Beschäftigten. Menschen müssen eben auch in einem höheren Lebensalter jenseits der 60 noch in so guter körperlicher und seelischer Verfassung sein, dass sie bis zur Rente leistungsbereit und leistungsfähig bleiben. Um dies zur gewährleisten, ist nicht nur eine wirkungsstarke Prävention und qualitativ hochwertige *gesundheitliche Versorgung und Rehabilitation* aller Bürger notwendig (z.B. durch Krankenhäuser, ambulante Therapieangebote, Pflegedienste). Auch Fragen des *Arbeitsschutzes* wie z.B. die Vermeidung von stressbedingten Erkrankungen wie Depression oder Burn-Out werden von erheblicher Bedeutung sein, wenn man die Herausforderungen der Zukunft meistern will. Schließlich sind neben der Humankapitalstärkung durch Bildungs- und Gesundheitspolitik auch eine *Verringerung der Einkommensungleichheit* und hier insbesondere eine *Vermeidung von Armut* notwendig. Wie vor allem Kapitel III deutlich gemacht hat, gibt es eindeutige Zusammenhänge zwischen der für die Teilhabe am Arbeitsmarkt relevanten Ressourcenausstattung mit Human- und Sozialkapital einerseits und der Verfügbarkeit Ökonomischen Kapitals andererseits. Mit anderen Worten: Nur wenn Menschen auch die finanziellen Möglichkeiten zur gesellschaftlichen Teilhabe besitzen, können sie in andere relevante Ressourcen wie Bildung oder soziale Beziehungen investieren.

(2) Befähigung zur Teilhabe an Erwerbsarbeit ist zudem eine Frage von *Anreizen und Gelegenheitsstrukturen.* Bildung und Gesundheit allein werden kaum ausreichen, die Erwerbsbeteiligung zu steigern, wenn nicht gleichzeitig die *Vereinbarkeit von Familie und Beruf* für Frauen und Männer erleichtert wird. Anders ausgedrückt: Auch Restriktionen müssen so beschaffen sein, dass eine Erwerbsbeteiligung überhaupt möglich ist. Hierbei geht es nicht nur um den dringend notwendigen *Ausbau von Kinderbetreuungseinrichtungen.* Hinzu kommt die Frage, wie die *Pflege von älteren Angehörigen* mit beruflichen Anforderungen in Einklang zu bringen ist – eine Frage, die in den nächsten Jahren von wachsender Bedeutung sein wird. Eine Flexibilisierung sowie eine zwischen Männern und Frauen gleichberechtigte Verteilung von *Arbeitszeiten* könnte hier helfen, wobei dies vor allem eine Aufgabe von Betrieben sein wird, die sich in Zukunft vermehrt anstrengen müssen, Fachkräfte auch dann zu halten, wenn diese gleichzeitig ihrer Verantwortung in Erziehung und Pflege gerecht werden müssen und wollen. Dies macht aber nur dann Sinn, wenn gleichzeitig ein deutlicher Ausbau qualitativ hochwertiger und flexibel nutzbarer Angebote professioneller Kinderbetreuung und Pflegedienste gegeben ist. Hier müssten konsequent neue Dienstleistungsmärkte erschlossen bzw. ausgebaut werden. Zudem bestehen nach wie vor *Fehlanreize im deutschen Steuerrecht,* die die ungleiche Erwerbsbeteiligung von Frauen und Männern fördern (z.B. Ehegattensplitting).

Dieser kurze Ausblick konnte hoffentlich deutlich machen, dass eine Verringerung der auf ungleich verteilten Chancen basierenden sozialen Ungleichheit (vgl. Kapitel I.4.2) nicht nur eine Frage der *Gerechtigkeit* und damit ethisch begründet ist. Gleichzeitig kann eine Reduktion dieser spezifischen Ungleichheiten auch ein gutes Rezept zur Bewältigung der gesamtgesellschaftlichen Herausforderungen sein, die auf uns im Zuge des demographischen Wandels und der Globalisierung zukommen werden. Dies bedeutet, dass Chancengleichheit auch *volkswirtschaftlich (also ökonomisch) sinnvoll* ist. In welchem Ausmaß und wie dies geschehen soll, ist eine politische Debatte, die ständig neu zu führen ist. Insgesamt sollte darüber hinaus deutlich geworden sein, dass in einer solchen gesellschaftlichen Debatte die Expertise von Soziologen im Allgemeinen und Sozialstrukturanalytikern im Besonderen von wesentlicher Bedeutung ist. Die Herangehensweise der Neuen Sozialstrukturanalyse, die im vorliegenden Buch vorgestellt und angewendet worden ist, bietet hier einen geeigneten Rahmen, um soziale Ungleichheit zu analysieren und darauf aufbauend Konzepte zur Vermeidung unerwünschter sozialer Ungleichheiten zu erarbeiten.

Literatur

Abelshauser, W. (2004): *Deutsche Wirtschaftsgeschichte seit 1945*, Beck: München.

Althammer, J. W. & Lampert, H. (2014): Lehrbuch der Sozialpolitik (9. aktualisierte und überarb. Aufl.), Springer Gabler: Berlin.

Andreß, H.-J. (2008): Lebensstandard und Armut – ein Messmodell, in: A. Groenemeyer & S. Wieseler (Hrsg.), *Soziologie sozialer Probleme und sozialer Kontrolle. Realitäten, Repräsentationen und Politik*, VS Verlag: Wiesbaden, 473-487.

Arnold, K.-H., Bos, W., Richert, P. & Stubbe, T. C. (2007): Schullaufbahnpräferenzen am Ende der vierten Klassenstufe, in: W. Bos, S. Hornberg, K.-H. Arnold, G. Faust, L. Fried, E.-M. Lankes, K. Schwippert & R. Valtin (Hrsg.): *IGLU 2006. Lesekompetenzen von Grundschulkindern in Deutschland im internationalen Vergleich*, Waxmann: Münster, 272-297.

Autorengruppe Bildungsberichterstattung (2010): *Bildung in Deutschland. Ein indikatorengestützter Bericht mit einer Analyse zu Perspektiven des Bildungswesens im demografischen Wandel*, Bertelsmann: Bielefeld.

Axelrod, R. (1984): *The Evolution of Cooperation*, Basic Books: New York.

Bäcker, G., Naegele, G., Bispinck, R., Hofemann, K. & Neubauer, J. (2010): *Sozialpolitik und soziale Lage in Deutschland. Band 1: Grundlagen, Arbeit, Einkommen und Finanzierung* (5. Auflage), VS Verlag: Wiesbaden.

Baumert, J., Watermann, R. & Schümer, G. (2003): Disparitäten der Bildungsbeteiligung und des Kompetenzerwerbs. Ein institutionelles und individuelles Mediationsmodell, *Zeitschrift für Erziehungswissenschaft*, 6, 46-71.

Becker, G. S. (1960): An Economic Analysis of Fertility, in: A.J. Coale (Hrsg.), *Demographic and Economic Change in Developed Countries*, Princeton University Press: Princeton, 209-240.

Becker, G. S. (1973): A Theory of Marriage: Part 1, *Journal of Political Economy*, 81, 813-846.

Becker, R. (2011): Entstehung und Reproduktion dauerhafter Bildungsungleichheiten, in: R. Becker (Hrsg.), *Lehrbuch der Bildungssoziologie* (2. überarbeitete und erweiterte Auflage), VS Verlag: Wiesbaden, 87-138.

Bengtson, V. L., Giarusso, R., Mabry, J. B., & Silverstein, M. (2002): Solidarity, Conflict, and Ambivalence: Complementary of Competing Perspectives on Intergenerational Relationships?, *Journal of Marriage and Family*, 64, 568-576.

Blossfeld, H.-P. (2009): Educational Assortative Marriage in Comparative Perspective, *Annual Review of Sociology*, 35, 513-530.

Blossfeld, H.-P., Buchholz, S., Hofäcker, D., Hofmeister, H., Kurz, K. & Mills, M. (2007): Globalisierung und die Veränderung sozialer Ungleichheiten in modernen Gesellschaften. Eine Zusammenfassung der Ergebnisse des GLOABLIFE-Projektes, *Kölner Zeitschrift für Soziologie und Sozialpsychologie*, 59, 667-691.

Blossfeld, H.-P., Drobnič, S. & Rohwer, G. (1998): Dynamics of Women's Employment Patterns over the Family Life Course: A Comparison of the United States and Germany, *Journal of Marriage and the Family*, 61, 133-146.

Blossfeld, H.-P. & Huinink, J. (1991): Human Capital Investments or Norms of Role Transition? How Women's Schooling and Career Affect the Process of Family Formation, *American Journal of Sociology*, 97, 143-168.

Blossfeld, H.-P. & Huinink, J. (2001): Lebensverlaufsforschung als sozialwissenschaftliche Forschungsperspektive: Konzepte, Methoden, Erkenntnisse und Probleme, *BIOS*, 14, 5-31.

Blossfeld, H.-P. & Timm, A. (1997): Der Einfluss des Bildungssystems auf den Heiratsmarkt. Eine Längsschnittanalyse der Wahl des ersten Ehepartners im Lebensverlauf, *Kölner Zeitschrift für Soziologie und Sozialpsychologie*, 49, 440-476.

BMAS (Bundesministerium für Arbeit und Soziales) (2006): *Statistische Übersichten zur Sozialpolitik in Deutschland seit 1945* (Band SBZ/DDR), BMAS: Bonn.

Bolte, K. M., Kappe, D. & Neidhardt, F. (1967): Soziale Schichtung der Bundesrepublik Deutschland, in: K. M. Bolte (Hrsg.), *Deutsche Gesellschaft im Wandel*, Opladen, 233-351.

Boudon, R. (1974): *Education, Opportunity, and Social Inequality*, Wiley: New York.

Brandt, M., Deindl, C. & Hank, K. (2012): Erfolgreich Altern: Lebensbedingungen in der Kindheit und soziale Ungleichheit haben großen Einfluss, *DIW Wochenbericht*, 79, 11-14.

Brenke, K. & Grapka, M. (2011): Schwache Lohnentwicklung im letzten Jahrzehnt, *DIW-Wochenbericht*, 45, 3-15.

Brentano, L. (1909): Die Malthussche Lehre und die Bevölkerungsbewegung der letzten Dezennien, in: *Abhandlungen der Historischen Klasse der Königlich Bayerischen Akademie der Wissenschaften*, XXIV, Verlag der Königlich Bayerischen Akademie der Wissenschaften: München, 567-635.

Brinkmann, C. & Wiedemann, E. (1995): Arbeitsmarktrisiken im ostdeutschen Transformationsprozeß: Ergebnisse des Arbeitsmarkt-Monitors 1989 bis 1994, *Mitteilungen aus der Arbeitsmarkt- und Berufsforschung*, 28, 323-338.

Brose, N. (2008): Entscheidung unter Unsicherheit – Familiengründung und -erweiterung im Erwerbsverlauf, *Kölner Zeitschrift für Soziologie und Sozialpsychologie*, 60, 30-52.

Brücker, H., Schewe, P. & Sirries, S. (2016): Eine vorläufige Bilanz der Fluchtmigration nach Deutschland, *Aktueller Bericht 19/2016*, Institut für Arbeitsmarkt- und Berufsforschung: Nürnberg.

Burda, M. C. & Hunt, J. (2011): What Explains the German Labor Market Miracle in the Great Recession?, *Brookings Papers on Economic Activity*, 42, 273-335.

Burzan, N. (2011): *Soziale Ungleichheit. Eine Einführung in die zentralen Theorien* (4. Auflage), VS Verlag: Wiesbaden.

Busch, A. & Holst, E. (2008): Verdienstdifferenzen zwischen Frauen und Männern nur teilweise durch Strukturmerkmale zu erklären, *DIW Wochenbericht*, 15, 184-190.

Clark, A.E., Georgellis, Y. & Sanfey, P. (2001): Scarring: The psychological impact of past unemployment, *Economica*, 68, 221–241.

Coleman, J. S. (1991): *Grundlagen der Sozialtheorie. Band 1: Handlungen und Handlungssysteme*, Oldenbourg: München.

Comte, Auguste (1994) [1844]: *Rede über den Geist des Positivismus*, Felix Meiner: Hamburg.

Crimmins, E. M. (2004): Trends in the Health of the Elderly, *Annual Review of Public Health*, 25, 79-98.

Cutler, D., Deaton, A., & Lleras-Muney, A. (2006): The Determinants of Mortality, *Journal of Economic Perspectives*, 20, 97-120.

Dahrendorf, R. (1965): *Gesellschaft und Demokratie in Deutschland*. Piper: München.

Deacon, B. (2000): Eastern European Welfare States: The Impact of the Politics of Globalisation, *Journal of European Social Policy*, 10, 146-161.

Diehl, K. (2008): Mögliche Faktoren für die rasche Reduktion der ostdeutschen Übersterblichkeit nach der Wiedervereinigung, *Zeitschrift für Bevölkerungswissenschaft*, 33, 89-110.

Diehl, K. & Dixon, D. (2005): Zieht es die Besten fort? Ausmaß und Formen der Abwanderung deutscher Hochqualifizierter in die USA, *Kölner Zeitschrift für Soziologie und Sozialpsychologie*, 57, 714-734.

Diekmann, A. (2012): Die Rolle sozialer Normen, der Situationsdefinition und sozialer Klassen beim Untergang der Titanic, *Kölner Zeitschrift für Soziologie und Sozialpsychologie*, 64, 175-184.

Dietz, B. (2004): Ost-West-Migration nach Deutschland im Kontext der EU-Erweiterung, *Aus Politik und Zeitgeschichte*, B 5-6, 41-47.

Diewald, M. & Lüdicke, J. (Hrsg.) (2007): *Soziale Netzwerke und soziale Ungleichheit. Zur Rolle von Sozialkapital in modernen Gesellschaften*. VS Verlag: Wiesbaden.

Diewald, M. & Sorensen, A. (1996). Erwerbsverläufe und soziale Mobilität von Frauen und Männern in Ostdeutschland: Makrostrukturelle Umbrüche und Kontinuitäten im Lebensverlauf, in: M. Diewald & K. U. Mayer (Hrsg.), *Zwischenbilanz der Wiedervereinigung: Strukturwandel und Mobilität im Transformationsprozeß*, Leske + Budrich: Opladen, 63-88.

Ditton, H. (2010): Der Beitrag von Schule und Lehrern zur Reproduktion von Bildungsungleichheit, in: R. Becker & W. Lauterbach (Hrsg.), *Bildung als Privileg? Erklärungen und Befunde zu den Ursachen der Bildungsungleichheit*, VS Verlag: Wiesbaden, 247-275.

Doll, R., Peto, R., Boreham, J. & Sutherland, I. (2004): Mortality in Relation to Smoking: 50 Years' Observations on Male British Doctors, *British Medical Journal*, 328:1519.

Dorbritz, J. & Ruckdeschel, K. (2009): Die langsame Annäherung – Demografisch relevante Einstellungsunterschiede und der Wandel in den Lebensformen in West- und Ostdeutschland, in: I. Cassens, M. Luy & R. Scholz (Hrsg.), *Die Bevölkerung in Ost- und Westdeutschland. Demografische, gesellschaftliche und wirtschaftliche Entwicklungen seit der Wende*, VS Verlag: Wiesbaden, 261-294.

Dreher, A., Gaston, N. & Martens, P. (2008): *Measuring Globalization – Gauging its Consequence*, Springer: New York.

Erber, G. & Hagemann, H. (2012): Deutschlands Wachstums- und Investitionsdynamik nach der globalen Finanzkrise, *DIW-Wochenbericht*, 46, 12-22.

Erlinghagen, M. (2004): *Die Restrukturierung des Arbeitsmarktes. Arbeitsmarktmobilität und Beschäftigungsstabilität im Zeitverlauf*, VS Verlag: Wiesbaden.

Erlinghagen, M. (2005): Die mobile Arbeitsgesellschaft und ihre Grenzen. Zum Zusammenhang von Arbeitsmarktflexibilität, Regulierung und sozialer Sicherung, in: M. Kronauer & G. Linne (Hrsg.), *Flexicurity. Die Suche nach Sicherheit in der Flexibilität*, Sigma: Berlin, 31-51.

Erlinghagen, M., Stegmann, T. & Wagner, G.G. (2009): Deutschland ein Auswanderungsland?, *DIW Wochenbericht*, 76, 663-669.

Esping-Andersen, G. (1990): *The Three Worlds of Welfare Capitalism*, Princeton University Press: Princeton.

Esser, H. (1996): Die Definition der Situation, *Kölner Zeitschrift für Soziologie und Sozialpsychologie*, 48, 1-34.

Esser, H. (1999): *Soziologie. Allgemeine Grundlagen* (3. Auflage), Campus: Frankfurt/Main.

Esser, H. (2001): Integration und ethnische Schichtung, *MZES Arbeitspapier Nr. 40*, Mannheim.

Ette, A. & Sauer, L. (2010): *Auswanderung aus Deutschland: Daten und Analysen zur internationalen Migration deutscher Staatsbürger*, VS Verlag: Wiesbaden.

Euchner, W. (1979): *Naturrecht und Politik bei John Locke*. Suhrkamp: Frankfurt/Main.

Ferrara, M. (1996): The ‚Southern Model‘ of Welfare in Social Europe, *Journal of European Social Policy*, 6, 17-37.

Freese, J., Li, J.-C.A. & Wade, L.D. (2003): The Potential Relevances of Biology to Social Inquiry, *Annual Review of Sociology*, 29, 233-256.

Freitag, M. & Traunmüller, R. (2008): Sozialkapitalwelten in Deutschland. Soziale Netzwerke, Vertrauen und Reziprozitätsnormen im subnationalen Vergleich, *Zeitschrift für vergleichende Politikwissenschaft*, 2, 221-256.

Gangl, M. (2004): Welfare States and the Scar Effects of Unemployment: A Comparative Analysis of the United States and West Germany, *American Journal of Sociology*, 109, 1319-1364.

Gaziano, J.M. (2010): Fifth Phase of the Epidemiologic Transition: The Age of Obesity and Inactivity, *Journal of the American Medical Association*, 303, 275-276.

Geisler, E. (2010): Müttererwerbstätigkeit, in: J. Goldstein et al. (Hrsg.), *Familie und Partnerschaft in Ost- und Westdeutschland*. Max Plack Institut für demografische Forschung: Rostock, 11-12.

Geißler, R. (2014): *Die Sozialstruktur Deutschlands* (7. grundlegend überarb. Auflage), Springer VS: Wiesbaden.

Giesecke, J. & Verwiebe, R. (2010): Erwerbschancen und Arbeitsmarktintegration im wiedervereinigten Deutschland, in: P. Krause & I. Ostner (Hrsg.), *Leben in Ost- und Westdeutschland. Eine sozialwissenschaftliche Bilanz der deutschen Einheit 1990-2010*, Campus: Frankfurt/Main, 247-275.

Glatzer, W. (2002): Sozialstruktur, in: G. Endruweit & G. Trommsdorf (Hrsg.), *Wörterbuch der Soziologie* (2. Auflage), Stuttgart, 534-538.

Goebel, J. & Grabka, M. M. (2011): Zur Entwicklung der Altersarmut in Deutschland. *DIW Wochenbericht*, 78, 3-16.

Goebel, J. & Krause, P. (2016): Einkommensentwicklung: Verteilung, Angleichung, Armut und Dynamik, in: Statistisches Bundesamt (Hrsg.), *Datenreport 2016*, Statistisches Bundesamt: Wiesbaden, 178-190.

Grabka, M. M. & Frick, J. R. (2010): Weiterhin hohes Armutsrisiko in Deutschland: Kinder und junge Erwachsene sind besonders betroffen, *DIW Wochenbericht*, 77, 2-11.

Granovetter, M. S. (1973): The Strength of Weak Ties, *American Journal of Sociology*, 78, 1360-1380.

Guillén, M. F. (2001): Is Globalization Civilizing, Destructive or Feeble? A Critique of Five Key Debates in the Social Science Literature, *Annual Review of Sociology*, 27, 235-266.

Hadjar, A. & Becker, R. (2011): Erwartete und unerwartete Folgen der Bildungsexpansion in Deutschland, in: R. Becker (Hrsg.), *Lehrbuch der Bildungssoziologie* (2. überarbeitete und erweiterte Auflage), VS Verlag: Wiesbaden, 203-222.

Hall, P. A. & Soskice, D. (Hrsg.) (2001): *Varieties of Capitalism: The Institutional Foundations of Comparative Advantage*. Oxford University Press: Oxford.

Hank, K. (2015): Intergenerationale Beziehungen, in: P. Hill & J. Kopp (Hrsg.), *Handbuch Familiensoziologie*, VS Verlag: Wiesbaden, 463-486.

Haug, S. (2000): Klassische und neuere Theorien der Migration, *MZES Arbeitspapier Nr. 30*, Mannheim.

Hauser, R. (2010): „Nahblick" und „Weitblick". Erste Schritte zur Erforschung des sozialen und politischen Wandels in den neuen Bundesländern und frühe Prognose, in: P. Krause & I. Ostner (Hrsg.), *Leben in Ost- und Westdeutschland. Eine sozialwissenschaftliche Bilanz der deutschen Einheit 1990-2010*, Campus: Frankfurt/Main, 57-81.

Hauser, R. (2012): Das Maß der Armut: Armutsgrenzen im sozialstaatlichen Kontext -Der sozialstatistische Diskurs, in: E.-U. Huster, J. Boeckh & H. Mogge-Grotjahn (Hrsg.), *Handbuch Armut und Soziale Ausgrenzung*, VS Verlag: Wiesbaden, 122-146.

Hauser, R. & Grabka, M. (2013): Einkommen und Vermögen, in: S. Mau & N. M. Schöneck (Hrsg.), *Handwörterbuch zur Gesellschaft Deutschlands. Band 1* (3. Auflage), Springer VS: Wiesbaden, 213-230.

Heiland, F. (2004): Trends in East-West German Migration from 1989 to 2002, *Demographic Research*, 11, 173-193.

Henry, L. (1961): Some Data on Natural Fertility, *Eugenics Quarterly*, 8, 81-91.

Herzog-Stein, A., Lindner, F. & Sturn, S. (2018): The German employment miracle in the Great Recession: The significance and institutional foundations of temporary working-time reductions, *Oxford Economic Papers*, 70, 206-224.

Hillmann, K.-H. (2007): *Wörterbuch der Soziologie* (5. Auflage), Alfred Kröner Verlag: Stuttgart.

Hobbes, T. (1992) [1651]: *Leviathan*, Reclam: Stuttgart.

Höpflinger, F. (2012): *Bevölkerungssoziologie. Eine Einführung in demographische Prozesse und bevölkerungssoziologische Ansätze* (2. Auflage), Weinheim & Basel: Beltz Juventa.

Hradil, S. (2006): *Die Sozialstruktur Deutschlands im internationalen Vergleich* (2. Auflage), VS Verlag: Wiesbaden.

Huinink, J. (1995): *Warum noch Familie? Zur Attraktivität von Partnerschaft und Elternschaft in unserer Gesellschaft*, Campus: Frankfurt am Main.

Huinink, J. (2000): Soziologische Ansätze zur Bevölkerungsentwicklung, in: U. Müller et al. (Hrsg.), *Handbuch der Demographie 1*, Springer: Berlin, 339-386.

Huinink, J. & Konietzka, D. (2007): *Familiensoziologie: Eine Einführung*, Campus: Frankfurt & New York.

Huinink, J. & Schröder, T. (2014): *Sozialstruktur Deutschlands* (2. überarb. Aufl.), UTB: Stuttgart.

Huinink, J. & Wagner, M. (1989): Regionale Lebensbedingungen, Migration und Familienbildung, *Kölner Zeitschrift für Soziologie und Sozialpsychologie*, 41, 669-689.

Hummel, M., Kaufmann, K. & Rudolph, H. (2012): Zentrale Indikatoren des deutschen Arbeitsmarktes, in: H. Brücker et al. (Hrsg.), *Handbuch Arbeitsmarkt 2013. Analysen, Daten, Fakten*, Bertelsmann: Bielefeld, 4-60 (Anhang).

Jansen, A. (2013): Kulturelle Muster des Altersübergangs: Der Einfluss kultureller Werte und Normen auf die Erwerbsbeteiligung älterer Menschen in Europa, *Kölner Zeitschrift für Soziologie und Sozialpsychologie*, 65, 223-251.

Jansen, A., Kümmerling, A. & Lehndorff, S. (2009): *Unterschiede in den Beschäftigungs- und Arbeitszeitstrukturen in Ost- und Westdeutschland, IAQ/HBS Arbeitszeit-Monitor 2001 bis 2006*, IAQ: Duisburg.

Jaufmann, D. (1996): Wohlfahrtsstaat, in: R. Bauer (Hrsg.), *Lexikon des Sozial- und Gesundheitswesens* (2. Auflage), Oldenbourg: München & Wien, 2169-2170.

Jungbauer-Gans, M. (2006): Sozialstrukturelle und kulturelle Einflüsse auf Krankheit und Gesundheit, in: C. Wendt & C. Wolf (Hrsg.), *Soziologie der Gesundheit* (Sonderheft 46 der KZfSS), VS Verlag: Wiesbaden, 86-108.

Jürges, H. & Hank, K. (2008): Bildung als Determinante gesundheitlicher Ungleichheit im Alter: Aktuelle Ergebnisse im europäischen Vergleich, *Public Health Forum*, 16, 23.e1-23.e3.

Kalina, T. & Weinkopf, C. (2012): *Niedriglohnbeschäftigung 2010: Fast jede/r Vierte arbeitet für Niedriglohn*. IAQ-Report 2012-01, IAQ: Duisburg.

Kalina, T. & Weinkopf, C. (2017): *Niedriglohnbeschäftigung 2015 – bislang kein Rückgang im Zuge der Mindestlohneinführung*. IAQ-Report 2017-06. IAQ: Duisburg.

Klein, T. (2005): *Sozialstrukturanalyse. Eine Einführung*, Rowohlt: Reinbek.

Kley, S. (2016): Regionale Mobilität in der Bevölkerungssoziologie, in: Y. Niephaus, M. Kreyenfeld & R. Sackmann (Hrsg.), *Handbuch Bevölkerungssoziologie*, VS Verlag: Wiesbaden, 481-500.

Kley, S.A. & Mulder, C.H. (2010): Considering, planning, and realizing migration in early adulthood. The influence of life-course events and perceived opportunities on leaving the city in Germany, *Journal of Housing and the Built Environment*, 25, 73-94.

KMK (Konferenz der Kultusminister der Länder in der Bundesrepublik Deutschland) (2016): *Schüler, Klassen, Lehrer und Absolventen der Schulen 2006 bis 2015*. Statistische Veröffentlichungen der Kultusministerkonferenz, Dokumentation Nr. 211. KMK: Berlin.

Knuth, M. (2010): Fünf Jahre Hartz IV: Zwischenbilanz und Reformbedarf, *Orientierungen zur Wirtschafts- und Gesellschaftspolitik*, 123, 14-23.

Knuth, M. & Kaps, P. (2014): Arbeitsmarktreformen und „Beschäftigungswunder" in Deutschland, *WSI-Mitteilungen*, 67, 173-181.

Kohler, H.-P., Rodgers, J. L. & Christensen, K. (2002): Between Nurture and Nature: The Shifting Determinants of Female Fertility in Danish Twin Cohorts 1870–1968, *Social Biology*, 49, 218–248.

Kolb, G. (1991): *Grundlagen der Volkswirtschaftslehre. Eine wissenschafts- und ordnungstheoretische Einführung*, Vahlen: München.

Konietzka, D. & Kreyenfeld, M. (Hrsg.) (2014): *Ein Leben ohne Kinder. Ausmaß, Strukturen und Ursachen von Kinderlosigkeit* (2., überarbeitete & erweiterte Auflage), VS Verlag: Wiesbaden.

Krause, P., Goebel, J., Kroh, M. & Wagner, G. G. (2010): 20 Jahre Wiedervereinigung: Wie weit Ost- und Westdeutschland zusammengerückt sind, *DIW Wochenbericht*, 44, 2-12.

Kreyenfeld, M. & Geisler, E. (2006): Müttererwerbstätigkeit in Ost- und Westdeutschland. Eine Analyse mit den Mikrozensen 1991-2002, *Zeitschrift für Familienforschung*, 18, 333-357.

Kriesi, H. (2007): Sozialkapital. Eine Einführung, in: A. Franzen & M. Freitag (Hrsg.), *Sozialkapital. Grundlagen und Anwendungen*, VS Verlag: Wiesbaden, 23-46.

Krüger-Hemer, C. (2016): Bildung, in: Statistisches Bundesamt (Hrsg.), *Datenreport 2016*, Statistisches Bundesamt: Wiesbaden, 77-101.

Lampert, T. & Thamm, M. (2004): Soziale Ungleichheit des Rauchverhaltens in Deutschland, *Bundesgesundheitsblatt – Gesundheitsforschung – Gesundheitsschutz*, 47, 1033-1042.

Leisering, L. & Buhr, P. (2012): Dynamik von Armut, in: E.-U. Huster, J. Boeckh & H. Mogge-Grotjahn (Hrsg.), *Handbuch Armut und Soziale Ausgrenzung*, VS Verlag: Wiesbaden, 147-163.

Lessenich, S. & Ostner, I. (Hrsg.) (1998): *Welten des Wohlfahrtskapitalismus. Der Sozialstaat in vergleichender Perspektive*, Campus: Frankfurt a.M. & New York.

Lietzmann, T., Tophoven, S. & Wenzig, C. (2011): *Grundsicherung und Einkommensarmut: Bedürftige Kinder und ihre Lebensumstände, IAB Kurzbericht 6/2011*. IAB: Nürnberg.

Lin, N. (2000): Inequality in Social Capital, *Contemporary Sociology*, 29, 785-95.

Lindeboom, M., Lundborg, P. & van der Klaauw, B. (2010): Assessing the Impact of Obesity on Labor Market Outcomes, *Economics & Human Biology*, 8, 309-319.

Lindenberg, S. (1990): Homo Socio-oeconomicus: The Emergence of a General Model of Man in Social Sciences, *Journal of Institutional and Theoretical Economics*, 146, 727-748.

Locke, J. (1983) [1690]: *Über die Regierung*. Reclam: Stuttgart.

Lutz, B. (1989): *Der kurze Traum immerwährender Prosperität. Eine Neuinterpretation der industriell-kapitalistischen Entwicklung im Europa des 20. Jahrhunderts*, Campus: Frankfurt/Main.

Luy, M. (2002): Die geschlechtsspezifischen Sterblichkeitsunterschiede – Zeit für eine Zwischenbilanz, *Zeitschrift für Gerontologie und Geriatrie*, 35, 412-429.

Luy, M. (2004): Verschiedene Aspekte der Sterblichkeitsentwicklung in Deutschland von 1950 bis 2000, *Zeitschrift für Bevölkerungswissenschaft*, 29, 3-62.

Macpherson, C. B. (1990): *Die politische Theorie des Besitzindividualismus*, Suhrkamp: Frankfurt/Main.

Mai, R. & Schon, M. (2005): Binnenwanderungen zwischen Ost- und Westdeutschland, *BiB-Mitteilungen*, 4, 25-33.

Maier, H., Gampe, J. & Vaupel, J.W. (2011): Auf der Suche nach dem modernen Methusalem: neues Wissen über die Sterblichkeit im Alter über 110, *Demografische Forschung aus Erster Hand*, 8, 1-2.

Martin, P. (2013): The Global Challenge of Managing Migration, *Population Bulletin*, 68, 1-16.

Mau, S. & Verwiebe, R. (2009): *Die Sozialstruktur Europas*, UTB: Stuttgart.

Mayer, K.U. (1989): Bevölkerungswissenschaft und Soziologie, in: R. Mackensen et al. (Hrsg.), *Bevölkerungsentwicklung und Bevölkerungstheorie in Geschichte und Gegenwart*, Campus: Frankfurt a. M. & New York, 255-280.

McDonald, S. & Elder, G. H. (2006): When does Social Capital Matter? Non-Searching for Jobs across the life Course, *Social Forces*, 85, 521-549.

Middendorff, E., Apolinarski, B., Poskowsky, J., Kandulla, M. & Netz, N. (2013): *Die wirtschaftliche und soziale Lage der Studierenden in Deutschland 2012*. 20. Sozialerhebung des Deutschen Studentenwerks. BMBF: Berlin.

Möller, J. (2011): Das deutsche Arbeitsmarktwunder. Versuch einer Erklärung, in: B. Nietert (Hrsg.), *Die Eskalation der Finanz- zur Wirtschaftskrise*, Fritz Knapp Verlag: Frankfurt am Main, S. 105-123.

Morgan, S.P. & King, R.B. (2001): Why Have Children in the 21st Century? Biological Predisposition, Social Coercion, Rational Choice, *European Journal of Population*, 17, 3-20.

Münz, R. & Ulrich, R. (1998): Germany and its immigrants: a socio-demographic analysis, *Journal of Ethnic and Migration Studies*, 24, 25-56.

Nauck, B. (2007): Integration und Familie, *Aus Politik und Zeitgeschichte*, B 22-23, 19-25.

Neumann, L. F. & Schaper, K. (2008): *Die Sozialordnung der Bundesrepublik Deutschland* (5. Auflage), Campus: Frankfurt/Main.

Niephaus, Y. (2012): *Bevölkerungssoziologie. Eine Einführung in Gegenstand, Theorien und Methoden*, VS Verlag: Wiesbaden.

Noll, H.-H. & Weick, S. (2011): Zuwanderer mit türkischem Migrationshintergrund schlechter integriert, *Informationsdienst Soziale Indikatoren*, 46, 1-6.

Nullmeier, F. (2013): Politisches System, in: S. Mau & N. Schöneck (Hrsg.), *Handwörterbuch zur Gesellschaft Deutschlands*, Springer VS: Wiesbaden, 651-663.

Oeppen, J. & Vaupel, J. (2002): Broken limits to life expectancy, *Science*, 296, 1029-1031.

Ott, N. (1998): Der familienökonomische Ansatz von Gary S. Becker, in: I. Pies & M. Leschke (Hrsg.), *Gary Beckers ökonomischer Imperialismus*, Mohr Siebeck: Tübingen, 63-90.

Pager, D. & Shepherd, H. (2008): The sociology of discrimination: Racial discrimination in employment, housing, credit, and consumer markets, *Annual Review of Sociology*, 34, 181–209.

Pison, G. (2010): The number and proportion of immigrants in the population: international comparisons, *Population & Societies*, 472, 1-4.

Popper, K. R. (1992) [1957]: *Die offene Gesellschaft und ihre Feinde. Band 2: Falsche Propheten. Hegel, Marx und ihre Folgen* (7. Auflage), Mohr Siebeck Verlag: Tübingen.

Preisendörfer, P. (2011): *Organisationssoziologie. Grundlagen, Theorien und Problemstellungen* (3. Auflage), VS Verlag: Wiesbaden.

Preston. S.H. (1987): The Social Sciences and the Population Problem, *Sociological Forum*, 2, 619-644.

Raab, M., Ruland, M., Schönberger, B., Blossfeld, H.-P., Hofäcker, D., Buchholz, S., Schmelzer, P. (2008): GlobalIndex: A Sociological Approach to Globalization Measurement, International Sociology, 23, 596–631.

Read, J.G. & Gorman, B.K. (2010): Gender and Health Inequality, Annual Review of Sociology, 36, 371-386.

Robinson, W.S. (1950): Ecological Correlations and the Behavior of Individuals, *American Sociological Review*, 15, 351-357.

Rössel, J. (2005): *Plurale Sozialstrukturanalyse: Eine handlungstheoretische Rekonstruktion der Grundbegriffe der Sozialstrukturanalyse*, VS Verlag: Wiesbaden.

Rössel, J. (2009): *Sozialstrukturanalyse: Eine kompakte Einführung*, VS Verlag: Wiesbaden.

Schäfer, C. (2011): „No Representation without Taxation" – WSI-Verteilungsbericht 2011, *WSI Mitteilungen*, 12, 677-686.

Schäfer, G. K. (2012): Geschichte der Armut im abendländischen Kulturkreis, in: E.-U. Huster, J. Boeckh & H. Mogge-Grotjahn (Hrsg.), *Handbuch Armut und Soziale Ausgrenzung*, VS Verlag: Wiesbaden, 257-278.

Schäfers, B. (2012): *Sozialstruktur und sozialer Wandel in Deutschland* (9. Auflage), UTB: Stuttgart.

Scherbov, S. & Sanderson, W. (2010): Negative Folgen der Alterung bislang überbewertet: neue Maßzahlen für aktuelle Bevölkerungsentwicklung, *Demografische Forschung aus Erster Hand*, 7, 1-2.

Schettkat, R. (2016): Beschäftigungspolitik in Deutschland: Fine-Tuning statt Globalsteuerung, *Wirtschaftsdienst*, 96, 576-582.

Schimank, U. (2007): Wissen, in: W. Fuchs-Heinritz et al., *Lexikon zur Soziologie* (4. Auflage), Wiesbaden: VS Verlag, 732.

Schmähl, W. (2010): Soziale Sicherung im Lebenslauf – Finanzielle Aspekte in längerfristiger Perspektive am Beispiel der Alterssicherung in Deutschland, in: G. Naegele (Hrsg.), *Soziale Lebenslaufpolitik*, VS Verlag: Wiesbaden, 550-582.

Schneider, N.F. (Hrsg.) (2008): *Lehrbuch Moderne Familiensoziologie*, Verlag Barbara Budrich: Opladen & Farmington Hills.

Schnell, R., Hill, P.B. & Esser, E. (2013): Methoden der empirischen Sozialforschung (10. Auflage), Oldenbourg: München.

Schöllgen, I., Huxhold, O. & Tesch-Römer, C. (2010): Socioeconomic status and health in the second half of life: findings from the German Ageing Survey, *European Journal of Ageing*, 7, 17-28.

Scruggs, L.A. & Allan, J.P. (2008): Social Stratification and Welfare Regimes for the Twenty First Century: Revisiting The Three Worlds of Welfare Capitalism, *World Politics 60*, 642-664.

Sesselmeier, W., Funk, L. & Waas, B. (2010): *Arbeitsmarkttheorien. Eine ökonomisch-juristische Einführung* (3. Auflage), Physica: Heidelberg (u.a.).

Siewing, R. (Hrsg.) (1987): *Evolution. Bedingungen – Resultate – Konsequenzen*, Gustav Fischer: Stuttgart.

Statistisches Bundesamt (2008): *Datenreport 2008*, Statistisches Bundesamt: Wiesbaden.

Statistisches Bundesamt (2011a): *Datenreport 2011*, Statistisches Bundesamt: Wiesbaden.

Statistisches Bundesamt (2011b): *Bildungsstand der Bevölkerung 2011*, Statistisches Bundesamt: Wiesbaden.

Stedtfeld, S. & Kühntopf, S. (2012): Jung, weiblich, geht: Abwanderung und Geschlechterungleichgewichte in ostdeutschen Landkreisen, *Bevölkerungsforschung Aktuell*, 05/2012, 12-19.

Stegbauer, C. (2011): *Reziprozität. Einführung in soziale Formen der Gegenseitigkeit* (2. Auflage), VS Verlag: Wiesbaden.

Steinvorth, U. (1994): *Stationen der politischen Theorie* (3. Auflage), Reclam: Stuttgart.

Szydlik, M. (2000): *Lebenslange Solidarität? Generationenbeziehungen zwischen erwachsenen Kindern und Eltern*, Leske + Budrich: Opladen.

Trappe, H. (1995): *Emanzipation oder Zwang? Frauen in der DDR zwischen Beruf, Familie und Sozialpolitik*, Akademie Verlag: Berlin.

Tucci, I. (2011): Lebenssituation von Migranten und deren Nachkommen, in: Statistisches Bundesamt (Hrsg.), *Datenreport 2011*, Statistisches Bundesamt: Wiesbaden, 193-199.

Ullrich, C.G. (2005): *Soziologie des Wohlfahrtsstaates. Eine Einführung*. Campus: Frankfurt/Main.

van Oorschot, W., Arts, W. & Gelissen, J. (2006): Social Capital in Europe. Measurement and Social and Regional Distribution of a Multifaceted Phenomenon, *Acta Sociologica*, 49, 149-167.

Voges, W. (2002): Perspektiven des Lebenslagenkonzeptes, *Zeitschrift für Sozialreform*, 48, 262-278.

vom Berge, P., Kaimer, S., Copestake, S., Croxton, D., Eberle, J. & Klosterhuber, W. (2017): *Arbeitsmarktspiegel. Entwicklungen nach Einführung des Mindestlohns (Ausgabe 3)*. IAB Forschungsbericht 2-2017. IAB: Nürnberg.

Wagner, A. (2008): *Die Entwicklung des Lebensstandards in Deutschland zwischen 1920 und 1960*, Akademie Verlag: Berlin.

Wagner, M. (2008): Entwicklung und Vielfalt der Lebensformen, in: N.F. Schneider (Hrsg.), *Lehrbuch Moderne Familiensoziologie*, Verlag Barbara Budrich: Opladen & Farmington Hills, 99-120.

Walby, S. (2004): The European Union and Gender Equality: Emergent Varieties of Gender Regime, *Social Politics*, 11, 4-29.

Wegener, B. (1987): Vom Nutzen entfernter Bekannter, *Kölner Zeitschrift für Soziologie und Sozialpsychologie*, 39, 278-301.

Wehler, H.-U. (2003): *Deutsche Gesellschaftsgeschichte 1914-1949*, Beck: München.

Wehler, H.-U. (2008): *Deutsche Gesellschaftsgeschichte 1949-1990*, Beck: München.

Weischer, C. (2011): *Sozialstrukturanalyse: Grundlagen und Modelle*, VS Verlag: Wiesbaden.

Wilkinson, R. G. & Pickett, K. E. (2006): Income inequality and population health: A review and explanation of the evidence, *Social Science & Medicine*, 62, 1768-1784.

Woellert, F., Kröhnert, S., Sippel, L. & Klingholz, R. (2009): *Ungenutzte Potenziale. Zur Lage der Integration in Deutschland*, Institut für Bevölkerung und Entwicklung: Berlin.

Wolf, F. (2006): Bildungspolitik: Föderale Vielfalt und gesamtstaatliche Vermittlung, in: M.G. Schmidt & R. Zohlnhöfer (Hrsg.), *Regieren in der Bundesrepublik Deutschland. Innen- und Außenpolitik seit 1949*, VS Verlag: Wiesbaden, 221-241.

Woll, A. (1996): *Wirtschaftslexikon*, Oldenbourg: München/Wien.

Worbs, S. (2010): Integration in klaren Zahlen. Ansätze des Integrationsmonitorings in Deutschland, *focus MIGRATION* (Kurzdossier Nr. 16).

Ziegler, U. & Doblhammer, G. (2008): Cohort Changes in the Incidence of Care Need in West Germany Between 1986 and 2005, *European Journal of Population*, 24, 347-362.

Register